爱 的 历 史

L O V E : A H I S T O R Y

西蒙·梅 (Simon May) 著　孙海玉 译

中国人民大学出版社

· 北京 ·

序 言
Preface

爱，是一种情感，而非思想，我们怎么可能说得清楚呢？爱，如此自然、神奇的情感，任何抽丝剥茧的分析，又怎会不冒着解除它魔力的风险，结果扼杀我们理解它的机会呢？

在探索爱之哲学这个命题的过程中，我数度遭遇类似问题，还有怀疑和敌意。多数人认为，对爱进行哲学探讨要么徒劳无益（因为爱是无法定义的），要么事与愿违（定义爱本身就是对爱的亵渎）。基于此，我这样做的动机就显得不仅无知，而且可疑：一个人大谈特谈爱，是因为他无法体验爱；可如果无法体验爱，他又怎么可能大谈特谈爱呢？

有趣的是，在对人类其他情感的讨论中鲜少听到类似批评。几乎没有人怀疑，谈论热情、慷慨、诱惑、尊重、忧伤、渴望永生这些话题，会损伤我们对这些情感的感知力，也几乎没有人认为，探寻这些情感的动机本身恰恰暴露出体验这些情感的无力感。比方说，研究仇恨，恰恰说明恨得不足够，或不充分，或无法维持仇恨关系，甚至不如说，或许应该怀疑其反面的真实性。

相比之下，对爱的心理学的态度似乎更加正面，特别是对待进化心理学的态度更是如此。确实，我们不难发现那些对探寻爱之哲学不以为然的人，常会津津乐道于各种对爱的理由和方式的阐释，包括择偶策略和进化论意义上的匹配度，或者大脑状态和神经递质等，或者关于现实中可能发生的各种爱情关系的“故事”，或者童年时期的情感依附模式，或者对亲密关系、性行为和繁衍下一代的渴望。

怀着极大好奇心讨论爱情的，还有各种学术书籍、流行歌曲、交友网站、聊天节目、自助手册等。如何让爱情成功？如何选对伴侣？如何应对忠诚和嫉妒的考验？如何站在对方角度去考虑、尊重和宽容对方？这些都在讨论之列。尽管人们倾向于认为这些对爱的简单归纳，有可能会同大谈特谈爱一样，削弱了爱本身的魔力，但是描述人们恋爱时或者最近被拒绝时的情感，谈论妨碍建立亲密关系的情感历史以及如何克服这些障碍，解释以自己这种性格如何会爱上这个人而不是另一个，探索在大脑构造、求爱或者性爱中的性别差异，如此等等，对这些行为人们似乎非常认可。

于是，我们不禁要问：为什么会有这样的矛盾？对爱的讨论似乎无处不在，但在有些意义上，它又是个我们难以涉足的禁区。

※ ※ ※

在探求答案之前，我们有必要提醒自己这个矛盾并非一直如此。如果我们将“爱究竟是否可以说得清楚？不拘一格地反思爱之本质，能否帮助我们更好地去爱？”这些问题抛给柏拉图、亚里士多德、奥古斯丁、托马斯·阿奎纳，或者 17 世纪的斯宾诺莎、19 世纪的叔本华等西方历史上最伟大的奠基者，他们一定会惊诧于我们何来这些问题。对此，所有这些思想家不仅都给出了详细的解释，而且这些问题正是他们哲学思想的核心，为今天的许多独立学科，如美学、伦理学和形而上学等奠定了基础。对于他们来说，爱由何激发？人类在爱当中探索什么？哪些品质值得爱，哪些却无法获得爱？何种爱值得付出代价，何种不值得？为了成功获得爱，我们要涵养哪些德性？我们会陷入哪些观念性的错误？如何通过自我教育来认识和避免这些错误？弄清楚这些问题，非但不会阻碍爱，反而会滋养它，促使我们以正确的专注去爱正确的对象。

那么今天的情形又如何？答案或许在于我们决意满足传统意义上对爱

的期望，同时不去质疑这些期望的合理性。如何让爱起作用？为何爱不起作用？爱满足了社会和进化论上的哪些需要？哪种关系体现了爱？探讨这些问题不仅是正当的，而且事实上是非常根本的。但是爱的本质究竟为何？人类从爱中要获取什么？这依然是一个神圣的不可触碰的领地。爱是无条件的、随性的，因而从动机上来说是不能解释的吗？父母对子女的爱和子女对父母的爱，如果性质不同，真的程度相当吗？爱是人类最个人和私密的情感吗？它永远是自私的吗？爱的本质是珍视对方作为一个整体的存在吗？又该如何理解这个整体呢？占有欲真的是爱的敌人吗？它和顺从所爱的人是对立的吗？我们是因为他/她是他/她而爱他/她的吗？

对以上问题的答案一般是“对，正是如此”。对于无数在爱的关系中感受到喜悦、沮丧、成功、失败、责备和满足的爱人，这应该能符合他们的期望。我们对爱的理解始终受到某种类型的浪漫主义的支配，而其核心自 19 世纪末以来从未改变过（我将在本书的第 1 章讨论相关细节）。事实上，在对爱的思考中，“漫长的 19 世纪”的影响不仅延伸到 20 世纪的 1914 或 1917 年，甚至跨越至 21 世纪。

※ ※ ※

若果真如此，则我们正在解决一个迷人的悖论：过往几百年，人类从性和婚姻中所获得的解放，是借由对爱之本质的僵化思考，而非创新所实现的。从是否赋予人类爱的新观念的意义来看，“自由之爱”并未放爱自由。相反，20 世纪以来，由离婚、避孕和同性恋逐渐得到接纳所形成的三种力量，对爱之本质带来了广泛冲击和深远影响，为人们重新回到传统的爱之理想提供了更多机会。在堕胎权和女权主义协助下，两性之间无须再以怀孕或者传统的社会关系来相互承诺，反之，他们可以一直自由地选择“真命天子”，越来越多的同性恋者也可以享受同样的自由。

时下四处蔓延的爱的消费主义观念也为这股潮流推波助澜：快餐式的

欲望和满足，对新伴侣的关注和追逐，甚至终生保持“在变动中”的状态。随着人类移动性的增加和网络交友的全球化，我们可能获得的伴侣数量在稳步提升。而更多的财富、更长寿的生命和更好的医疗条件把我们从贫困、战争和糟糕的婚姻关系中解放出来，让我们能去实际地追求享受余暇时光这项伟大的文化成果。尽管人们要承受现代社会的快节奏和注重过程的时代精神，但这的确让更多的人有时间更专注地追求爱情。

如果有人从 19 世纪穿越到今天，他/她大约无法接受我们日常生活中的种种观念和态度：我们如何看待道德、自由、女性地位、艺术、种族、亲子、同性恋、教堂、旅行，等等。他/她会惊诧于我们日常交往中的社会关系——两性之间如何互动，子女如何对待父母，黑人如何与白人交谈，同性如何相互抚摸，但他/她却能很快厘清我们现代人认为爱是什么、爱应该是什么。在围绕我们生活的各种观念中，爱的观念似乎被岁月冻结了。

原因何在?

※ ※ ※

人们常常谈到信仰和坠入爱河之间存在着相似性。不过，在讨论当代人对爱的态度时，我们谈论的并非此相似性，而是爱本身作为信仰的存在。这种信仰引人关注的地方在于，它依靠自己的想象而非教会授权来达到自我强化。

在诸多事物中，一种信仰得以存在，在于它必须呈现出某种样态，这种样态被赋予了某种高贵的价值，成为追随者眼中的“神圣”所在，拥有把追随者从最大的恐惧中拯救出来的力量。这种神圣给予我们澄清有关自然和生存目标等诸般难题的能力，结果是我们敬畏于它的威武和高贵。这是一种远远超越我们日常经验的体验，尽管对许多信徒来说，对自己献身的宗教和其倡导与追寻的信仰与实践产生质疑，这本身是相当荒唐，甚至算是堕落的行为。

实际上，任何以质疑为目的的质疑，恰恰证明质疑者不知所云，从而否定了质疑本身。他的论证即便貌似合理，也是站不住脚的。任何宗教都不会把无法分享基本信仰的追随者视为有资格的批评者。

我承认稍有夸大，但未至于夸张。因为以上种种态度表明，要探求爱的本质，我们必须从一个值得关注的现象入手：对于西方世界中的许多人，甚至（特别?）是自认为激进的无信仰者，爱在这些意义上已经演变为一种宗教。

其他人也许还未体会到如此强烈的反应。但我发现，这些反应强烈并鲜明地代表了现代人对爱的态度，值得用一本书去探讨。事实上，这种反应在一定程度上激发了有关爱的核心问题：人类之爱是如何渐以神圣之爱为典范的？对爱的哪种幻想养成了如此的傲慢和自大？我们该如何规避对爱的误解和亵渎，重新思索爱的真谛？正因为没有任何一种人类的情感需求比爱更加伟大，如圣徒保罗所说，爱是“伟大中之最伟大者”，我们更需要确保对爱的讨论不以“爱扮演上帝的角色”这样的结论而终结。

目录
Contents

第 1 章　扮演上帝的爱/ 001

第 2 章　《希伯来圣经》：西方爱的基石/ 016

第 3 章　柏拉图：从身体之欲到天堂/ 045

第 4 章　亚里士多德：完美友谊之爱/ 065

第 5 章　卢克莱修与奥维德：肉欲之爱/ 082

第 6 章　基督教：作为最高美德的爱/ 097

第 7 章　为什么基督教中的爱不是无条件的/ 115

第 8 章　爱和游吟诗人：作为典范的女性/ 143

第 9 章　从中世纪盛期到文艺复兴：人性何以变得可爱/ 154

第 10 章　斯宾诺莎：快乐地理解整体的爱/ 170

第 11 章　卢梭：启蒙浪漫主义之爱/ 181

第 12 章　施莱格尔和诺瓦利斯：作为宗教的爱/ 197

第 13 章　叔本华：为了人类繁衍冲动的爱/ 210

第 14 章　尼采：爱是对生命的肯定/ 224

第 15 章　弗洛伊德：爱是一部欠缺的历史/ 237
第 16 章　普鲁斯特：冗长与乏味的爱/ 257
第 17 章　重温爱情/ 281

致　谢/ 306
译后记/ 307

第 1 章　扮演上帝的爱

1888 年，尼采发出呐喊："几乎两千年了，没有一个新的上帝！"[1]

然而，尼采错了。新上帝已然在他眼皮底下悄然降临。这新的上帝正是爱——人类之爱。

一度只有神圣之爱才能肩负的职责，现在正由人类之爱承担：成为意义和快乐的终极源泉，成为战胜苦难和失望的力量。这种力量绝非罕有的例外，我们每一个对爱怀有信仰的人都可能拥有；它不是由上帝这个造物主注入我们内心的结果，要获得它，无须经过漫长和严格的训练。在某种程度上，这是一种几乎我们每个人都与生俱来的、无意识的本能力量。

现代人将对爱的信仰视为一种普世的、民主的救赎方式，这是漫长的宗教历史中人类之爱将上帝之爱视为源头并加以模仿的结果，但荒谬的是，人类之爱得其所在，正是因为宗教信仰的衰落。自 18 世纪末以来，基督教退场所造成的真空逐渐被爱所填补。大约自那时起，"上帝是爱"逆转为它的反面——"爱是上帝"[2]。后者更由此成为整个西方世界或许普遍接受的唯一宗教，尽管它从未被公开正名。

这意味着什么？这意味着在由基督教传统塑造的文化中，无论是否是基督徒，其本真之爱都趋向于复制神圣之爱的某些图景。这些图景与耶稣的言论无关——实际上，耶稣对爱所谈甚少，更几乎从未提及性，而更多是关乎信仰和践行。这些信仰包括：

> 爱是无条件的：爱的产生和消退无关乎被爱一方的价值和品性；爱是无意识的天赋，并不索取任何回报。（范例：父母对子女之爱）
>
> 爱指向并确认了被爱一方完整的独特性，既容纳"好"，也接纳

"坏"。

爱是忘我的：它无私地为了被爱一方而关注他/她的健康幸福。

爱是仁慈与和谐的：它是安息之所在。

爱是永恒的：爱本身与它的祝福都将不朽。

爱将我们从俗世的不完美中解脱出来，投身于一个纯洁和完美的高尚之处。

爱抚慰我们，把我们从丧失之苦中解救出来；爱赋予苦难以意义，以自身的价值驱逐了痛苦；爱让我们与分离之苦握手言和，达至最高的善。

这些观念浸淫在流行文化中，充斥于那些不羁的思想家的陈词滥调里。他们动不动就搬出"爱是为了对方而爱对方"、"爱是自发的价值馈赠"、"爱指向被爱一方全部的独特性"之类的平庸言论，随时准备指责柏拉图、普鲁斯特等先贤为何没有为他们的这些言论背书。[3]于是，这些理想化的观念刺激了人们对浪漫之爱、父母之爱的憧憬，人类之爱以此作为代价，篡取了过去只有上帝之爱才享有的地位，成为新的上帝。

※ ※ ※

当遭遇安全感丧失和生命意义受到打击时，我们将人类之爱神圣化的倾向会越发明显。面对失去亲人、健康、成就以及工作的脆弱感，还有在疾病、贫穷、失业和恐怖主义来临时的无助感，无论是否有宗教信仰，多数西方人都不由自主地将爱作为一项可依赖的重要价值。为什么是我？为什么是那个无辜的小孩？这种不幸何时是个尽头？在这些问题面前，似乎只有爱不可摧毁，只有爱才能以它无所不能的力量战胜恐惧，赋予意义。"他并非死于虚无"，或者"即便他显然死于虚无而无法被爱救赎，但他曾经爱和被爱过，这足以证明他生命的价值，赋予他的生存以正当性，而这种正当性驱赶了他死亡的无意义"。

爱作为一种宗教，对顽固的无神论者的吸引力丝毫不亚于其对不可知论者与信仰者的吸引力。许多无神论者从爱中感受绝对和永恒，而在其他的生命领域中他们强烈地否认这二者的存在。一位人文主义者可以在丧礼上发表蔑视宗教的言论，将丧礼变成一场无神论者的庆典，但是他不会拒绝从爱中“寻找慰藉”，因为爱比逝者长久，它让逝者的爱和被爱都成为永恒，从而使得生者对这些爱的记忆也得以永恒。

如果你向任何一位无神论者提出这个问题：那些有过爱的体验的人，即便肉体已经消亡，他们的爱是否还能延续？那么大多数情况下，他/她的回答都是肯定的，仿佛爱作为一种道德力量，一经表达便永远不会消逝。对于基督教的继承者和后来者来说，这个信仰是对抗绝望的最后防线。他们认同圣徒保罗在《圣经》之《哥林多前书》（13：8）中所说的“爱是永不止息”，而诗人菲利普·拉金在他那首发人深省的诗《一座阿伦德尔墓》中所吟唱的著名诗句“爱，将使我们幸存”[4]，更道出了整个文明的真相。

※ ※ ※

相比之下，自 17 和 18 世纪起西方世界开始丧失对上帝的信仰之后，上帝的各种替身作为被崇拜的对象依次登台，领受人们的膜拜。它们曾经都被视为预示着人类得到解脱和救赎，赋予它们所架构的任何事物以价值和意义。理性、进步、民族、国家、共产主义和一批批其他各式的偶像与“主义”，以及像民族主义和艺术这样一两个特例，都曾经或正在被奉上救赎的信仰神坛，填补上帝缓慢“死去”之后留下的空虚。但这些对象无一能提供人们所期待的彻底的满足或无限的承诺，因为依附于它们的精神和道德意义无法支撑一种愿景：所有美好之事物和谐共处，达至一种终极状态的完美。西方想象始终迷恋于这种愿景，并为其不断树立起各式各样的偶像。这些对象也无法成功地充当核心典范或者发挥经验的作用，来赋予生活以整体性的意义，并且在这个过程中，救赎、证明、解析、遗忘，或者反过来战胜苦难和不公。

自由是唯一一个作为大众信仰被一再提及的备选，但仅仅从理论上来说，无论在范围上还是价值观上，它都不是无限的，故也无法满足以上愿景。虽然现代社会中几乎所有人，甚至包括它的敌人，都广泛认同自由是一种“伟大的善”，但它无法如同爱那样为以它的名义真正完成的事情增加价值，而且每一次自由度的增加，也不一定如同每一次爱意的增加一样都必然是件好事。

我们也不能指望现代艺术，因为它已经变得过分冷嘲热讽，过分故意地庸俗化，过分地瞧不起一切有关救赎、终极意义、无条件和承受的概念。即便如此，撇开这些事实，艺术在满足人们的宗教需求方面比自由更为擅长，不过它仅仅对少数人奏效（如果以艺术创造者来衡量，则人数更少）。而相继涌现的其他一些或崇高，或具有革命性，或充满活力的理念，如种族和性别平等、环境和动物权利保护等，最终都无法满足西方心智始终渴求的对生命意义和价值的确证。社会变得越发个体化，我们越发强烈地期待爱作为归属感和救赎的终极源泉，其价值不断提升。在西方偶像的荒原上，只有爱完好无损地存活了下来。

傲慢的危害

为人类理想赋予神性，这本身毫无益处。如同无数古老神话中的悖论，从亚当和夏娃偷吃苹果被逐出伊甸园，到普罗米修斯盗取神圣之火，再到巴比伦人试图建造直通天堂的巴别塔，任何试图模仿上帝或者将人类神化的努力，都最终以失败告终。

爱也不例外。如果我们把无条件性和永恒性等这些上帝之爱的特性加诸人类之爱，那就误判了人类之爱这种最有条件、最有时间性、最现实的情感，逼迫它去承受无法承受的期望。对人类之爱的神圣化是人性在冲动中探寻窃取上帝之力量的最后篇章，是试图超越人性的最漫长的努力，而且如同其他，它必将以失败收场，因为这些故事的寓意是只有付出巨大的代价，才能忽视人性的限制。

然而，有人会提出反对意见，这个世界也充满了对爱作为一种宗教，甚至是作为一种好莱坞式乐观主义的故事的质疑。这种乐观使得人们在历经无可避免的种种磨难之后总能找到灵魂伴侣，怀抱着完美的幸福感度过余生。毕竟，与古时一样，今时今日有很多人并不接受我在前文中所描述的神圣模型；他们的爱的观念遵从一种漫长的传统，即从自然主义角度来审视爱。这种传统也在本书的探讨之列。

例如，如奥维德这样的享乐主义者建议我们尽可能享受求偶、性爱和情色想象所带来的欢愉，学会把这些欢愉演绎成一种精致的体育运动或艺术行为，提防“坠入爱河”的疯狂，不要为爱能带来更高意义的幻象所感动。悲观主义者叔本华则认为，充满理想与幻想的激情之爱不过是受繁衍下一代需求所驱动的诡计，目的是让两个彼此痴迷的人相处足够长的时间，以完成生育和养育下一代的任务。亚里士多德和蒙田则倡导友谊之爱，认为应当把爱献给另一个人，即我们所体验的“第二个自我”，以使对方获得幸福。这比那种惊天地泣鬼神的爱更富有感染力，更能带来自我的充盈，或者对蒙田来说，至少二者的效果应一样强烈。更晚近一些，从弗洛伊德开始，精神分析学家认为，爱作为一种原始的、童年情绪的释放，退化为身体的满足和保护性的结合，而爱的成熟意味着从婴幼儿模式中解放出来。在和弗洛伊德观点接近的人看来，人类之间的爱在多数情况下既冷酷无情，又充满变数。人们试图借助爱逃离自我，投入能带来安全感和新奇感的他人怀抱，结果常常发现这不过是对爱的轻信。

最终，在满足我们不可回避的宗教需求方面，爱扮演着如此重要的角色，以至于我们不应驱逐其神圣的模型。然而，我希望在这里展现出一种思考爱的不同方式，那就是公平对待爱背后强大的、普遍的需要，避免对于爱或神圣化、或悲观的描述。从这个层面来说，爱既非为了他者的幸福而作出的无条件的承诺，也不能被简化为仅仅是获取认同、亲密关系、繁衍后代或满足性欲的本能冲动。

那么，爱究竟为何物

我认为，爱是一种对人或者物的迷恋，我们之所以迷恋某个人或某个对象，因为他/她/它激发了我们对坚不可摧的生命落地感的渴望。这种迷恋让我们踏上一段旅程，开始在我们自身与他/她/它者之间进行对安全关系的漫长探寻。

我们都需要爱，因为我们都需要在这个世界上找到家的感觉，给此时此地的生活以归属感，赋予我们的存在以价值和完整性，增强我们的存在感，让我们感受到现实生活的牢不可破（即便我们接受当下的生命是短暂的，并将终结于死亡的事实）。

我把这种感觉称为“本体论意义上的归根”。作为一个哲学分支，本体论探讨存在的特性和体验。人们只会去爱那些能激发我们期望获得本体论意义上“归根感”的人、物、观念、规则或者景物（通常极其稀少）。无论他/她/它有多美或者多善，无论他/她/它是否慷慨、富有同情心，或者为他人着想，无论他/她/它对我们的事情是否有兴趣，甚至无论他/她/它是否在乎我们，只要他/她/它能让我们找到“归根感”，我们都会奉上全部的爱，因为爱压倒一切的任务就是为我们的生命和存在找到一个家。

※ ※ ※

最初，父母是我们的家；随后，家这个概念的外延逐渐扩大，而且日趋复杂。它可能涵盖工作、朋友、子女，还有人性，甚至是上帝；或者可能指地域、观念和理想；又或者，不同于传统的偏见，家可以是为我们提供金钱和地位的人。这些虽然没有爱的对象那么高尚且具有明显的效果，但能为我们带来强烈的归属感。

爱令人迷惑，对此我们不必感到吃惊。人们难以定义爱的目标：落地感、归根感、家园感，也从来不能确定自己能否实现这些目标，更不用说是否实在地完成了这些目标。各种不同的对象可以满足我们对爱的感受。尽管我们可能被所爱之人欺骗，对他/她的人品，或感情的不持久，或未能回报我们的爱感到失望，但我们却从不会被爱以所爱之人作为载体能给我们带来归属感的信念所欺骗。这包含了看上去似乎矛盾的态度：占用与付出，慷慨与自私，强烈的感恩与不敬——当需要变得不顾一切甚至走向暴力时，特别容易滋生粗暴与蔑视。

不过，有一点很明朗，那就是爱绝对不是无条件的。以兑现本体论的归根感这个承诺来说，爱不可避免地是有条件的。也许爱看上去是无条件的，那只是因为一旦我们碰到能激发归属感的人（或物），我们会立即毫无保留地臣服于对方脚下，渴望能名正言顺地占有他/她/它，彻底地交出自己，把如此绝对的善全盘归功于对方（即便我们意识到在某些方面他们存在着道德上的恶）。我们轻易地失去了对现实的判断，为他们的存在而心花怒放，因他们的存在而感恩并充满责任感，发现当他们离去时我们是多么无法忍受。其实，这些传统上被视为“爱”的感情能否持续，完全取决于所爱的对象是否有能力坚守让我们在这个世界上找到家园感的诺言。

事实上，只要满足这个唯一的条件，爱就无须其他任何条件。从那一刻起，爱就是无条件的：容貌、权势、智商、社会地位等外在因素都不会影响爱者对自己所爱之人的感情，他/她只会维护和欣喜于对方的存在。他/她也不会在意对自己所爱之人的感情和承诺有多么复杂。爱强烈到如此程度时，爱者甚至愿意为所爱之人去死，因为如果没有了爱人，爱者生命的终极意义将被掏空，他/她将失去赋予自身存在以合法性和实在感的家园感。破坏、背叛、卑鄙，或者是被爱之人肉体的衰老都不会毁掉爱，除非爱丧失了存在的唯一条件：爱者再也无法从所爱之人那里获得本体论意义上“归根感”的希望。

这种希望源自于“他/她身上的那种魔力”，而这魔力对所有的爱具有决定作用。有了这种希望，我们会死心塌地爱着他/她，即使对方的其他方面或者彼此的关系中存在一些问题。没有这种希望，即便对方一切都对，我们也永远都爱不起来。

※ ※ ※

人人都需要爱，很多人找到了爱，但只有少数人终生有爱。这不是由于缺少合适的爱的对象，如我在前文讨论的，爱的对象有多种类型，而是由于我们难以用适宜的方式关注所爱之人，导致他/她无法扮演让我们的生活“落地”的角色。如果不关注合适的对象，我们就不会一下子锁定他/她；即便我们找到了对方，也无法建立起双方之间的沟通，从而无法将最初的认同深化为“落地”的家园感。难以专注（对专注的诸多干扰之中，贪欲仅是其中之一，而且可能是被高估的一种）让多数爱从一开始就是个错误。

爱的复杂性自然源自于对合适对象的关注，他/她身上与生俱来、超越时间的能力使得我们找到落地的感觉。他/她通常是和我们类似的人，彼此对存在的理解一致，主要经验、出身、自我意识和价值观基本趋同，我们在他/她身上能发现自己的影子，并确信他/她同样能在我们身上找到自己的影子，即便他/她尚未来寻找我们，或者不以同样的爱回报我们。

但是当我们找到爱的对象，感受到和他/她之间强烈的吸引力时，这种依恋可能会变得过于复杂，几乎无法控制。爱本身蕴含了众多感情，如果不能用正确的方法来涵养这些感情，则很容易陷入不可调和的对立中。举一个我们将反复用到的例子：我们怎么能做到既顺从我们所爱之人，又占有他/她呢？顺从和占有是爱的基本特征，从柏拉图到《希伯来圣经》，从古代到今天，基本上每一个爱的故事中都少不了这两个概念。然而，我们很容易体会到二者之间的关系是当一方转强时另外一方必定转弱。事实上，只有当占有欲以粗暴的方式来支配所爱的对象时，二者之间才会相互排斥。这种粗暴包括完全弃对方于不顾，或彻底把对方圈定在自己的世界里，或在其身上倾注我们全部的注意力。在对其他人的爱当中不可能存在这种占有欲，因为我们既然不可能确定人类的自我，又何谈掌控它呢？这也是自相矛盾的，因为如果我们以这种方式去爱对方，则他/她将丧失主权独立，而这种独立是他/她赋予我们归属感的关键能力。更不用说，这种占有欲本身所导致的破坏和引发的嫉妒与沮丧的折磨，将给任何一种关系带来伤害。

但是我认为可以从完全不同的角度来看待占有欲：通过关注所爱之人并满足他/她的要求，实现与他/她的存在的同化。这就如同你聆听一段音乐，体会它固有的结构和稳定性，你因此“占有”了这段音乐；你向所爱之人臣服，其实是“加入”到他/她的生活中，进而占有了他/她。与传统的二分法不同，在付出和占有之间、给予与索取之间不存在截然的对立，所谓“圣爱”与“性爱”并非水火不容。它们不是共存的竞争者，只是同一种关系中的不同模式。

※ ※ ※

从原始的意义上来说，以起源的角度看待占有欲更毋庸置疑。作为爱的了不起的对象，起源在各个时代反复出现，而对它的虔诚和爱紧密相连。在这个世界上，没有什么比找到与我们存在的起源之间的鲜活关系更能让我们体会到强烈的落地感。这里，我们可以安放对上帝之爱，因为它是我们生命的造物主；我们可以安放对家园之爱，因为它是我们人群的缘起；我们可以安放对祖先之爱，因为它是我们血脉传承的源头。我们也可以把怀旧的向往定位为“原汁原味”的过去和诸多神话故事，它们把爱描绘为一种回到某种原始状态、重新找到人类完整性的渴望。我们同样可以把恋人之间的情感定位为来自同一地方的两个人似曾相识的感觉，哪怕他们初次相见。

类似观点已经以不同的方式多次表达：在《希伯来圣经》里，耶和华是他的以色列臣民的祖先和岩石；在希腊哲学里，柏拉图这样的哲学家告诉我们，灵魂试图飞回到精神源泉去，或者用另一个比喻，人总是想找到丢失的另一半；而基督教思想家如奥古斯丁则认为，爱的最高形式是纯爱，它是心灵对回归上帝这个造物主的渴望；印度教教义将爱描述为一种让灵魂从世俗的感官享受中脱离而出，回到阿特曼中的过程；普罗提诺是活跃于公元3世纪的著名异教徒思想家，他的思想后来成为基督教的精神核心，他认为爱是指个体从自身当中脱离，进入一种出神（旁观）状态后，与最高之善融合而成的“太一”；伊斯兰的神秘主义者如鲁米则为孤独的心灵回归于上帝而歌唱；对于斯宾诺莎这样坚定的无神论者来说，最高的爱超越个体性，视所有的存在都为一体。以上种种对爱的解析说明，一个人体验爱的过程，既是一种修复，也是一种发现；既是回归，也是前行。[5]

※ ※ ※

可是，为什么如果没有一个外在的人或物由我们所爱，我们在这个世界上就无法安身立命、找到在家的感觉？毕竟，我们常常听到的说法是，一个人只有自己先有安全感，只有先爱自己，才可能爱他人。

这个问题的答案在于我们从出生那一刻起就怀有的强烈的脆弱感。无论从感情、身体，还是主体性来说，我们在自身都难以完全找到必要的归属感。因为从出生那一刻起，我们就被丢入了一个无法控制的异己世界，我们和这个世界的关系既令人苦恼却又包含着丰富的可能性。这是一种脆弱性的关系，除非我们隐藏它、压抑它，或者幻想它离去，否则它将随着我们的生命历程而深化和浓缩。因此这意味着爱必然对外指向某个具体的人（或上帝，或物，或国家），或其中的某几项，前提是他们能激发我们本体论意义上的归根感。

这种对外指向的关系意味着，只有当所体验的爱的对象和我们彻底不同时，我们才能从中得到安全感。毕竟，所谓归属感，实际上是对我们自身之外的某个地方的一种回归关系，这个地方必须绝对地独立于自身之外，我们才能将个人的存在落定于其中。而这个过程和我们是否将所爱一方作为“他/她本人的绝对存在”或“为了他/她而爱”毫无关系。

如果我们仅仅指望另外一个人来尊重我们的品格，或给予我们存在的地位，或当我们孤单之时“在那里”陪伴我们，换句话说，如果我们不是把他/她作为一种强大的不可多得的力量而加以利用，他/她就无法从真实性的层面上启发我们。要爱他/她，我们就必须体会，甚至赞美他/她那完全独立、不受我们影响的存在。这就是为什么真正的爱不能是自恋的，反而会激起这种恐惧的理由。

当然，这世界可能存在自我之爱——对归属感的喜悦，感受到自己成为有归属感的存在的喜悦。但是人不能仅仅只爱自己，因为归属感指的是对自我之外的某人、某地或某物的归属关系。

从“落地”的感觉上来说，爱自己同爱他人其实是一致的，二者是一枚硬币的两面，彼此有着本质上的一致性。人必须先爱自己，才能爱别人，或者反过来说，人必须先爱别人，才能爱自己，这两种说法都毫无价值。爱上一个能带来本体论意义上的“归根感”的他人，这就是爱自己。把自己作为一个有归属的存在来爱，就是爱上一个能为自己带来“落地感”的他/她者。

※ ※ ※

既然爱生来带有极端的脆弱性，而且一直试图通过一种相对来说极端强硬的方式去战胜这种脆弱性，于是爱很容易屈从于最大的诱惑：扮演上帝的角色。爱想象自己无条件地接受所爱之人，假装自己至高无上，为所爱之人无私奉献，宣称自己是永恒的。

在世俗语言和宗教信仰中都能找到爱的这种傲慢和自大。基督教说，我们能通过爱成为上帝；浪漫主义者相信，人可以通过爱，甚至是性达到神圣。从很多方面来说，爱的历史就是一部爱被诱惑扮演上帝的历史。

这个结论将我们带回到本书的开端：人类之爱在模仿神圣之爱的过程中究竟哪里出错了？（教皇本笃十六世在其首部《教皇通谕》中完美地解释了这种模仿："天主爱的方式成为人类爱的尺度。"）[6]为理解这个过程，我们需要从《希伯来圣经》和希腊哲学这两个重要源头来重建西方历史上有关爱的思考的关键阶段。我们需要一部能提供给我们崭新视角的有关爱的历史，去思考已经被沉重的传统所僵化的观念。它能重新审视当下通行的对人类关系的直觉假定，认识到这些假定并非如石头上的铭文一般一成不变，更多地是漫长而有力的文化传承的结果。它应努力恢复其他更有成果的方式，特别是那些模仿人类爱上帝的方式，去接近迷失在路上的爱。

在这整本书中，我假定爱的情感是普世的，但阐释这种情感的方式随着社会和时代的变迁而改变甚大。换言之，任何一个文化和时代中的每个个体，都满怀着向所爱之人奉献的念头，他/她对所爱之人充满渴望，因为对方让他/她在自己的存在中找到"家园感"，特别是在追求对方的过程中需要付出艰苦的努力时，这种渴望变得越发强烈。为什么会产生这种感情？它在渴望什么？在美好的生活中，它究竟扮演怎样的角色？如何培养这种感情？它在何种条件下会变得美或丑、善或恶？无数问题环绕在爱这种神秘吸引力的周围，而这些问题的答案随着时空的变化而不同。因此本书探讨的爱的历史从时间上将集中于过去几个世纪，特别是在我们定位为"西方"的文化传统中，对爱的渴望和献身这种普遍力量的阐释。我认为这段历史涵盖了四个标志性转变，而每一个转变都跨越好几个世纪。如同大多数革命一样，这些转变在时间点上并没有清晰的开始或结束。

第一次转变的关注点是爱的价值。从《申命记》到奥古斯丁超过一千年的时间里，直至公元5世纪中期，爱逐渐被打造为最高德行。《希伯来圣经》要求人们"尽心、尽性、尽力"去爱上帝；耶稣把对上帝和邻里之爱提升成为最重要的《圣经》戒律；传福音的圣约翰称，最高的实在是上帝，是爱；圣徒保罗和随后的奥古斯丁都把爱视为所有真正德行的根基。

第二次转变始于奥古斯丁，经过圣伯尔纳铎，到托马斯·阿奎纳并延展至路德，时间跨度从公元4世纪到16世纪。在这个阶段，人类被赋予前所未有的——简直是神圣的——力量去爱上帝。随着爱是神圣的恩赐这个观念的形成，人类至少从原则上来说可以通过爱变得神圣，甚至与上帝建立起友谊。

萌芽于11世纪，在18世纪达到高峰的第三次转变，关注的是爱的客体。在这个阶段，任何个体，更宽泛地说，人性本身都蕴含最高的善，并能体会以往专属于上帝的那一类爱。因此原本在神圣与世俗之间、超自然与自然之间的界限变得更加模糊。

以上转变为缘起于18世纪的卢梭，且至今仍在进行中的第四次转变奠定了基础。它的核心是爱者，他/她通过爱完成真我。在爱中的他/她不再自私，他/她非但没有丧失了自我，反而找到了自我。他/她不再像以往那样拼命战胜本性，反而寻求顺从本性的引导，实现自己的本性。这里，人类所追求的美和善并不存在于每个个体的经验之中，而是有待于每个个体自己去发掘。实际上，随着这种转变的深化，爱者成为爱的焦点，以至于有些时候几乎被爱者冷落在爱的图景之外，甚至成为爱者的生活剧中一个可以替代的道具。爱成为爱上自己的游戏。

从这个角度的讨论将不可避免地把很多内容隔离在本书之外，不过我只选择关注那些了不起的创新者。在我看来，他们要么提出了全新的观点，要么赋予旧观念以新鲜的活力。有几位杰出人物的缺席在书中非常显眼，最著名的有但丁、彼特拉克、莎士比亚、克尔凯郭尔。我在其他地方多次提到他们的观点，但书的篇幅有限，我又天资平平，无法尽述其详。我把柏拉图和《希伯来圣经》作为本书所探讨的，今天在西方世界仍大行其道的爱的主要理念的文本“源头”，但我知道他们承袭自一些伟大的传统，如柏拉图所吸收的印度教和奥菲士教的神秘崇拜，或曾在赫梯人、阿拉姆人和新亚述时期盛行一时的古代近东有关爱的戒律对犹太《圣经》的影响。不过，我在本书中对此均未涉及。

※ ※ ※

总结上文，这本书有三个主要目的。其一，揭示爱如何走上扮演上帝的道路，并且在这个过程中如何在主要方面被剥夺了其人性的一面（导致爱如同其他神一样被其崇拜者所滥用和误解）；其二，追踪傲慢的爱的一些苍白假象，如最迫切的，真爱是无条件的；其三，提出一种更接近其本性的、更真实的方法来看待爱，以使得爱无须再背负人们对它不切实际的期望。在这里我将展开自己的观点，虽然只是个约略的概要，那就是爱是我们对某人或某物的强烈渴望，因为他/她/它为我们带来归属感，确认我们的存在。这种渴望希冀两种形式的亲密关系，而当我们根据亲密关系的本质属性来实践时，会发现其实这不过是一枚硬币的两面：占有对方的亲密和将自己毫无保留地交给对方的亲密。这将向我们展示一幅关于爱的景象：爱是一种神圣的征兆，它无须装扮成全能者，为人类在寻找生命意义、快乐和安全感时遭遇的问题提供解决方案。

如何将爱从虚构的期待和假象对它的囚禁中解放出来？我们探寻这个问题的目的，不是要将爱降格为类似仁慈的同情和温暖的呵护等不痛不痒的温情，恰恰相反，是要更加完整地理解这种高尚的情感以及它在我们生活中的地位。总体上我想说明，在今天这个世俗时代，我们对人类之爱的定型，不应建立在据说上帝爱人类的方式上，而是上帝要求人类爱他的方式上。

注释

1. Friedrich Nietzsche, The Antichrist, sect. 19, in *The Portable Nietzsche* trans. W. Kaufmann (New York, 1954), p. 586.

2. 见 Irving singer, *The Nature of Love* (chicago, 1984—1987), vol. Ⅱ, p. 294.

3. 例如，哈里·法兰克福（Harry Frankfurt）认为，爱“最基本的内容是对所爱之人的利益或健康幸福的无私关注”（*The Reasons of Love*，Princeton，NJ，2004）。欧文·辛格（Irving Singer）在三卷本《爱的本性》（*The Nature of Love*）中反复区分对所爱之人的“评价”价值与自发地、无偿地“赋予”价值二者的不同。这个区分是古老的欲爱（eros）/圣爱（agape）二分法的另一种表达形式，尽管这种区分拒绝它所依赖的宗教框架，但正是在宗教背景下它获得了充分的意义。辛格继续告诫自柏拉图和亚里士多德以来所有不承认“赋予”之重要性的思想家，因为他认为二者相比，“赋予”价值更为要紧（又一次站在“圣爱”更为优先的传统立场上）。另一个现代思想家尊重公认的传统智慧的例证来自玛莎·努斯鲍姆（Martha Nussbaum），她批评普鲁斯特不接受当代社会的陈词滥调，却没有停下来思考普鲁斯特这样做是否有他的理由。她列举了普鲁斯特在对爱的阐释中缺席的三种忧虑：“对怜悯的忧虑、对互惠的忧虑、对个体的忧虑”。最后一种忧虑指向包括柏拉图在内的思想家，他们未能看出爱必须确认人“从质上来说是各具特色的，特别是相互分离的，要去活自己的生命”，爱必须拥抱对这种“人之差别性的事实”的确认（*Upheavals of Thought*，Cambridge，2001）。她补充说：“关注爱之对象的好处与利益的人不可能从对方完整的独特性中去爱对方。”不过，作为少数谈及爱的作家，上述三位学者均未真正地调研过，爱从本质上来说究竟是否当得起如此抱负；或者即便如此，这种充满了全知全能腔调的宣言“从对方完整的独特性中去爱对方”，是否可能，又或者是否有意义？

4. Philip Larkin，‘An Arundel Tomb’，l. 42，in *Collected Poems*（London，2003），p. 117.

5. 此处有关印度教义、普罗提诺和鲁米的观点得益于辛格著作《爱之本性》，第1卷，216～218页。

6. Benedict XVI，Encyclical Letter，*Deus Caritas Est*（2005），Part I，sect. 11.

第 2 章 《希伯来圣经》：西方爱的基石

两条伟大的爱情戒律

假若西方世界的爱有一份创始文本，那一定是《希伯来圣经》。早于柏拉图和亚里士多德这两位西方文化中有关爱的概念的主要创始者，甚至早于耶稣的诞生[1]，《希伯来圣经》用两句话浓缩了爱的精髓，并自此指引着爱的历程：

“你要尽心、尽性、尽力爱耶和华你的神。”[2]

“爱人如己。”[3]

第一句话描述对上帝之爱，其特征是强烈的献身，绝对的信任，对上帝之存在和能量的敬畏，对上帝意志常有质疑却狂喜般的沉溺，沉醉于上帝的需要、意义，反复无常，甚至自相矛盾。这是一种混合的情绪，既包含仆人似的虔诚、友人间的亲近、伴侣间的忠诚、幼子似的依赖，又夹杂着恋人般的激情、被绑架者沉迷般的顺从，以及上述各种形式的脆弱感所引发的恐惧。

第二句话描述一种根据社区他人的需要提供关心和尊重的更加冷静的关系，它已成为西方道德的核心观念之一。

从表面看，这两条伟大的爱情戒律解释了两种类型的爱。[4]上帝之爱是对存在和价值的源头的恣意向往，和这种爱相比，其他类型的爱都只能退居其次。它通过无休止的仪式和崇拜来培养与表达，如中世纪犹太哲学家摩西·迈蒙尼德（1138—1204）所总结的：

何种上帝之爱是适宜的？那是一种带着伟大的、超常的爱去爱上帝的情感。它如此强烈，让我们的灵魂交织在一起，让我们不断沉浸于此爱之中，好像害上相思病的人，头脑中充满了对某位恋人的激情，不得片刻自由……爱上帝者内心中对上帝所怀有的爱比这些苦恋的人更强烈，他们完全被这种爱所吞没。[5]

相比之下，另外一种类型的邻里之爱则缺少这种迷醉。邻里之爱要实现的重要目标是尊敬、公正和平等，相思病一样的感情并非培养这些目标的最好养分，它反而更需要一种较不神圣的情绪，一种审慎的对他人利益的在意，一种如维护自身存在一般坚定地维护他人存在的决心，一种对分离性和其神圣性的关注。[6]

事实上，在《希伯来圣经》之前，有关邻里之爱早已有一系列冗长而枯燥的论述，例如：分你的收获给穷苦者和陌生人；不施盗，不行欺骗和错事；不要在失明者面前设置障碍；勿仇恨，勿报复，勿嫉妒。这些为了他人而献身的类似友爱的做法，正是慈爱的特别情形。

以尊重和忠诚对待邻里，这并非为自己之利，而是一种职责。它听命于神圣条律的召唤，因而无须任何证明，如《塔木德》所阐释的：“任何以他人代价爬上高位的人，在将来世界都不应得一席之地。”[7]同样地，慈爱是每个人都应该贯彻于所有行动的美德。[8]

然而这并不意味着个人应该否定自己的利益和欲望。在《托拉》中，没有任何假定说，爱意味着掏空自己、泯灭意愿和自伤己命。[9]尽管后世的犹太教和基督教的一些神秘主义坚持认为如此。相反，以享受而非否定这个世界为目的的自身利益、欲望和需求不仅是合法的，而且根据戒律来判断，正是我们对待他人的标尺。我们必须认同邻里处于和我们相同的水平，并且在道德上值得我们同样认真地对待。早期希伯来文献中的《密西拿》曾强调这一点：“拉比以利以谢说过，让友人的荣耀，如我们自己的荣耀一样高贵。”[10] 13 世纪犹太教神秘主义哲学家纳赫曼尼德（1194—1270）更进一步认为：“爱要求将他人的顾虑，视为自身之等同。”[11]

那么，他人是谁？只是其他以色列人吗？是同一血统的同族人吗？当然不是。根据《希伯来圣经》，这个“他人”包括所有的“异族”，概念上相当于今天的“移民”或是“定居的异族”[12]。他们移居到陌生的地区，接受当地的规则和习俗。[13]《申命记》（10：19）中对此详细解释道：“你们要怜爱寄居的，因为你们在埃及地也作过寄居的。”《利未记》（19：18）指示以色列人“不可报仇，也不可埋怨你本国的子民，却要爱人如己”，并坚持（19：34）“和你们同居的外人，你们要看他如本地人一样，并要爱他如己”。《出埃及记》阐述得更明确：爱可推己及人，包括你的敌人；爱你的邻人，无论他是朋友，还是敌人，是同族还是异族，是兄弟还是陌路人，平等爱之。

> 若遇见你仇敌的牛或驴迷失了路，总要牵回来交给他。
>
> 若看见恨你人的驴压卧在重驮之下，不可走开，务要和驴主一同抬开重驮。（《出埃及记》（23：4～5））

《箴言》中的智慧对慷慨提出了类似的劝告：

> 你的仇敌若饿了，就给他饭吃。若渴了，就给他水喝。（《箴言》（25：21））

《箴言》也警告我们，不应该把快乐建立在那些要伤害我们的人的痛苦与报应之上。

> 你仇敌跌倒，你不要欢喜；他倾倒，你心不要快乐。（《箴言》（24：17））

怀着对邻里之爱，我们拥有了平等和坚定，一如上帝用他的一种存在形式[14]向全人类整体所展现的：上帝“不以貌取人，也不受贿赂。他为孤儿寡妇伸冤，又怜爱寄居的，赐给他衣食”（《申命记》（10：17～18））。当邻人生命受到威胁时，我们不应袖手旁观[15]（《利未记》（19：16）），也不应占他人的便宜（《利未记》（25：17）），而应该按照先知以赛亚的话，去分享我们被赐予的：

把你的饼分给饥饿的人，
将飘流的穷人接到你家中，
见赤身的给他衣服遮体。（《以赛亚书》（58：7））

这里所说的“邻人”包括陌生人和外来移民，但不一定包括社群和民族之外的所有人。[16]邻里之爱，如《福音》所言，也不必包括全人类。只有到了现代社会，这种严格的普世意味才被加入文本中，成为一种核心特点。实际上，只有到了 18 世纪，一种随时以全人类为己任的价值观才被赋予了道德上的权威。

无论在犹太教还是基督教的《圣经》中，对爱的普遍性的戒律究竟是什么？我在随后章节中会不断回到这个问题上来。不过，这里必须首先注意一点，那就是彻底的、根本的平等概念是《利未记》中爱的戒律的基础，也是整个西方爱的历史的根基。这种平等不是一种把应得之物机械地分发给对方的冷冰冰的平等，而是在认同对方是有需要和利益的独立个体的前提下，将对方带入一种相互尊重之中的平等。在爱的律令面前，所有的邻人都应获得和我们自己一样的认可。平等和爱也由此变得不可分割。

爱上帝与爱邻里是相关的

尽管上帝之爱与邻里之爱的特点各不相同（包括他们内在德行的不同），但二者却是紧密关联的。这种关联性发轫于《创世记》中所提到的观念：人类是以上帝的模样创造出来的：

神就照着自己的形像造人，乃是照着他的形像造男造女。[17]（《创世记》（1：27））

人类脱胎于上帝的模样是因为人类试图模仿上帝。如《申命记》反复论证的，我们“行他的道”[18]（28：9，11：22，19：9）。上帝也这样吩咐我们：“你们要圣洁，因为我耶和华你们的神是圣洁的。”（《利未记》（19：2））爱上帝即是爱上帝所爱之人，即是爱我们的邻里。上帝一旦告知人类

"怜爱寄居的，赐给他衣食"，人类发现自己也要做同样的事情："你们要怜爱寄居的，因为你们在埃及地也作过寄居的。"（《申命记》（10：18～19））

确实，只有模仿上帝，人类才使得崇拜仪式或者对戒律的服从富有生命力和意义。"上帝是仁慈和悲悯的，人类也必须仁慈和悲悯。"[19]恶待他人，不仅触犯对方，更冒犯上帝。"欺压贫寒的，是辱没造他的主。"[20]（《箴言》（14：31））用邻人信任之事去欺骗他，就是对上帝不忠。[21]《塔木德》甚至提出，你不能嘲笑他人长得丑陋，因为上帝是人类的设计者和创造者。[22]《新约》中也出现同样的主题。当审判之日来临的时候，上帝对那些有罪之人说："王要回答说：'我实在告诉你们：这些事你们既作在我这弟兄中一个最小的身上，就是作在我身上了'。"（《马太福音》（25：40））

因此，从最终的分析来说，爱邻里如同爱自己的关键不在于创建一个更加紧密、更有效率的社会，或者最大化我们的快乐和满足，而仅仅在于模仿上帝之爱去爱上帝——我们自己和邻人都是以上帝的形象这个平等的标准被创造出来的。这里我们看到，爱由于和人类起源的关联而具有了道德力量。

※ ※ ※

《希伯来圣经》通过这些戒律——从"尽心、尽性、尽力爱耶和华你的神"到"爱人如己"，为我们今天思考爱的方式引入了不可估量的三项重要创新。其一是将爱的目标神圣化：从此时开始，爱除了指向上帝，再无其他。在《希伯来圣经》中，上帝不同于希腊诸神，无人可以与其匹敌，它是最大化的上帝，是宇宙万物的起源，因此对此上帝之爱指向所有存在和价值的源头。

这便是上帝之为上帝：至高者，不可知的"我"。

神对摩西说："我是自有永有的。"[23]又说："你要对以色列人这样

说：'那自有的打发我到你们这里来。'"[24]（《出埃及记》(3：14)）

事实上，上帝特有的名字YHWH在希伯来文中的解释是"所在"[25]。

《希伯来圣经》的第二项创新是模仿上帝的戒律：行上帝所行之路，爱上帝所爱之人——我们的邻里。这是基督教随后广泛发展的"效仿神"这一概念的主要来源。[26]这也是后来引发无数误解的源头，导致人类错误地以自己所认为的上帝爱人类的模式去复制自己爱的方式，例如，认为自己对他人的爱是无条件的、永恒的和救赎的。其实，上帝和人类之间存在着本质差异。他爱人类的方式，包括我们所认为的无条件性，都是人类完全无法模仿的。与之相比，人类的爱总是有条件的，也许因为有上帝对我们的爱，也许是认识到邻里也是上帝的创造，也许是出自对人类尊严和需求的世俗观念。

第三项创新来自于两条爱的戒律，它们将爱变为一种道德责任，一种比高贵、荣耀的感情，或"神圣的疯狂"，或让生命丰盈的路径，或"让世界圆满"的力量来得更富有意义的责任。包括佛教、儒家和柏拉图主义在内的其他前基督教的宗教和学说也将爱或者爱的表达形式，如尊敬、怜悯、对绝对的美与善的渴望等作为其核心价值。但是这些思想体系均未将爱作为一种超越一切的戒律，并且认定这戒律是由集全部力量于一身的上帝来颁布的；这些思想体系亦都没有如同犹太一神教的后继者，包括整个基督教和伊斯兰世界及其世俗的继承者一样，把最高贵的意义赋予了爱。

※ ※ ※

《希伯来圣经》被广泛认为是有关复仇和"以牙还牙"的信仰，而《福音书》创造了爱是无条件的和普世的价值观，这之间的矛盾必定是整个西方历史上最离奇的误判。[27]因为《希伯来圣经》不仅仅是爱的两条伟大戒律的源泉，也是由爱的力量和奇迹所激发的道德前景的源泉。《箴言》(10：12)中说："爱，能遮掩一切过错。"[28]"爱情如死之坚强。"[29]《圣经》

中最热烈的诗歌集《雅歌》更是强烈地宣泄着这种情感：

嫉恨如阴间之残忍。
所发的电光，是火焰的电光，
是耶和华的烈焰。
爱情，众水不能息灭，
大水也不能淹没，
若有人拿家中所有的财宝要换爱情，
就全被藐视。（《雅歌》（8：6～7））

有关这个主题，一代又一代的拉比们留下了大量注释和评论，“为爱去行你所有之事”[30]。义者西蒙认为《托拉》、神圣的服侍和仁慈是建立世界的三个基础。[31]拉比阿齐瓦教导说，爱邻里是最高原则。[32]拉比希列则给出对应的黄金定律：“己所不欲，勿施于人。除此之外，都是评注”[33]。

据说，希列是在受到一个路过的异教徒挑战时，急中生智想出这条黄金定律的。对方单足站立，要求希列总结出《托拉》的核心思想。不过，希列的即时回答毫不平庸。事实上，它被一位犹太教师纳入自己最著名的黄金定律中，此人就是迟于希列几十年后出生的拿撒勒的耶稣。

所以，无论何事，你们愿意人怎样待你们，你们也要怎样待人，因为这就是律法和先知的道理。[34]（《马太福音》（7：12））

耶稣在《福音书》中明确表示爱的原则的形成要追溯到犹太教。通过基督教精神的广泛传播，犹太《圣经》给西方世界带来了后世称为“基督教”之爱的两条基本要素：一方面是利他主义的爱，一个人要毫无任何保留和歧视地给予对方；另一方面是对于上帝和他的戒律的热切献身。

“爱宴”的创造

如果《托拉》没有被翻译成为希腊文，它作为一个小国度的道德定律就不会传播至全世界。希腊文是地中海地区的语言，而那里至今仍被公认为是西方文明的摇篮。据记载，公元前 270 年，在埃及法老托勒密二世的邀请下，来自古以色列 12 个氏族的 72 位以色列学者承担了这项伟大的翻译工程。尽管这项工程是服务于当时正在修建的伟大的亚历山大图书馆，但它可能更多地是托勒密二世出于政治和名声方面的考虑：通过将犹太人的《圣经》翻译为埃及大众所理解的希腊文的方式，承认犹太人对于埃及的重要性。[35]

翻译典籍是推动世界革命的重要催化剂之一。几个世纪来在这条路上艰难前行的老夫子和大学问家们为历史上的诸多动荡提供了文本支持。如果没有君士坦丁堡的雅利安-哥特传教士乌尔菲拉主教（311—383）将希腊《圣经》翻译成哥特文，德国可能永远不会转向基督教，历史上可能不会出现神圣罗马帝国，其后的历史也将改写。如果没有马丁·路德翻译的德文版《新约》，或许不会出现新教改革运动，也就不会出现社会学家马克斯·韦伯所称的“资本主义的崛起”（以及随后的现代社会）。如果没有 70 多位译者完成的《托拉》“七十士译本”，《希伯来圣经》的思想可能永远无法传递给用希腊文写作《新约》的作者们，整个世界也不可能由此成为基督教世界。事实上，耶稣出生的第一个世纪里，《希伯来圣经》的“七十士译本”是基督教《圣经》的唯一版本。[36] 正如哲学家罗森茨威格的演绎：历史，有时候要从经典中查阅。

至关重要的是，希伯来语中描述爱情的各种词汇在“七十士译本”中多被译作“爱宴”，不过这在当时并不是一个普遍使用的词。[37] 只有被基督教采用后，它才成为最有影响力的词之一。在本书第 6 章我将谈到，与广泛流行的学说不同，无论是否使用“爱宴”这个字眼，据说耶稣本人都甚少谈及爱。“爱宴”其实是圣徒保罗，以及用希腊文写作与引用《希伯来圣经》的基督教其他创始人所使用的词汇[38]，随后逐渐演变为无条件的、利他的、恭顺的、谦卑的、无私的“基督教之爱”的同义词。但我将在第 7 章谈到，这样的描述其实并不准确。

性爱与热切的友谊

尽管《希伯来圣经》将爱上帝和爱邻里作为爱的最高宣言，但对于这个主题它说的还有很多，包括作为情欲之恋的爱和带着亲密友谊感觉的爱。在精妙的作品《雅歌》中，年轻女子如此坦陈心曲：

愿你用口与我亲嘴，
因你的爱情比酒更美。
你的膏油馨香，
你的名如同倒出来的香膏，
所以众童女都爱你。（《雅歌》(1：2～3)）

而她的爱人则如此回答：

我所爱的，你何其美好！
何其可悦！使人欢畅喜乐。
你的身量好像棕树；
你的两乳如同其上的果子，累累下垂。
我说我要上这棕树，抓住枝子。
愿你的两乳好像葡萄累累下垂；
你鼻子的气味香如苹果；
你的口如上好的酒。[39]（《雅歌》(7：6～9)）

我们在这首诗中听到的情爱的语言，也注入了人类对上帝之爱。在《希伯来圣经》中，找不到基督教传统中对性的巨大焦虑的表达。（《福音书》中上帝对此所言更少，更多来自于他死后由奥古斯丁发展出来的教条。）对农事的爱，包括对人类性本质的爱，比对性欲、对身体，或者更普遍意义上的世界的诋毁，更接近《希伯来圣经》的精神。而这些诋毁多数是基督教从异教徒，特别是柏拉图主义中获取的。所有的创造物都是上帝的化身，因此可以被作为上帝的自我传播而得到爱。[40]《创世记》向我们详细地讲述了上帝创造世界的阶段：从天地、光到天空、动物和人类，每一样都“看着是好的”（《创世记》（1：4～31）），显然自然是给我们来爱的，不是依靠的。神庙欢迎的人，必须不仅仅有纯粹的意志，还要有清白无瑕的身体。《申命记》中说：“凡外肾受伤的，或被阉割的，不可入耶和华的会。”[41]（《申命记》（23：1））

※ ※ ※

在《希伯来圣经》中也能找到发生在朋友之间的，几乎可算作情欲之爱的实例。这里记录了历史上两段最著名的友谊，而且都发生在同性之间，一对是大卫和约拿单，另一对是路得和拿俄米。讲述这两段友谊的言辞优美，尽管友谊中的双方并未获得身体上的圆满，因为实际上还要遭受死亡的惩罚。

大卫是一位英俊的年轻战士，他用投石器和石块杀死非利士巨人歌利亚，凯旋后受到扫罗王接见。扫罗王长子约拿单看到大卫即倾倒于他：“大卫对扫罗说完了话，约拿单的心与大卫的心深相契合。约拿单爱大卫，如同爱自己的性命。”（《撒母耳记上》（18：1））

约拿单毫无遮拦地表达他的爱意。他当即脱下外衣交给大卫[42]，并向大卫许下永远的忠诚，发誓要给大卫任何他想要的东西，包括违背父亲扫罗王，永远保护大卫不受敌人的伤害：“约拿单爱大卫如同爱自己的性命，就与他结盟。”[43]（《撒母耳记上》（18：3））

有意思的是，大卫好像并没有以同样强烈的爱回报约拿单，这或许反映了大多数同性之爱的现实：处于这种关系中的双方的爱并不完全对等。但是，当约拿单在基利波山突遭非利士人杀戮时（《撒母耳记上》（31：2）），大卫表达出深切的哀痛：“我兄约拿单哪，我为你悲伤！我甚喜悦你，你向我发的爱情奇妙非常，过于妇女的爱情。”（《撒母耳记下》（1：26））

超越两性之爱，像爱自己的心一般爱对方。与此惊人类似的情感从希腊世界进入了基督教，特别是以亚里士多德所说的“完美的菲利亚”或者“友爱”的形式。不过，我们在《希伯来圣经》中记录的路得对拿俄米的情感中也看到了这种友爱，相比《圣经》中所描述的男女婚姻，这种情感更接近于一种深沉的忠诚誓言。

> 不要催我回去不跟随你。你往哪里去，我也往那里去；你在哪里住宿，我也在那里住宿；你的国就是我的国，你的神就是我的神。你在哪里死，我也在那里死，也葬在那里。除非死能使你我相离，不然，愿耶和华重重地降罚与我。（《路得记》(1：16～17)）

她们二人根本没有血缘关系。拿俄米是路得的婆婆，是路得死去丈夫的母亲。路得是来自不同国度摩押的异教徒，却展现出令人感动的深切友爱。这种友爱超越了宗族、宗教和家庭，像欢迎自家人一样，接纳一位外来者。

路得不仅把拿俄米视为家人，更为拿俄米带来重要的继承人。她的献身如同婚姻关系中“只有死亡能将我们分离”的誓言，首先是一个神圣的职责，那就是为拿俄米和她死去的儿子生养一位继承人。她和一位妻子死去的亲戚波阿斯结婚并怀孕生下了儿子俄备得。路得以这种方式减轻拿俄米的忧伤，拿俄米视这个新生儿为自己的孩子。伯利恒的妇女们向拿俄米道贺，仿佛是拿俄米刚刚生下了这个孩子。她们说：“拿俄米得孩子了。”“拿俄米就把孩子抱在怀中，作他的养母。”（《路得记》(4：16～17)）

虽然路得和拿俄米都获得了自己想要的东西，但她们之间的友爱或许成为某种超越友爱的情感，一种为对方的福祉绝不妥协的献身，一种对对方的强烈认同。凭借如此的忠诚和仁爱，非犹太教出身的路得的人生因为孕育出最伟大的以色列王而达到顶点：她的曾孙是伟大的大卫王，一位诗人、歌者、竖琴师、杰出的政治家，他最终统一了以色列十二个部族，并定都耶路撒冷。

※ ※ ※

如果我们认为这样的友谊跨越了边界，那是因为我们用一种不自然的分裂的方式来思索爱。我们倾向于（尤其是在路德教神学的影响下）把情欲之爱和友谊之爱分裂开来。前者描述的是占有的冲动，渴望与所爱之人融合在一起的亲密和欢愉，后者指一种为了“自己的另一半”更温和、更有节制、更对等地付出。这两种类型的爱被划分为自我付出型、利他主义的爱和无所保留地将自己交出、任由对方驱策的爱。我们将爱洛斯式的性爱分配给浪漫的情人们，并提出一个近乎老生常谈的问题：究竟情人可否成为朋友？他们是否欠缺友谊所需要的为对方着想的冷静和顾虑。而自我付出型的爱最典型的例子是父母对子女的爱、慈善者对陌生人的爱，以及人类对上帝的全情付出。[44]

而我要在本书中辩驳的是，不管爱的对象是友人、子女、父母、恋人，还是伴侣，实际上饱满的爱并没有所谓的不同类型，而只有三种不同模式的关注和承诺。也许爱的表达方式千差万别，在各种关系中的程度也深浅不一，但它们都是富有生命力的情感。这三种模式在约拿单对大卫的爱中，或者在路得对拿俄米的爱中，更重要地是在以色列人对上帝的爱中都可以找到，有时候它借《雅歌》中热切的语调来表达，有时候它以友谊中相互交流的亲密来传递好感和忠诚，有时候它则表现为无所保留地臣服于所爱之人的意志之下。

这意味着《希伯来圣经》中的上帝之爱尚没有对自我的贬低或者对个体的解构，而这是随后的一些传统，如犹太教和基督教所要求的。21世纪神学家和哲学家马丁·布伯从现代意义上解释说，所有真实的人际关系是“一座由两个坚实的桥墩——个人与他/她永恒的伙伴——支撑的桥梁”。布伯继续评论说，犹太教“拒绝包含自私和骄傲意味的‘我’，而接受和肯定真实的人际关系中的‘我’，接受在我你关系中的那个‘我’，那个爱的‘我’。因为爱不否定‘我’，相反，它把‘我’和‘你’更紧密地绑定在一起。”[45]

这个爱着的“我”如此顽强，丝毫不令人吃惊，因为爱包含一个人的自我与他人自我之间的关系，这样一种关注和肯定的关系怎么可能包含摧毁人的自我的因素呢？恰恰相反，它包含着对他人的顺从，无论他/她是上帝还是所爱之人；它是对另外一方独特存在的肯定和赞美，是用《雅歌》中深情款款的语言描述的渴望；是在净化那些破坏我们关注另外一方的能力，特别是来自于傲慢的阻力时，对意志最高级的磨炼。

爱与顺从

现在有必要再进一步思考我在前文提到的《希伯来圣经》中爱的悖论：在爱中，对意志的最高运用，即是顺从于爱中的另外一方，臣服于其意志，臣服于其存在的合法性。因为在穷尽了对上帝意愿之意义的所有拷问和阐释之后，顺从是《希伯来圣经》所要求的对上帝之爱毋庸置疑的核心。爱上帝的责任是以色列人所有存在和价值的源头，其中包含着绝对服从上帝的条律——无论其指令是否公平或者有利可图，每个人都必须无条件地遵从。

在对爱的理解上，《希伯来圣经》与西方观念中另外一个重要源头的希腊精神存在着巨大差异。对于如柏拉图和亚里士多德这样的希腊思想家，爱是一种自然拥有并形成的渴望，它关乎善与美德。而自然——包括人性和促其丰富的人生状态——是决定规则和结果好坏的最终标准。从最广泛的意义上来说，甚至许多希腊人认为诸神应受制于自然。与之相反，《希伯来圣经》(及随后的基督教）认为，秩序只能由上帝决定。人类爱上帝，必须排除福利方面的考虑，规避自然可以提供，但与爱上帝冲突的利益。爱上帝意味着敬畏和遵从，尽管这种敬畏和遵从需要借由一个诚恳的“中介”，将他/她的条律当作是我们自己的条律，彻底献身于他/她的存在。这可能意味着最终你为了他/她会去做那些让你讨厌，或者你觉得是不道德的事情。我们不能一边说要用整个心灵、灵魂和意志去爱上帝，而一边根据具体情况决定是否忽视或遵从他的意志，这种说法毫无意义。

※ ※ ※

没有人比犹太人的始祖亚伯拉罕更能体现出对上帝的顺从是如何战胜其他类型的爱和价值观的了。因为顺从，亚伯拉罕与上帝订立了契约，并且上帝许诺他以色列之地。有一天，没有任何征兆地，上帝要亚伯拉罕牺牲他的儿子以撒。他不仅没有向亚伯拉罕隐瞒他发出这个可怕指令的目的，反而强调了以撒是亚伯拉罕唯一深爱的儿子的事实：

> 这些事以后，神要试验亚伯拉罕，就呼叫他说："亚伯拉罕！"他说："我在这里。"神说："你带着你的儿子，就是你独生的儿子，你所爱的以撒，往摩利亚地去。在我所要指示你的山上，把他献为燔祭。"（《创世记》（22：1～2））

亚伯拉罕似乎没有一丁点儿抗拒，也没有进行任何辩驳，他带上以撒，去往上帝告诉他燔祭的地方。亚伯拉罕不是没有时间挣扎，因为上帝让他行了三天的路，最终来到摩利亚山。他捆绑住以撒，将他放在祭坛上，然后要杀死他。就在亚伯拉罕举刀之时，他发现自己的胳膊被天使挡住了，那天使正是上帝的使者。这一次，亚伯拉罕依然遵从上帝神圣的命令，没有表现出吃惊或者是事情突变后的解脱。他依然没有纠结于想要对此有任何解释或确认。

但是，为何亚伯拉罕成了英雄？难道他的顺从不令人讨厌吗？他要取悦的又是怎样的一个上帝啊？怎样的上帝会如此命令一个父亲去杀死自己的亲生儿子，同时也杀死自己对爱和正义的感觉。[46]这听上去好似是最违反人伦的宗教，诱导像亚伯拉罕这样伟大和尊贵的人，去为实现上帝的意志而行邪恶之事，并想象从这行事中获得上帝的佑护。这种信仰把对上帝的忠诚置于人性之上，而对其给人性带来的苦难毫无懊悔与同情，它只关注对最高权力的遵从，却不寻求对行为的解释。更糟糕的是，与十字军，或者宗教裁判所，或自杀式炸弹携带者相比，亚伯拉罕甚至不认为他对受害者的行为是犯罪。而他的儿子以撒只是逆来顺受地跟着父亲去往受难之地，丝毫不质疑父亲的行为。此时，上帝不仅冷酷无情，更异常伪善，因为正是这同一个上帝发布条律要人们不得杀戮，却要求亚伯拉罕这位犹太人的圣祖——事实上是三大宗教（犹太教、基督教和伊斯兰教）之父，犹太人的道德典范，去行杀戮之事。

这些观点在道德层面上是合理的。上帝表述得很清楚，他要求尊崇他的命令，这一点凌驾于他所要求的“不杀戮”之上。他要求亚伯拉罕在意志和精神上的顺从，用现代的话来说，就是所谓“自制的道德意志”，其实这才是亚伯拉罕最终付出，而上帝也不阻止的奉献。《托拉》中最彻底的改革之一在于，指出了自此以后人们不再向上帝献祭动物或者金子等物品，而是自己整个的内在世界，那个由动机、欲望和道德直觉所交织而成的迷宫，而行为仅仅是这个内在世界极其粗糙的表达方式。《托拉》不仅明确禁止撒谎、偷盗、乱伦、欺骗等行为[47]，它也渗透了人最隐秘的情感和思想：“不可心里恨你的弟兄”（《利未记》（19：17））；“不可报仇，也不可埋怨你本国的子民”（《利未记》（19：18））；“不可贪恋人的房屋”（《出埃及记》（20：17））。更为甚者，如《箴言》所说的：“人的灵是耶和华的灯，鉴察人的心腹。”（《箴言》（20：27））

这种对奉献意志和精神，而非物质品的强烈需求，在《诗篇》第51节中得到完美的体现，随后得到奥古斯丁的准许而被引用：

> 主啊，求你使我嘴唇张开，
> 我的口便传扬赞美你的话。
> 你本不喜爱祭物，若喜爱，我就献上；
> 燔祭你也不喜悦。
> 神所要的祭，就是忧伤的灵。
> 神啊，忧伤痛悔的心，你必不轻看。[48]

先知撒母耳的劝诫中，也回荡着对顺从的召唤：

耶和华喜悦燔祭和平安祭，
岂如喜悦人听从他的话呢？
听命胜于献祭；
顺从胜于公羊的脂油。
（《撒母耳记上》（15：22））

或者如《诗篇》（40：6）所说："祭物和礼物，你不喜悦，你已经开通我的耳朵。"（这里值得留意：《旧约》中听觉似乎是主导的，而在《新约》中则以视觉为重：看到耶稣，看到神迹，以及普遍意义上的目击。这可能源自后期的希腊影响。）亚伯拉罕最终表现出的忠诚无疑是罕有的和持久的，如上帝的感慨：

以法莲哪，我可向你怎样行呢？
犹大啊，我可向你怎样作呢？
因为你们的良善如同早晨的云雾，
又如速散的甘露。（《何西阿书》（6：4））

上帝更进一步慨叹：

我喜爱良善，不喜爱祭祀；
喜爱认识神，胜于燔祭。（《何西阿书》（6：6））

※ ※ ※

亚伯拉罕的顺从看上去非常愚蠢，可果真如此吗？

如果仔细追问，我们会发现亚伯拉罕只有在遵从上帝指令的意义上才愿意屈服。从另一种意义来说，他放弃了本来拥有的所有，因为他带着我们今天称之为良心的诚意，以最深刻的方式赞同这种完全顺从的姿态。如果良心自身需要顺从，它就不会阻碍顺从。

说亚伯拉罕的顺从听命于他的良心，即是说他的顺从听命于他最深刻的价值观。因为除了一套潜藏于我们内心最深处的价值观，还有什么可以称得上良心呢？这套价值观培育了我们，为我们正名，它不可替代，或者任由我们辩解。除了在实际生活的具体情境中去努力理解这套价值观的需要，还有什么当得起良心的深思熟虑呢？因此，如果良心的最高价值是永远顺从于上帝的指令，则良心本身，包括其反思和推理的各种能量，都将毫不犹豫地赞同这样的顺从。（这与对巫毒的顺从没有任何关系，后者对指令的内化是冷酷和无生命的，并且缺乏一套价值观体系，因而其中不包含良心。）

《希伯来圣经》将顺从上帝有效地宣扬为一种最高美德，于是似乎下面这个矛盾也被向前推进了一步："放弃你任性无常的意志，交给神的律法，则你将享自由。臣服于神的绝对，则你将强大过世界。牺牲自己，你才成就自己。"这种牺牲并非放弃，而是对上帝指令"尽心、尽性、尽力"（《申命记》（6：5））地承诺和接纳。出于对整体存在的深刻赞同的顺从，包括对良心及其自省和推理能力的赞同的顺从，是自由之中的顺从。实际上，顺从成为通往自由之路，进而成为通往自我之路。

我们也不应该逃避这样一个两难命题：顺从可能把人类引至道德上的极端。无神论者的观点是正确的：如果虔诚战胜一切，那么为什么许多神学家坚持认为可以根据人类的价值观来解释《圣经》文本，或者用尊重高贵、价值平等、人类生命多元化等观点来提示我们对上帝的理念。而这些道德观即便不是全部，也部分是从《希伯来圣经》中萃取而出的。现实是，当与对神圣指令的遵从发生冲突时，这些道德观必然缴械投降。对绝对命令的顺从是非人道和极权主义的温床，无论这些命令多么强调其以人类福祉为目标。

要解决这个令人不快的问题，神学家可以根据人类价值观重新诠释《圣经》文本；或者宣布上述诠释是"彼时彼日的产物"，无法与我们今天的时代相共鸣；或者索性以超出人类理解的"不可知"而回避这个话题。

宗教总是宣称一定能找到解决方案，而无神论者总是会搬出从十字军到宗教裁判所，再到“9・11”这些以宗教之名所行的邪恶之事，否定宗教给出的方案。各方由此进入一场永无终结的争论之中。

然而，《希伯来圣经》和以它所光大的爱上帝的宏大使命开始的宗教虔诚，确实教会我们懂得了，爱这种情感要求我们毫无保留地顺从于被爱者，即便在终极意义上它/他/她对我们是不可知的。这种对它/他/她者的有意义的关系以顺从为条件，并且在顺从中将对方的秩序内化为自身的秩序，即便会产生争论以及可能时时放弃。果真如此，则结论再清晰不过了：爱，通过对所爱一方的无限制的尊重，潜在地包含着如亚伯拉罕在良心的赞同下要杀死自己儿子的非道德性。爱随时准备好听命于至高无上的所爱一方，为此可以置对他人的道德和良心于不顾，如亚伯拉罕一样随时准备舍弃任何其他的神圣之物。

然而，这种道德的暂时失效赋予了爱生命的创造力：放开对意志的束缚，让其以可能最强烈的方式，去珍视、守卫、肯定以及同情被至高无上地爱着的对方。如此内在的爱的定律——随时准备牺牲对所有人的道德感，只为了成全对一个人最高的道德感——正是《希伯来圣经》所宣扬的。自此开启了延续至 19 世纪的浪漫主义的先声，我将常常在本书中追溯这个传统。

※ ※ ※

约伯的遭遇可能为何谓奉献，或者说牺牲个人意志，提供了一个更为鲜明的比喻。与亚伯拉罕相比，约伯承受的考验更加曲折。[49]尽管上帝最终赐予约伯平静、子孙和数不清的财富：“比他从前所有的加倍”（《约伯记》(42：10))，使其最后有个美好的结局，但这些都难以抵消约伯遭受的折磨，特别是他的失子之痛。

这个故事的确切要点是：顺从作为爱之关系中的核心，如果期待的是从苦难中获得应有的报酬或是救赎，那就算不得是纯粹之爱。约伯并非作为一个违背上帝指令的离经叛道者而遭受惩罚的，恰恰相反，他虔诚至极。上帝甚至在降难于约伯之前，已将此昭示众人："那人完全正直，敬畏神，远离恶事。"（《约伯记》（1：1））他明确说是在"无故地毁灭他"（《约伯记》（2：3））。让约伯失去几乎所有：牛羊、仆人，以及最宝贵的七个儿子和三个女儿。作为最后的惩罚，上帝让约伯全身感染毒疮，而且不得不用碎陶片刮拭伤口。

即便如此，上帝也没有表现出一丝一毫的怜悯，他在惩罚约伯的过程中至少违背了自己定下的两条戒律：不杀戮和不偷盗。然而，尽管约伯坚持自己的无辜，哀叹这些痛苦让他的生命毫无意义，慨叹自己还不如不要出生，渴求尽快死去，但他的第一反应还是接受和虔诚："我赤身出于母胎，也必赤身归回。赏赐的是耶和华，收取的也是耶和华"（《约伯记》（1：21））。

约伯的朋友得知他的遭遇，为他唏嘘，前来探望和安抚。他们陪伴着坐在尘土里刮拭痛处的约伯，七天七夜默然无语。但他们的沉默只能增加约伯的痛苦：他哀嚎说自己不应受此罪罚；如果他一定要承受，那上帝应告知他理由；他质疑上帝的公正和善，他叹息说无辜者陷入痛苦，"世界交在恶人手中"（《约伯记》（9：24））。

他的朋友劝导他说事情必定不是这样。他们说，约伯承受折磨定有其理由：他肯定是作下了罪孽才当如此。既然惩罚没有理由，那么约伯必是有罪了。奖惩分明是上帝秩序的核心，正如约伯的一位朋友以法利向他发问："请你追想，无辜的人有谁灭亡？正直的人在何处剪除？"（《约伯记》（4：7））。

约伯的苦难深刻地暗示了什么是上帝之爱、如何爱上帝，以及什么是普遍之爱。我们经由上帝这为人所爱的最高尚的存在接纳善，正如接纳生命本身，但同时也接纳恶。我们接纳最伟大的慈爱，也接纳最邪恶的残酷。我们接纳高扬生命和存在的承诺，同时也被给予可怕的不公，并且无所依托。

这正是所有纯粹之爱的真相。一段与让我们体会到存在感的对象的真实关系，无论对方是个体，还是上帝、父母、国家、风景等，不会带来任何可预期的或者是可计算的利益，而只需要冥顽不化的接纳。一段爱的关系中不存在谈判的余地，如上帝所说："我要恩待谁，就恩待谁；要怜悯谁，就怜悯谁。"[50]（《出埃及记》(33：19)）任何有关所爱之人在道德上是否公正的问题都毫无意义。面对所爱之对象，无论是上帝、他者，还是生命本身，当我们不去试图证明其行为方式时，我们即确认了我们所爱之客体。

约伯本人也不试图为上帝对他的所作所为进行解释或正名，如我们所知道的，他说："赏赐的是耶和华，收取的也是耶和华；耶和华的名是应当称颂的。"(《约伯记》(1：21)) 他本可以决定不再相信上帝，因为若真有上帝，为何世间如此不公平。但他用自己的经历验证上帝的存在："我知道我的救赎主活着"[51]（《约伯记》(19：25)）。他也可以听从妻子的劝告，放弃与噩梦般生活的角斗，诅咒上帝、结束生命[52]，但他给出了关于纯粹之爱核心的最意味深长的回答："难道我们从神手里得福，不也受祸吗？"(《约伯记》(2：10))

约伯不从经受的苦难中寻找"意义"，他树立了面对苦难的存在如何行动的典范，一种不追问只作为的典范。"为什么要受难？""我的苦痛究竟为了什么？"这些问题在约伯看来都没有意义。如果约伯从一开始就不去追问，不纠缠于那些没有答案的问题，坚强地生活在任何苦难中，那么他就树立了一个更加强大的典范。

上帝对人类能深刻地洞察宇宙、判断到底何为公正、何为不公的观点不以为然。他最终归还了约伯的财富，并且"赐福给约伯比先前更多"(《约伯记》(42：12))。这不是因为约伯祈祷这样的结果[53]，或者是满足了任何其他使其幸福的条件；与之相反，这些赐福如惩罚一样，该发生时就发生了。

从顺从和敬畏上帝的角度看，“为什么无辜者受苦?”是个错误的问题。从爱上帝的角度看，爱上帝就是接受上帝所给予的一切，一如亚伯拉罕和约伯。

为什么要爱上帝

但是，关于上帝，究竟有些什么呢？他激发起子民的爱，让他们响应和遵从自己的指令，即便这响应和遵从是偶发的，远未及完美。

答案似乎在于，他凌驾于或好或坏的子民之上的权力。在人们的理解中，上帝可赋予或剥夺人的生命，强化或弱化人的存在感，肯定或否定他对于世界上（包括道德世界）某一个地方的拥有。《圣经》中对爱上帝的命令，正是和上帝凌驾于这些终极存在的权力毫无约束地关联着。

这解释了为什么敬畏上帝是《希伯来圣经》的核心。所有伟大的爱都蕴含着敬畏。（当然，并非所有的敬畏都蕴含着爱。）因为总是存在着失去所爱之人的可能性，这让爱者在实际遭遇之前就已经充满敬畏。这也是我们在面对所爱之人的暴力和复仇时总是异常脆弱的原因[54]，特别是当对方变得不可预测时。

但比失去上帝的敬畏更深刻的，是看见上帝。拥有如此绝对权力的上帝超越我们的存在，很容易激发起我们的敬畏之感，进而击倒我们，即便我们相信他永远不会放弃或毁灭我们。如康德的“庄严”概念所揭示的，我们尊贵又谦卑地站在“绝对的大”面前[55]，它的宏大让我们感到既强大又无力，不仅仅指拥有我们所爱之人，而且指拥有我们的存在本身，拥有那让我们的爱得以安顿的存在。换句话说，在爱的关系中，永远是在敬畏的关系中；事实上，爱有多深，敬畏便有多深。

※ ※ ※

以上这些都不太对现代人的口味，因为我们过于沉溺在希腊人的观点中，即纯粹的爱只能由善来激发，以善为追求目标，也只能通过善来涵养。和谐、稳定和相互理解标志着善的达成。基于这个观点，如果我们爱上作恶之人，那是因为我们在他身上看到善之不足。如果我们看上破坏者，那便不是纯洁的爱，那是儿童时代与破坏型父母之间关系的病态重复，或者是出于受虐狂的心理。

但如果我们再仔细思考，就会发现这种观点并不正确。为什么会出现被绑架者不仅同情而且认同绑架者（所谓斯德哥尔摩综合症），甚至会爱上对方的情况？为什么儿童在成熟之前会本能地爱和维护父母，即便他们无法判断父母的好坏，甚至在他们掌握好与坏的概念之前？为什么成年人在发现父母严重地伤害了自己之后，仍会一如既往地爱父母？为什么如此多受压抑的民众不仅崇拜，而且深爱那些屠夫般的暴君？他们在暴君的葬礼上公然恸哭，人数之多甚至超过自由的民众。（这里我们不可忽视的一个例子是，很多经历过斯大林“大清洗”的人，在他死后所流露出的强烈的真挚感情。这种感情不能被简单地归类为恐惧、洗脑或盲从的忠诚，因为它背离了许多爱的特质：奉献、自我牺牲、顺从、倾听、确信、渴望亲近和温暖的感情、对触摸不到的另外一半的敬畏。）如果有人因此说：“好吧，这算不上是爱”，那么他忽视了最纯粹的人类之爱中与生俱来的巨大风险。

对于这个问题，多数传统的解答都未能奏效。我们爱这些魔头，不是爱他们具有的“普遍人性”，或在道德或文化上和我们的类同性，也不是为他们黑暗灵魂中的一道善之光芒所吸引，或仅仅因为他们和我们一样是“上帝的子民”。我们爱他们，仅仅是因为我们相信他们所具有的本体论的权力，可以赐予或者剥夺我们生命与存在的权力，从恶或行恶中喷涌而出的权力。

爱与“本体论意义上的归根感”

对比西方世界塑造了爱的概念的其他思想传统，在爱的动机方面，

《希伯来圣经》描绘了更真实的画面。爱不仅代表最初的感应，更意味着持久和成熟。信仰中的以色列人爱上帝存在意义上的权力，尽管他们对上帝的认识并不清晰；他们爱着的上帝是他们的创造者和缘起者，是他们生存和繁荣的裁决者，是上帝将他们从奴役中解放出来，赐予他们这世界上的一块净土，让他们得享律法和土地。

上帝爱以色列人，因为他们是律法的守卫者。他通过摩西在西奈山上向他“选择”的以色列人发布律法，这是他爱的行为，尽管附带上严苛的、不能说是对以色列人有益的条款。[56]就好比上帝的创世一样，上帝最初爱的行为体现了他神秘莫测和至高无上的意志，而且达到了无条件的程度。（这形成了后来基督教爱的思想的核心概念：恩典。）

当然，这一次也不例外。给予以色列人生命和律法的上帝，行为中带着巨大的冷酷，并且表面上出现种种不公。他怀着猜忌、怀恨和报复心理[57]，当他的子民身处最痛苦的时候——从公元 1 世纪第二圣殿被毁，到 15 世纪犹太人被西班牙驱逐，直至 20 世纪希特勒发动大屠杀，他均未现身。他以西奈之约的形式给予以色列人似乎不附带任何条件的爱，仿佛以色列人不配也不能享有这样的爱，但一旦领取了圣约，以色列人的行为即成为圣约的条件。（事实上，在《托拉》中很难找到清晰的例子证明，当以色列人让上帝失望后，上帝会自发地再去亲近以色列人。通常都是经由摩西说情，上帝才愿继续他对子民的爱。[58]）以色列人永远不会指望上帝在他们最需要的时候现身，尽管如此，他们仍要尽心、尽性和尽力地爱上帝。本质上，他们必须为这份没有回报的爱作好准备。

如同以色列人对上帝的爱，所有的爱都必然如此。要激发和维持爱，不需要深入理解所爱一方，尽管爱一旦迸发，就希望了解更多。美貌和道德上的善并非爱的催化剂，而是爱者从所爱之人那里获得的安放和延展生命的神秘承诺。爱是回家的感觉，绝不是公平或者报答，否则难以称为纯粹的爱。爱是一段通往未来的乐章，但它呈现出不确定性，因为所爱之人幽暗、变化的本性和他/她表露出的总是带有条件性的爱，即便从爱所给予的广度和我们响应的强度来说，这种爱似乎是无条件的。它遵从所爱之人的内在秩序，而这种秩序正是所爱之人的存在。（赫拉克利特用“逻各斯”来描述这种整体性的存在秩序或宇宙。）

※ ※ ※

在以色列人的上帝之爱中，第1章中就有所谓的“本体论意义上的归根感”的范例。所爱之人手中掌握着权力，激发或者毁灭爱者的感觉，爱者从这种种获得真实、合法和持续的存在，让他/她觉得虽然从未刻意占据，自己也在天地间拥有一块属于自己的领地。父母、劫持人质者、极权领袖、极端的浪漫和友谊，尤其是《希伯来圣经》中的上帝，都是这种情感的极端案例，因为他们的权力超越了生命或死亡本身。

我在本书中要探讨的爱，集中围绕着这样一种权力的体验。这正是为什么宗教，特别是一神论——没有被上帝是至善、至赦、至忍、至护之父的伪装所美化的一神论——能让我们所学甚多。爱蕴藏着一种信念，即所爱之人能确认、滋养和安放我们的存在。（因此，爱总是伴随着恐惧，恐惧所爱之人的离去，恐惧所爱之人不行使他/她拥有的权力，或者用破坏的方式来使用权力。）爱蕴含着强烈的意愿，情愿付出难以想象的巨大代价去追逐至高无上的善。这种代价在外人看来也许不可理喻，但与当事人获得的本体论意义上的归根感相比，则微不足道。

没有比找到对存在的确认、滋养和安置更迫切的人类需要了。而我们只能通过与我们被嵌入的这个世界产生关系来满足这种需要。当我们在某人或者某物——它可能是艺术、自然，或者一段假期中体会到这种存在感，就会带着颠覆一切的渴望纵身投入它的怀抱。让我们坠入爱河（并且乐在其中）的，不仅包括那些用他/她/它的权力来确认和提升我们生命的对象，也包括那些视我们为仇敌的人，那些用财富给我们带来（牢固或脆弱的）存在意义上的安全感的人，那些虚伪地给予我们假象、让我们自信的人，那些要毁灭我们的人，那些我们永远怀疑其给予的爱是否真诚的人。[59]我们相信一切拥有本体论意义上的权力的人，从最初的父母，到之后的生命中所有以他们的仁慈为我们的身份、安全感、生命的丰盈，甚至我们的存在本身提供安放之处的人。对这些人所拥有的超越于我们之上的权力的信念构成了我们对爱的核心的信任，这种信任让我们如亚伯拉罕、约伯和其他以色列人一样，彻底地把自己奉献给我们最终无法理解或证明其内在规律的指令。

注释

1. 有关《申命记》和《利未记》及当中包含的爱的戒律的年代，具有高度的争议性，但几乎可以确定，它们分别出现于不迟公元前 7 世纪与 6 世纪，大大早于柏拉图、亚里士多德或耶稣生活的年代。同时，《托拉》（《希伯来圣经》前五卷的总称）中对于传统的最终的增补也不可能早于公元前 5 世纪。

2. 《申命记》6：5 中的这个表述在 10：12 中被进一步强调："以色列啊，现在耶和华你的神向你所要的是什么呢？只要你敬畏耶和华你的神，遵行他的道，爱他，尽心尽性侍奉他。"《申命记》（11：1）和《约书亚记》（22：5）中也有类似表述。

3. 《利未记》（19：18）声明："不可报仇，也不可埋怨你本国的子民，却要爱人如己。我是耶和华。"

4. 希伯来文中表达"爱"最常用的词是 ahavah，这个词不仅涵盖对上帝和邻里之爱，也包括朋友之间、父母与子女之间以及恋人之间的亲密关系。希伯来文中用 dod 表达欲爱，用 hesed 表达近似友爱的亲密关系及其所包含的忠诚、慈爱和视对方为另一个自我的认同。这些词语随着《希伯来圣经》中语境的变化而产生不同的用法。

5. From Maimonides, 'Laws of Repentance', ch. Ⅹ, para. 5, in *The Book of Knowledge*, trans. Moses Hyamson (Jerusalem, 1974), p. 92b. 此处引文引自 Menachem Kellner, *The Code of Maimonides*: *Book* Ⅱ, *The Book of Love* (New Haven and London, 2004), p. xvi.

6. 这些在后圣经文献中也有体现，如《禧年书》（36：4）："我的孩子，你们要彼此相爱，像爱自己的灵魂一样爱你的兄弟们，彼此求其利，一同在这世上行为，彼此如爱自己的灵魂一般相爱。"

7. 犹太哲学家莱恩·古德曼（Lenn E. Goodman）在其著作《爱邻若己》（*Love Thy Neighbor*）中对此戒律及其寓意的讨论，极大地启发了此处我对于平等的论述及对《塔木德》的引用。解释性翻译见 *The Talmud of the Land of Israel*，vol. 20（*Hagigah* and *Moed Qatan*），trans. Jacob Neusner（Chicago，1986），p. 50.

8. 见 Goodman，*Love Thy Neighbor*，pp. 15-17.

9. 根据《箴言》（11：17），"仁慈的人善待自己；残忍的人扰害己身。"

10. Mishnah，'The Fathers'（*Avot*），ch2，Mishnah 10，in *The Mishnah*，trans. Herbert Danby（London，1958）. 这部分内容也以"天父的伦理"而为人所知。

11. Nahmanides on Leviticus 19：19，cited in Goodman，*Love Thy Neighbor*，p. 13.

12. 希伯来语中 ger 有"异己"和"陌生人"两个意思。

13. 在规范的希伯来传统中，"异己"指《圣经》中改变宗教信仰者，不过对此并没有明确的基础。

14. 这里我们要留意《那鸿书》（1：2）中非常不同的传统："耶和华是忌邪施报的神。耶和华施报大有忿怒，向他的敌人施报，向他的仇敌怀怒。"

15. 新修订的标准版（NRSV）中有"你不能从邻里的血中获益"的内容，但在文学翻译的脚注中，这句话被翻译成"你不能与邻里为敌"。

16. 这是《申命记》中弥漫着"黩武精神和摧毁被禁止土地上所有住民的强硬戒律"的那些部分所表达的观点。在《希伯来圣经》中，如同在古代近东一样，对战争与建立社会秩序的理解被置于宇宙观的背景中。这里（神圣的）神灵与（人间的）王者之间的关系表明，作为宇宙的对抗的一部分，王者以武力行为对抗混乱的力量。由此，国家的军事行为在道德上不仅是可以忍受的，而且是必需的。见 C. L. Crouch，*War and Ethics in the Ancient Near East*：*Military Violence in Light of Cosmology and History*（Berlin and New York，2009），p. 194.

17. 比较《创世记》（1：26，5：1）和《希伯来圣经》（1：3）。有趣的是，在相应的美索不达米亚的传统中，"马杜克神的形象"与"涅加尔神的形象"代表着神现身于他的庙堂与城市中。

18. Cf. Micah 6：8.

19. Babylonian Talmud，*Shabbat* 133b，quoted in Goodman，*Love Thy Neighbor*，p. 16. 见 *Shabbath* Ⅱ，in the Babylonian Talmud，ed. and trans. I. Epstein（London

1935-48).

20. 比较《利未记》(25:35～38)、《箴言》(22:22～23) 和《箴言》(17:5),后者声明:“戏笑穷人的,是辱没造他的主。”

21.《利未记》(6:2～7) 中规定,任何侵犯邻里的人,必须按照被偷盗财物的价值再追加五分之一,归还给被侵犯的邻里,作为对耶和华的赎罪。

22. Babylonian Talmud, Ta' anit 20b. 见 Goodman, *Love Thy Neighbor*, p. 17.

23. 我从与麦克尔·哈里斯的私下交流中得出这个观点。希腊文的翻译“我是存在”或“我是存在物”与神圣存在是有共鸣的,但却不符合希伯来义原意(与格雷厄姆·戴维斯的私人交流)。

24. 要想对这里神圣名字的使用发起有价值的讨论(亦同《出埃及记》(6:3) 相关),可参见 Thomas Thompson, 'How Yahweh Became God: Exodus 3 and 6 and the Heart of the Pentateuch', *Journal for the Study of the Old Testament*, vol. 68, 1995, pp. 57-74.

25. See *The Concise Dictionary of Classical Hebrew*, ed. D. J. A. Clines (Sheffield, 2009), p. 148; and in Brown, F., Driver, S. R. and Briggs, C. A., *The Brown-Driver-Briggs Hebrew and English Lexicon of the Old Testament* (Peabody, MA, 2000), pp. 217-18.

26. See '*Imitatio Dei* and the Nature of God', in Menachem Kellner, *Maimonides on Human Perfection*, Brown Judaic Studies, vol. 202 (Atlanta, 1990), pp. 59-61.

27. 哈罗德·布鲁姆 (Harold Bloom) 对此有段轻描淡写的精彩评论:基督教的最大悖论是《路加福音》、《约翰福音》及其后几乎所有的福音书,它们都既以陈腐为由将犹太人即刻打发掉,又仍全然依赖对《希伯来圣经》的各种修订。

28. Similarly in Psalms 145:20 and Psalms 31:23.

29. Song of Songs (also known as the Song of Solomon) 8:6.

30. 这个对《申命记》(11:13) 的释义来自《注释书:坦拿对〈申命记〉一书的评论》中(匿名的)早期拉比评论者。

31. Mishnah, 'The Fathers' (*Avot*), ch. 1, Mishnah 2, in *The Mishnah*, p. 446.

32. 拉比阿齐瓦说:“爱邻里是《托拉》的最根本原则。”《〈利未记〉注释书:坦拿对〈利未记〉一书的评论》中曾有此记录。对比《罗马书》(13:8):“凡事都不可亏欠人，惟有彼此相爱……因为爱人的就完全了律法。”

33. 引自巴比伦《塔木德》安息日 31a。希列于公元前 1 世纪后期和公元 1 世纪前期活跃于耶路撒冷。可参考早期阿拉米（巴勒斯坦）的《塔古姆》中相应的表达。See Serge Ruzer，‘From “Love Your Neighbour” To “Love Your Enemy”：Trajectories in Early Jewish Exegesis’，*Revue Biblique*，vol. 109，no. 3，2002，p. 378.

34. Cf. Luke 6：31. See also John 13：34-5；1 John 3：11-20；Matthew 19：19，22：39-40；Mark 12：31；Luke 10：27；Romans 13：8-9；Galatians 5：14；James 2：8；and Sirach 25：1.

35. Tessa Rajak，*Translation and Survival*：*The Greek Bible of the Ancient Jewish Diaspora*（Oxford and New York，2009），pp. 7-10.

36. Henry Chadwick，*The Early Church*（Harmondsworth，1967），p. 42.

37. Cf. Genesis 22：2 and 28：28；Leviticus 19：18；Genesis 24：67，29：18 and 29：30；and Genesis 34：3，Samuel 13：1，4 and 5.

38. 在第 7 章中我将提到，即使在《新约》中爱宴也与爱洛斯并无显著差异。

39. 希伯来文中用“דוד”来指代情欲之爱，它也与“我的爱人”同义。

40. 如《以赛亚书》（6：3）所揭示：“圣哉！圣哉！圣哉！万军之耶和华，他的荣光充满全地！”

41. 不同观点参见 Isaiah 56：3-5.

42. “约拿单从身上脱下外袍，给了大卫，又将战衣、刀、弓、腰带都给了他。”（《撒母耳记上》（18：4））

43. 《撒母耳记上》（20：17）中也有类似内容：“约拿单因爱大卫如同爱自己的性命，就使他再起誓。”

44. 见 Mishnab，*Avot*，Ch. 5，*Mishnab* 16，in *The Mishnah*，p. 457.

45. Martin Buber，*On Judaism*（New York，1967），p. 210.

46. 在这个上下文中，探寻什么是对的和正义的行为的意义，相当于今天所说的“良心”。尽管“良心”不是一个《圣经》词汇，不过我在下文中会继续使用。

47. 如 Exodus 20：12-17，23：1；Leviticus 18：6-23，19：11.

48. Psalm 51：15-17 cited in Augustine，Concerning the City of God against the Pagans，trans. Henry Bettenson（London，2003），p. 377.

49. 我对雅各的讨论得益于辛格的著作《爱之本性》。

50. Cf. Romans 9：15 and Luke 6：36.

51. 这句令人不可思议的经文说："我知道我的救赎主活着，末了必站立在地上。我这皮肉灭绝之后，我必在肉体之外得见神。我自己要见他，亲眼要看他，并不像外人。我的心肠在我里面消灭了。"（《约伯记》(19：25～27)）

52.《约伯记》(2：9) 中，她问约伯："你仍然持守你的纯正吗？你弃掉神，死了吧！"

53. 有关祈祷，约伯只作出了一次表态："约伯为他的朋友祈祷，耶和华就使约伯从苦境转回，并且耶和华赐给他的比他从前所有的加倍。"（《约伯记》(42：10)）

54. 对上帝的不忠会引发他的暴怒和破坏力。如同诺亚方舟的故事所揭示的，方舟预留给忠诚的诺亚，他对上帝的爱与那些"在地上罪恶很大"的人天差地别（《创世记》(6：5)）。

55. Immanuel Kant, *Critique of Judgement*, trans. J. C. Meredith (Oxford, 1952), paragraph 23, p. 75.

56. 尽管后期的拉比犹太教将此与列祖的奖赏联系在一起。我与梅纳赫姆·凯尔纳的私人通信启发了这一点。

57. 哈罗德·布鲁姆用莎士比亚戏剧中的人物来描绘上帝那难以顺服的本性："耶和华是李尔王、福斯塔夫和哈姆雷特的三体合一：李尔王那不可预测的暴怒、福斯塔夫那骤然迸发的生命力和哈姆雷特永不安宁的自我意识。"

58. 例如，在《出埃及记》(33～34) 的故事"金牛犊"中，可以看到产生这种后果之后的说情。对另外一些先知，例如何西阿同耶利米，情况会很不相同。如《托拉》中的上帝，据说他在以色列被侵犯和改变之前就已经出手帮助了。

59. 我不是指这些人仅仅是替身，或是我们父母的隐喻。

第3章　柏拉图：从身体之欲到天堂

柏拉图把对美好身体的爱想象成一条长路的起点，它终将引领人类进入天堂。为此，他理应为西方思想史上一种决定性的痴迷负起责任。这种痴迷的对象是爱洛斯，它搅动天庭，将肉体之欲提升到灵性的理解，从有限到无限，化偶然为永恒。

这种痴迷的核心是一种极端痛苦的渴求：精神之爱必须战胜对肉体的贪恋，最终超越生命本身特有的限制，如空间、时间、痛苦等。这种超越并非压抑或者灭绝性欲，柏拉图之恋从不鼓励如此。相反，它通过从身体之美升华为神圣之美的欲望净化来实现。

原始爱洛斯有着种种缺陷，比如嫉妒、愤怒、索取和脆弱[1]，贬低人性的粗野以及时间、肉体与死亡的玷污。通过欲望的净化，爱者从原始的爱洛斯中获得似神的自由，从最盲目的欲望之爱上升为最澄明的精神之恋。

最终，作为个体的爱者从超越所有个体性的美的沉思中获得了自身的丰满。爱由此陷入了一个突出的悖论：作为强大生命动力的爱洛斯，其最大的渴求却是超越基本的生命状态。

※ ※ ※

在柏拉图之前，希腊人已将爱作为人类甚至宇宙的巨大推动力，但从现存的任何文献中找不到任何记录证明希腊人给予了爱这了不起的道德价值。恩培多克勒（公元前492—前432）认为宇宙由爱与恨统治，宇宙中四种元素土、气、火和水不断地流动和变化。当爱的力量占上风时，四种元素紧密融合为一体；当恨占上风时，四种元素分离为独立的四种物质。[2]爱和恨交替掌管着宇宙，这个过程循环往复永不停息：

> 它们从未停止转换，
> 而一时，爱将它们统一在一起，
> 又一时，又被恨的敌意所拆开。[3]

其他思想家对爱作为一种超越上帝和人类的超凡力量心存敬畏。索福克勒斯在其作品《安提戈涅》中写道："爱啊，即便是不死的神，也不能挣脱你的降临，人类更不可一天无你。谁被你攫住，即入癫狂。"[4]但在柏拉图之前，屈服于爱的力量、为爱牺牲所有，甚至不惜发动战争的人或神，其对所爱之人身体的占有欲，并不必然是精神上探寻绝对善和美的起点。荷马笔下的特洛伊战争讲述的就是一个男人（帕里斯）为了对一个已婚女人（海伦）不顾一切的渴望而发动的战争。为了留住她，他不惜赌上所有。这个花花公子想必既没有从道德角度来思考过自己对海伦的爱，也不会把这种情感理解为仅仅是自己在更庄严的精神旅途中一次愉悦的短暂停留。

柏拉图汲取以往的思想传统，可能也包括俄耳浦斯教和其他神秘宗教，再从本质上突破了这些传统。他发展出爱作为一种精神追求恰恰是让个体生命完整的观念。他奠定了爱的本质的基础，认为爱超越勇气和荣耀等其他传统的美德，最终达到至高无上的善行。他将对勇气和荣耀的探讨留给后人，而让爱担负起实现古老的人类梦想的特权：一个纯洁与和平的理想王国，它摆脱了生命的种种混沌，包括桀骜不驯、弄巧成拙、漠不关心以及冷酷无情。

※ ※ ※

为实现这个本质突破，柏拉图以他的惯常做法，先抛出一个看上去似乎无关痛痒的问题。

在他那部以爱为主题的伟大著作《会饮篇》的开篇部分，柏拉图这样问道："没有一个诗人愿意创作一首歌赞美如此古老、如此强大的爱神，这岂不是太离谱了吗？"[5]博学之人用长篇大论称赞盐的功用，却欠缺勇气把同样的赞语呈献给爱。

这个问题标志着爱的历史中一个关键时刻。作为西方哲学史上第一部充分讨论爱的专著，柏拉图的《会饮篇》连同西方世界中论述爱最有影响力的文本《申命记》和《利未记》中的相关律令，一起构建了我们今天依然能轻易辨识的爱的四种深入人心的形象。

第一，爱让作为个体的我们"完整"。没有另外一半，我就不能成其为我。(柏拉图创造了这个时至今日我们依然耳熟能详的说法。)

第二，爱源自美。这个美不仅仅指身体魅力，更包括个性、心灵和德行上的美。它指向所爱之人的善。[6]我们可能欣赏、崇拜或觊觎那些不美的对象，但一定不会爱上对方。[7]

第三，爱赋予我们超越与事物、人、自然、客体等表面的关系，直达其绝对价值的能力。

第四，爱能引发出我们作为爱者最好的一面，特别是美德和智慧。尽管爱始于性吸引，但最高尚的爱催生我们身上最高贵、最真挚的品德。

在《会饮篇》中，不同人物次第登场，每个人以简短的发言把爱的理念串联在一起。古希腊时代的会饮并非人们在阴暗的大学礼堂里隐秘地谈论性的聚会，而是一场食物和美酒享用不竭的上流社会的夜宴（"会饮"字面上的意思就是"一同饮酒"）。席间宾客皆为男性，他们横卧在长榻上，有奴隶伺候，有吹奏竖笛的女子陪伴。通常这些女子可与宾客性交。这种场合让宾客不仅仅意淫，更可以亲身爱抚美貌的年轻人，以情色之美来唤醒智识上的灵感。

这些美貌的年轻人自然是男性，在会饮的场合中讨论的爱也倾向于同性之爱。《会饮篇》中多数人物都理所当然地认为，只有发生在成年男性和年轻男子之间的爱情才能激发最神圣的灵感，比方说追求智识，培养优雅的举止等。这种爱催生了两个本性近似的人之间持续终生的精神上的友谊。在这种友谊中，性欲的吸引让位于心灵的丰沛，让位于广泛的创造力及其所推动的各种富有品德的行为、秩序、诗歌、光荣行为以及其他不朽传承。[8]

相比之下，另一些人认为，异性之爱是以肉体繁衍为主的身体冲动，是爱的一种低级行为。这些人认为男人与女人之间的爱根本无法促进精神上的成长。根据这一点，如果一个年长男人以这种方式渴望一个年轻女人，换句话说，由肉体亲密升华为友谊和心灵的精神层面的丰富，那么他要假定她是一个年轻男子，或者至少要忽视她不是同性的事实。[9]波德莱尔说过："爱上一个聪明女子，是一种鸡奸式的快感。"这也许是对柏拉图式观点的贴切解释。

同性之恋主要发生于上流社会，因为他们有余暇和自由在会饮中高谈阔论政治与哲学。热衷于此的人通常有妻子，但极少以婚姻满足性需要。同性之恋是单向度的：年长的、有经验的男子一方出于对青年男子样貌或性器官的喜爱，而与之产生肉体关系，但青年男子只能以仰慕的友谊之情而非身体的亲近来回应。

根据古希腊的性爱习俗，同性关系中年轻的一方须抗拒一段时间后，才可接受年长一方的追求。他也不可享受性交的欢愉。与之相反，他要通过保持性器官一直处于疲软状态来表现出缺乏性欲，尽管这听上去似乎完全不可能。[10]当年长一方获准抚摸和揉搓他双腿间的阴茎时，他要保持迷人的微笑，若无其事地将视线移向他处。（古希腊文学中极少有对男人之间性交的详细描写。[11]）

会饮中曾有一位宾客阿尔基比亚德爱上了苏格拉底，他用情之深以至于这份感情超越了当时同性关系中的不对等，达到了爱的完全互惠。毕竟年轻男子成为主动一方并非当时同性之爱的常态。在古希腊习俗中，友爱才是真正互惠的平等关系，是祝福和善待作为"第二个自己"的另一方的行为。虽然年长者与青年男子之间的同性关系也可以培养出友爱，但它本身不再包含性的内容，而是以一种形式上微妙的亲密和智力上的感应为主要目的。

不过，情欲主义挑动的追逐当然不是脱离俗世的知识分子所能接受的温和的类型。苏格拉底在描述美少年查米德斯给他内心带来的悸动时很清楚地表明了这一点：

> 哦，我的朋友，当时我身陷困境，在最初和他说话时我内心的自信已经被彻底抛离了。他的样子语言无法描述，好像要问我什么事情……看到他长袍下的胴体，我如受火炙烤，失去了理智……[12]

毫无疑问，苏格拉底很快抑制住了自己的情欲，继续对年轻的查米德斯的教育，而他施教的话题恰恰是节欲的本性。

爱为什么让我们感觉"完整"

《会饮篇》中提出了爱能让我们感觉"完整"的理念，这是我们应认真对待爱的首要原因。喜剧作家阿里斯托芬因为提出这个观点而被柏拉图塑造成一个了不起的幻象的代言人。

阿里斯托芬认为，有一个神话故事可以解释，为什么在千万人之中我们会突然对某个人产生强烈的情感，感觉自己认识这个人，即便他/她并非特别友善、值得信赖和适合自己。

阿里斯托芬讲道，很久以前的人类是自我圆满的，有两张脸、两双眼、两双耳朵、两副胳膊和两个肩膀。（早期希腊哲学认为，上帝的形状是圆形的，是完美的所在。）

这个自我圆满的存在物具有三个性取向：男性、女性和雌雄同体。充足的感官和四肢让他们能眼观六路、无所不知。终于，他们决定挑战全能的上帝，神圣的天庭面临这样的抉择：要么杀掉他们，要么控制他们。如果选择前者，那就意味着神在尘世间再无崇拜者。于是，已经被人类的奉承和献祭宠坏了的希腊诸神决定宽恕人类。众神之王宙斯为了解决问题，将三位一体一劈为二。（他警告人类，如果这个惩罚还不能阻止人类傲慢下去，他将再将人类一劈为二，只留下一张如同墓碑浮雕一般扁平的脸。）

遭此浩劫的人类从此只好浪迹于大地之上，寻找丢失的另一半，恢复完整的自己，享受失去的快乐。[13]阿里斯托芬认为，这种渴望之强烈远非性欲和友谊可以满足。大家通常认为爱是无法定义的情感，如果一定要给它一个定义，我们可以说“爱是渴望和追求自我完整”[14]。它的目标是找到情投意合的另一半，超越生命的脆弱和不完整。“我们人类（男人和女人都一样）的快乐，在于遵从爱的召唤”[15]。我们必须找到本应该属于我们的失散的另一半，只有如此，我们才能恢复本初的人性。

于是，当被劈开的两个人相遇后，他们完全陶醉于厮守终生的亲密和渴望中，就连觅食时也不愿意分开。宙斯怜悯地决定重新组合人类性器官，让人类可以更方便地享受性交。过去人类只能如蚱蜢一般把卵子排在地上以完成传宗接代的责任。[16]

如同其他诸多神话一样，这个神话解释了人类深层的精神状态。[17]当碰到那个能让我们完整的独特的他/她时，我们仍旧用“找到自己”和觉得“圆满”这样的词语来描述自己的感觉。我们仍然相信这世界上一定存在着一个“对”的人，是适合自己的完美对象。我们用性来表达和庆祝自己和他/她相遇的喜悦。我们觉得他/她就是神话中所说的自己“失去的”另一半，因为他/她的出现让我们感觉仿佛恢复了某种原初的东西，找到了生命的本性。（这也是应该平等对待同性恋的理由，因为同性恋中的双方由一个完整的男性或女性分拆而成，而异性恋的双方来自被宙斯劈开的雌雄同体。可见，阿里斯托芬并没有设定一个排他的性取向。[18]）

两千多年后，我们在弗洛伊德有关爱人结合的论述中看到了惊人类似的表达。他说，爱者对所爱之人的感情如海洋般深邃，足以模糊彼此的界限，让二者融为一体，回复到原始的状态，就如同婴儿回到母亲的子宫一般。那是最初的生命，是人类的源头。爱正是要复原人类最初的状态，挽回失落的统一性。在其中我们尚未体验痛苦和无力，不再有个体的分裂。

弗洛伊德说："爱奋力消弭横亘于自我和其所爱客体之间的空间障碍。"[19]

※ ※ ※

关于爱的完整性，阿里斯托芬的神话引发了一些深刻有力的问题。尽管他的故事似乎结局完满：男人和女人如果足够幸运，终可以找到另一半，但他描述的图景较之更为复杂。事实是爱无法将一分为二的人类恢复到最初的一体，至多只能接近目前状态所允许的完整性。[20]只有神才能恢复这种完整性。神话中掌管火与锻造的神赫菲斯托斯（罗马名为"伏尔坎"）在西西里埃特纳火山铸造各种器物，并娶爱神阿佛洛狄忒（维纳斯）为妻。这样的安排也许颇有意味，预示着只有神才能恢复被神所撕裂的完整性。

但是，如果神要人类实现爱所不能实现的目标，最终获得完整性，那么人类真的为此快乐吗？我们无从知晓。阿里斯托芬说："如果神说，'我将要把你们二者融为一体，让你们合二为一'，无人能够拒绝。"但当火神赫菲斯托斯向恋人们如是发问："凡人啊，究竟要从另一半那里获取什么？"无人能够回答。凡人只知自己日日夜夜都再不想和另一半分开，却不明就里。他们也无法回答这样的宿命究竟能否满足他们的渴望。[21]

于是，爱很快被它让人类恢复原初完整性的庞大野心拖入了两难的泥沼，对此阿里斯托芬也无计可施。一方面，这种抽象的野心让恋人们困惑，他们既不清楚自己的所求，也失望于自己的无所得；另一方面，对完整性的狂热未必能让他们满足。因为没有渴求、欲望和行动的满足即便完美，也是梦魇。获得一体的完整性虽算不上折磨，但一旦我们体会到欲望的作弄、刺激、短暂和满足，我们怎能不觉得完整本身也是一种折磨？（这便是亚当和夏娃离开伊甸园后人类所面临的永恒悖论：一旦人类吞噬了混合着无尽的希望、猎奇和危险的红苹果，人类真的愿意回到无欲无求的伊甸园吗？）

以上这些还不是这出悲喜剧的全部，因为所有结论都基于一个假设：这个世界的确有一个完美的另一半等待着和我们相认。再仔细研读这则神话，我们会发现所谓失去另一半，指的是那些祖先被宙斯劈为两半的人，而其他人的祖先是已经被分开的单独个体，不存在所谓源自一体的归属感。因此这世界上有一个完美的另一半在等待我们的感觉原来是一种虚幻。根本不存在一个或者一类与我们严丝合缝的适合者，而由两个相爱个体构筑的世界也绝不可能完美，或者能够恢复最本真的状态。

然而，如果爱不能达到它所渴求的完整性，这个世界也不存在完美的另一半，那么我们是否高估了其价值？宙斯将人体分为两半，把性器官从身体后面移至身体正面，除了性交和传宗接代的需要，性最终是为了什么？人类为了将自己并不怎么雅观的性器官插入他人身体，耗费了大量时间，甚至不惜牺牲家庭、财富、名誉和国土。这就像我们看到路边两只狗在交合，或者是公象爬到母象身上求欢一样毫无美感。

那么能否从其他角度来讨论这个问题：爱的终极目标是什么？《会饮篇》中说，爱是对美和善的拥有。阿里斯托芬说，人类带着寻找另一半的渴望去追寻爱。这句话暗示着另一半要具备某些品性，才能成就爱的完整性。苏格拉底对此给出了关键的附加条件：爱渴求着美[22]和善[23]。

美和善似乎是从不同的角度描述同一种品性。从道德角度来说的善，在美学角度上是美的。不存在对丑陋的爱[24]，人们也不会爱上不善的人[25]。

爱渴望拥有善与美

苏格拉底的附加条件听上去虽然模糊，但意义重大。他认为，我们不可能纯粹地爱另一半，或者爱自己，或者爱所谓的完整性，除非我们认为这种爱是美和善的。从这个意义来说，爱是无条件的。

但我们究竟要感受何种美和善？对方身上的什么特别之处吸引我们？毕竟，这世界上无以计数的美与善的瞬间我们都不会留意，更别提爱上全部。

苏格拉底说，我们爱上我们。我爱上的美与善，正是我缺少的；你爱上的美和善，正是你缺少的。

这背后的逻辑很简单，既然爱是一种渴望[26]，那么自然是渴望自己没有的东西[27]。

我们所缺少的，最鲜明地体现在与我们不同的人身上，因此我们通常为不同而非相同着迷。这一点虽然苏格拉底在有关渴望的论述中没有明确揭示，但暗含此意。只有不同的个体才能带给爱惊喜，带来自己缺乏的爱与善。故而，成功的爱需要我们不断刷新从所爱之人身上找到不同之处的新鲜感，如饥似渴地攫取而非仅仅是包容爱人身上的不同。

人们总是被与自己不同的人吸引，这个观点隐含着一种有趣的可能性：男人之所以被女人的身体和头脑所吸引，部分原因可能是他渴望自己所缺乏的女性气质；反之，女人亦然。根据这个理论，男同性恋者感到自己缺乏男子气概，或者太过女人气，他们更多是被伴侣身上的男子气而非女人气吸引。女同性恋者则是被伴侣身上的女性气质而非男性气质所吸引。

我们同时代的小说和心理学著作对此也有呈现。在普鲁斯特的《追忆似水年华》中，讲述者马塞尔就是一位倾向女性化的男同性恋者。在写到另一位遭遇挫败的男同性恋者夏尔吕斯男爵时，他说："他这类人，不像看上去那么矛盾。他们的理想就是具有男性气概，因为他们天生的女人气。"[28]这些普鲁斯特式的男同性恋者面临着痛苦的两难选择，他们渴望雄性气十足的异性恋男子，却因为自己身上的女性化气质而被对方排斥，因此他们注定孤独。按照苏格拉底的说法，夏尔吕斯这样的男人不用惧怕宿命，因为一定会有一个善与美的同性男子在等待着他们。但是普鲁斯特拒绝接受苏格拉底的安慰，对他来说，爱欲之情，无论对象是同性还是异性，都注定让人失落。

※ ※ ※

苏格拉底认为爱始于缺乏，阿里斯托芬则说爱来自丧失。苏格拉底借虚构的智慧女巫第俄提玛之口，把爱的理念描述为贫乏神与丰富神结合后所生的儿子。[29]下面一段文字精确地解释了爱的多变本性：

> 因为他是贫乏神和丰富神配合所生的儿子，爱神就处在一种特殊的境遇。头一层，他永远是贫乏的，一般人以为他又文雅又美，其实满不是那么一回事，他实在粗鲁丑陋，赤着脚，无家可归，常常露天睡在地上、路旁，或是人家门楼下，没有床褥。总之，像他的母亲一样，他永远在贫乏中过活。但是他也像他的父亲，常在想法追求凡是美的和善的，因为他勇敢，肯上前冲，而且百折不挠。他是一个本领很大的猎人，常在设诡计，爱追求智慧，门道多，终身在玩哲学，是一位杰出的魔术家、幻术家和诡辩家。[30]

这个将爱比喻为狡猾的街头流浪者的形象极具启示意味：它能战胜与生俱来的贫苦吗？它曾经停止推动我们的生命，或滋养我们的记忆吗？无论它在多大程度上激发我们追求善，它自己能成就善吗？它的源头究竟是丧失还是缺乏？所有这些问题归结为一个终极命题：爱的需要真的最终能得到满足吗？来自贫乏神的母系一方对此只能以“不”来作答。

而父系一方的丰富神也同样无能为力，根据苏格拉底的观点，丰富神带来如此丰沛的自然馈赠，导致人类需要通过爱，特别是爱对繁衍的渴望来释放。

这种繁衍的念头让爱对美的渴望变得更加细微。苏格拉底断言，爱是“繁衍美的事物”的渴望。“这种繁衍既可以是肉体，也可以是精神层面的”[31]。换句话说，它的产物可以是个婴儿，也可以是哲学、艺术和善行等创造物。任何人都有“繁衍的冲动，无论肉体还是精神，随着他/她日趋成熟，这种繁衍后代的冲动变得真实。但人们只会在美中而非丑中做此事”[32]。也就是说，我们只有在爱中并且通过爱才能创造，而通过创造我们才可永恒。

因此，爱既匮乏又丰盛，它让爱者感觉空虚，激发他/她去创造；又让他/她感觉丰满，需要创造来分享。我缺乏所爱之人，却拥有太多的自己，没有创造性的成就来展示满溢的精神，只有所爱之人才能帮助我释放。这是在爱之中，或者至少在探寻爱的过程中始终存在的永恒矛盾："赢得的总要失去，他既不富有，也不贫穷；既算不上聪明，也算不上愚蠢”[33]。爱永远是一道不解之题，永远无法到达一个清晰的终点。

这些思考和阿里斯托芬的神话故事再次给我们暗示：人类永无可能在爱中获得一时或者一世的满足。这不是因为我们无力找到成功之爱的神奇配方，也不是因为我们不够努力，更不能归咎于阶级差别、种族偏见、俗事干扰等外在因素，而是因为爱从源头和本质上来说的贪婪。无论是阿里斯托芬和苏格拉底所说的对完整性的渴望，还是追求我们自身所欠缺的善与美，抑或是创造自身的丰盈，都无法在爱中稳固地实现。即便实现，也将陷入如火神赫菲斯托斯所预言的死气沉沉的完美状态。

爱渴望永远拥有绝对的善与美

我们需要停留片刻，思考一个被苏格拉底和第俄提玛掩饰的问题：爱渴望的善与美究竟是什么样的？

为了解答这个问题，西方思想史开始陷入严重的困境，催生了对爱的不切实际的期望。

苏格拉底说，爱的最终目标是达到与真、善、美之本质的紧密融合。[34]与善的本质融合，意味着要融合的对象不是形形色色善的事物，而是善本身；与美的本质融合，意味着要和各种美的事物共有的、决定美之为美的共同性相融合。这个共同性是绝对、不变和恒久的现实。

苏格拉底用宗教体验的语言描述了这种绝对之美：

> 这种美是永在的东西，它不生不灭，不增不减……（它不是）一

> 张面孔、一双手或者身体某个部分的美，或者如同思想和科学之美……我们看到的它是绝对的、自在的、独特的、不朽的，所有其他美好的事物不过是分有了它的美……想想看那个看到本质的美、那种纯然和清澈的美的人，该是怎样的愉悦啊！那不是被人体的血肉、颜色或其他垃圾污染的美，而是遗世独立的神圣的美。[35]

我们陶醉于这种神圣之美，期望爱把我们从不完美和瞬息万变的世界带入完美和永恒的王国。我们期待在爱中体验绝对的善与美，而这种极致的体验来自于所爱之人的激发。正如苏格拉底的评论，“爱的功能是充当人与神之间的信使，把人的祈求和献祭传递给神，把神的指令和对献祭的回报传递给人。”[36]事实上，爱让人类找到了神圣的完整性，“赋予人类为神所爱的特权，使得人类达到自我的永生”[37]。

※ ※ ※

但人类不可能依靠瞬间的灵感获取如此崇高之爱的能力，爱是一种需要教育和培养的技能，远非单纯的自发行为。为了攀上爱的高梯，我们必须涵养知识、成熟度和德行。为此，我们需要一位向导、一位老师。

爱最初自然地指向一个美丽的肉体。第俄提玛曾经说：“如果一个人要按照正确的路径追求爱，那么在他年轻的时候，他必须耽溺于肉体之美。”他必须爱上一个非常富有魅力的人，为了对方在他心里掀起的高尚情操而渴望彼此相伴。[38]

之后，爱情日渐成熟，从对一个美丽肉体的爱延伸为对美好身体的普遍性的爱。他很快认识到对一个肉体的喜爱，其实和对另一个肉体的喜爱颇多相似之处[39]，因此局限于一个身体会受到鄙视。

由此，爱者转而爱上美丽的灵魂而非身体，这是因为他觉得灵魂比身体更加高贵。他发现自己开始对能让年轻人变得更好的观念和见解以及体现这些观念的行为和制度感兴趣，但这些行为和制度本身就是知识的体现，所以爱者转而渴望更深邃的美。这种美启发着他，让他从自己的智慧之爱中发掘出许多美好和庄严的情感与观点。[40]

最终，我们认识到这种高尚之爱背后的动力是对爱本质的渴望。美的本质，或善的本质，如同上帝一样属于较高的领地，它是从人类普遍的日常生活中抽象出来的每一个事物所具有的美的共性。在美的领地里，任何事物都不会瞬间凋亡，或者依赖他者来实现自己的存在和价值。它的存在本身就是价值，是无条件的永恒。在这个领地里，肉体及其他的欲望，时间及其摧残，都成了可能遭人嫌弃的对象。

※ ※ ※

这样一幅从肉体之爱上升至神圣之爱的画面，以不同的方式深刻地塑造了西方爱的历史，而证明其影响力的例子随处可见。虽然其他思想对爱的其他观念也产生了突出的影响，但就其表面差异来说，都与柏拉图的思想相关（要么赞同，要么反对）。

这些影响之一是为爱通往最高价值铺平了道路，使得爱通向真正的德行，受到最高形式的美与善的佑护，成就纯粹和永恒。苏格拉底说："在此等恩赐下，人性除了爱，再无其他更好的助力。我宣布，荣耀爱为每个人的职责。"[41]在融合了《希伯来圣经》中有关爱上帝和爱邻里的戒律后，基督教为西方世界把爱尊崇为生命的终极价值和意义作好了思想上的准备。

影响之二在于将性作为朝向最高层次的爱的起点，但性不是最高之爱的全部内容和最终圆满。无论是在苏格拉底将爱升华为绝对之美的论述中，还是在阿里斯托芬有关寻找另外一半的神话中，性都仅仅是工具而非目的。令人惊奇的是，这一点并没有受到性解放者的反对。很少有人认为以性为核心的爱，其张力和丰富程度可以与立意更高的爱情相提并论；西方历史上也鲜有人认为，在爱情关系中性应该是主人而非奴仆。这解释了为什么去世已有两个世纪的萨德侯爵依然是一个值得纪念的例外。即便在如此开放的时代，他的行为仍令人着迷。

影响之三在于直到今天，人们依然相信柏拉图思想中爱和永恒之间的关联。最高层次的爱不仅能让我们一窥具有永恒价值的事物，而且通过这样的爱我们自身可以实现永生。[42]《会饮篇》称爱是通向美与善的不变本质、通往一个新世界的护照。在那个世界中没有使得人成为人的种种弱点的干扰，无论是自然的还是人为的，如短暂、失败、痛苦、运气、邪恶等。这个对爱的终极愿景的描述，成为其他观念极少达到的充满诱惑的西式想象。

然而，认为爱最终把我们带向超越时间的美之本质的愿景，严重地伤害了人与人之间的爱的价值。它将爱最伟大的美德之一——爱关注的恰恰是受到时间限定的个体的独特性——变成了一种缺点。人类——也包括其他短暂的存在——仅仅因为其非永久性，所获得的爱就要大打折扣。他们的差别性被抹平，只要他们展现出相同程度的美，他们作为爱的对象便可被随时替换。他们对我们的价值，仅仅在于他们是引导我们获得德行、创造力、永恒和绝对之美的垫脚石。除此之外，我们对他们的生活或者加深与他们的关系毫无兴趣。于是，为了爱者的自我丰富，最真实的爱终于完成了从个体到非个体、从个性到普遍、从人性（字面意义上）到非人性的转变。这个趋势得到基督教内部柏拉图主义的滋养，最终在 19 世纪浪漫主义的“爱之死”中达到顶峰。

进一步来说，爱必然来自于美的论点好像也站不住脚。一方面，从数量上来说，我们喜欢的人和物显然不如我们感觉美的人和物多。有些人觉得女人很美，或者一幅画美，一个花瓶美，一处风景美，但谈到爱，他/她只针对一个对象。另一方面，根据柏拉图的观点，真正的美是和善不可分离的。但人们喜欢的很多东西在道德上不一定是善的。爱上杀人犯的女子（虽然她明白对方的“恶”，但可能正是这“恶”吸引了她），爱上绑架者的受害人（我们在第 2 章已经讨论过斯德哥尔摩症候），为权势甚至是冷酷的强权所折服的弱势者，没有判断力、无条件爱父母的孩子，所有这些都说明善并非爱的唯一理由。

爱善和爱美并不相伴而生。奥斯维辛集中营的守卫对音乐有强烈的爱，这和其身份并不冲突。“这怎么可能?”柏拉图无法用“这是个例外”来给出解释。实际上，这完全是可能的：爱美并不能保证对德行的承诺。(这里我们暂不讨论一种情境，那就是无论作为艺术品的创造者，或是他人作品的阐释者，他/她对美的爱，是否确实会被作品中的道德性所抑制，或者是被其中的自由度所培育。)

假设如我所提议的，爱是本体论意义上的归根感，是把我们的生命牢不可破地锲入一个我们认为具有绝对价值的现实的希望，那么美是爱的结果，而非原因。同样地，这个希望获得满足后的愉悦将使得我们为所爱之人投下一束善的光芒，这种善不是道德意义上的，它类似上帝面对他所创造的世界时所体会到的那种善，换句话说，是面对我们所爱之人时那种开心、感恩和敬畏的善。

我必须把对这一点的详细讨论放在本书的最后一章。不过，它让我们回到本体论意义上的存在感这个概念，这也许是继食物、水、庇护所、认同感和保护感之后，人类最深层次的需要了。

※ ※ ※

《会饮篇》中的主要神话是西方思想传统中描述爱的最有力的方式之一，这一点归功于阿里斯托芬和第俄提玛。

神话故事是表达这种情感的最佳载体，因为对自我存在的体验感，包括感知个体归根于这个世界的安全感，是一种既强大又难以描述的渴望。

阿里斯托芬称这种野心为“回归”，回归原初和本真的完整；苏格拉底、第俄提玛将爱向前、向上推进为对一种神圣本质的追求。二者都认为爱具有不变和永恒的特质。这个观点自此统治了西方思想中对爱的理解。

不过，强调爱努力维护的是某种永恒不变的事物，这一点为爱洛斯奠定了基础。作为最重要的生命推动力，吊诡的是，它也是死亡的推动力。因为从字面上看，爱洛斯渴望的满足感包含着以我们所知的唯一方式（死亡）征服人类的生命：个体的生命是由时间和瞬间以及各种意义上的孤独、失败和不完整所造就的。换言之，柏拉图的文本已经为爱变成巨大的破坏力量奠定了基础。这种破坏不是出于疯狂的愤怒、嫉妒和占用欲，而是受到最崇高理想的激励和证明；这种破坏不是以颠覆般的破坏方式来完成，而是带着精致和净化的冷酷。

当爱最终关乎人类之间的情感时，这样的渴望就显得相当危险。《会饮篇》对此肯定没有涉及。这意味着人的感情不可避免地背负上了不切实际的期望，而这一点在18—19世纪德国的浪漫主义时期非常突出。人们期待通过爱亲近神，甚至成为神，最终消灭作为有形个体的存在，从而达至不朽。

这对人类的任何关系都足以构成一种负担。事实上，经过两千多年它才被奉上神坛。不过，我们注意到火神赫菲斯特斯曾提到过：作为爱的最终目标，完整性所带来的快乐是语言无法描述的。爱无法清晰地知道自己究竟要什么。从完整性到爱之本体，或者是形形色色的好东西所具有的善之本质，当柏拉图作品中的人物高谈阔论以上种种爱的目标时，他们仿佛在谈论神秘主义者的冥想对象，因为无法用定义或者象征来解释这些抽象的词汇。[43]（例如“善”这个词，即便不是在严格的柏拉图主义者的表述中，它和“真”一样，让几个世纪以来的哲学家们费尽心力始终无法给出一个明确的定义。）

在这种情境下，我们应该回过头来看阿里斯托芬和第俄提玛的神话所昭示的另外一些观念：爱是完全有条件的。为了爱，我们必须找到那个只属于我们的另一半（阿里斯托芬的观点），我们要求对方身上展现出本质的美，或者是我们身上普遍缺乏的美（苏格拉底/第俄提玛的观点）。如果这仅仅是描述人类渴望获得本质存在的若干方式中的两种（在犹太教和基督教传统中，这种存在指的是人类与上帝的正确关系，或者是回到/重新回到人类存在），就意味着爱的条件是找到那个看上去好像能代表来自天堂的承诺的人或物。

提出这样的条件性几乎不会让爱变得反复无常或者自我陶醉。因为爱需要持续和小心翼翼地呵护所爱的对象与我们之外的世界。这种呵护经不起自我陶醉和喜怒无常的干扰。

而一旦这些条件得到满足，爱便被激发起来，它变得完全无条件，全心全意、不带任何附加条件地去追求和关注所爱的对象。但无论如何，从其源头和目标来说，如那些陈词滥调已经重复过无数次的，爱不可能是无条件的。

※ ※ ※

我们最终从柏拉图那里学习到必须通过教育才可获得爱，准确地说，获得目标如此崇高的爱。爱好比一种与生俱来的能力，它不会消失，但必须不断地生长才可以繁茂。如果一个人不持续努力，则很难掌握呵护所爱之人的能力，一个人也不可能一夜之间就养成了解对方的真实存在和他/她对我们需要的能力。W. H. 奥登在其长诗《焦虑的时代》中描写的那个年轻人，正是我们的写照："于是，关于爱，他终将学会他所不懂的。"[44]

柏拉图坚持认为年长者总会教给年轻男子有关爱的一两件事情，可惜这个想法太过陈旧，已不值得再提。另外一个同样过时的观点是，在年长男人（或女人）对年轻人以情欲为目的的情感以及这种感情所形成的特殊信任中，年长者扮演了导师的角色。当然，如果不是因为雅典当年的娈童行为，今天人们不会认为这种观点是可耻的。换句话说，这种良师益友的关系必须是精神层面的。

我们由此联想到，爱的能力是成熟者的果实，而非年轻人的特权。这世界上也许有爱的天才，但总体而言，年轻时我们缺乏包容力，常会让爱变得盲目。其实，正如柏拉图指出的，爱是最能让人双眼明亮的情感：它毫不混乱和鲁莽，而是命令和形式的典范；它并非狂热地赞颂，而是清醒地顺从；它不是无条件地痴迷，而是必然有条件地认同。

如果成熟度不够，则不会认识到爱本身存在巨大的偶然性将导致我们可能永远找不到另一半，或者即便找到他/她，也无法与对方和谐相处，从而让生命落入失控和不可理喻的境地。爱追求的是追求本身，而不在乎追求是否成功。它看重过程，而非结果，这个过程引导我们学会以富有热情的关注力向所爱之人敞开心扉，而在这个过程中我们自己也能创造并收获生命的丰满，或者用现代语言来诠释柏拉图的说法，这是一个“自我诞生”的过程。

和苏格拉底的提议不同，这种对他人存在的逐渐开放，很可能会让我们在面对失败和机遇时更容易受到伤害，我们被丢进这个充满变化，也充满机会的世界，而不是被隔绝在这个世界之外。由此，我们需要探寻在现实世界中怎么实现苏格拉底提议的超越世界的野心。这样做不是因为野心本身，而是因为爱的第一要务便是让我们在这个世界安身立命。柏拉图最有天赋的学生亚里士多德对此提供了帮助。现在我们必须转而谈谈这位天才了。

注释

1. 玛莎·努斯鲍姆的著作《善的脆弱性：希腊悲剧与哲学中的命运与伦理》对我的这个观点多有启发。

2. 恩培多克勒认为爱是“菲利亚”，但其意义类似于“爱洛斯”。

3. 见 Barnes，*Presocratic Philosophers*，p. 241.

4. Sophocles，*Antigone*，ll. 881-7，p. 101，in *The Three Theban Plays*：*Antigone*，*Oedipus the King*，*Oedipus at Colonus*，trans. Robert Fagles and Bernard Knox（London，1984）.

5. Plato，*The Symposium*，trans. Walter Hamilton（Harmondsworth，1951），177C.

6. 柏拉图将性之间的爱排除在这种善之外。

7. 对希腊人来说，美——有时候被翻译成“优美”——的含义是很宽泛的，既包括审美的，也包括道德的，因此可被任何有价值的事物证明。

8. Plato，*Symposium*，209C-D and 212A，pp. 91-4.

9. 此处推断和引文来自波德莱尔，并随其追踪至 A. W. 普莱斯著作《柏拉图和亚里士多德中的爱与友谊》（A. W. Price，*Love and Friendship in Plato and Aristotle*，Oxford，1997）

10. 肯尼斯·多佛在其对古希腊同性恋的主要研究（尽管一直遭遇质疑）中，对被动接受爱抚的年轻男子的性器官"始终保持疲软状态"而感到惊奇。因为在那种情境下，任何健康的成年人都会有所反应。引自努斯鲍姆《善的脆弱性》。

11. 在晚期两部著作《理想国》和《法篇》中，柏拉图强烈反对同性恋，谴责其为不自然的。

12. Plato，*Charmides*，155C-E，in *Early Socratic Dialogues*，trans. Trevor J. Saunders（London：Penguin，1987），pp. 179-80.

13. Plato，*Symposium*，191D，p. 62.

14. Plato，*Symposium*，192E，p. 64.

15. Plato，*Symposium*，193C，p. 65.

16. Plato，*Symposium*，191C，p. 61.

17. 罗杰·斯克鲁顿（Roger Scruton）在有关瓦格纳歌剧的一次讨论中，精准地描绘了神话及其不朽的力量。他说神话"并非虚构或是宗教信条，而是知识的载体。它用符号和角色赋予我们内心的冲动一种客观的形式，从而使得我们认识自己和身处的状态"。

18. Cf. Plato，*Symposium*，191D-192B，pp. 62-3.

19. Sigmund Freud，*Inhibitions*，*Symptoms and Anxiety*，vol. XX，p. 122（1959），in *Standard Edition of the Complete Psychological Works of Sigmund Freud*，trans. and ed. James Strachey，vols. I-XXIV（London，1953-74）.

20. Plato，*Symposium*，193C，p. 65.

21. Plato，*Symposium*，192D-E，pp. 63-4.

22. Plato，*Symposium*，201A，p. 78.

23. Plato，*Symposium*，205E，pp. 85-6.

24. Plato，*Symposium*，201A，p. 78.

25. Plato, *Symposium*, 205E, pp. 85-6. CHECK: SAME AS n. 23?

26. Plato, *Symposium*, 199E, p. 76.

27. Plato, *Symposium*, 200A, p. 76.

28. Marcel Proust, *Remembrance of Things Past*, trans. C. K. Scott Moncrieff and Terence Kilmartin (Harmondsworth, 1983), vol. 2, p. 637.

29. In the translation of the *Symposium* by Robin Waterfield (Oxford, 1994), p. 44.

30. Plato, *Symposium*, 203C-D, p. 82.

31. Plato, *Symposium*, 206C-E, p. 86.

32. 这里不清楚所谓"在美中"繁衍的意思是在美的存在中繁衍，抑或是从美中繁衍，还是二者兼有。

33. Plato, *Symposium*, 203E, p. 82.

34. Plato, *Symposium*, 212A, p. 95.

35. Plato, *Symposium*, 211A-B and D-E, pp. 93-4.

36. Plato, *Symposium*, 202E, p. 81.

37. Plato, *Symposium*, 212A-B, p. 95.

38. Plato, *Symposium*, 210A, p. 92.

39. Plato, *Symposium*, 210B, p. 92.

40. Plato, *Symposium*, 210D, p. 93.

41. Plato, *Symposium*, 212B, p. 95.

42. Plato, *Symposium*, 212A, p. 95.

43. 柏拉图曾经谈道，最高的善好似太阳；它是所有光亮之源，照亮世间万物的本来样貌。这或许意味着，最高的善好似太阳一般，无法正视得见。

44. W. H. Auden, *The Age of Anxiety: A Baroque Eclogue* (New York, 1947), p. 35.

第 4 章　亚里士多德：完美友谊之爱

亚里士多德（公元前 384—前 322）为这个世界挽回了爱：让爱回归自然、时间和人之本性。

亚里士多德把爱看作是个体为了彼此生命的丰盛[1]而建立的纽带，而并非柏拉图在《会饮篇》中所认为的，是对超越个体的永恒真实和绝对之美的欣赏之道。他认为，从本性来说人是社会动物，因而要选择与其他同伴亲密地生活在一起，以达到个体的完全丰盈，而不是如第俄提玛所认为的那样，人和人之间的依恋充其量只是迈向天堂的垫脚石。亚里士多德认同和赞美人类珍视所爱之人和被所爱之人珍视的需要。

最重要的是，亚里士多德认为最高形式的爱是友谊，而非情欲关系或者对上帝的渴望。事实上，他如此推崇友爱——他称之为“完美的菲利亚”，以至于任何形式的关系，无论是夫妻、亲属、孩子、父母，或者是性伙伴，只要其展现出友爱的特质，在亚里士多德看来都值得珍视。而这种“菲利亚”包括为对方祈愿、为对方做好事，强烈地认同对方是“另一个自己”，以及寻求双方之间深刻的和谐。[2]

最后一点最为重要：“菲利亚”是一种形式的奉献，对它最合适的翻译是“友爱”，但它所带来的丰盛不仅仅存在于我们通常认为的友谊中，而且在于各种最好状态的关系中。例如，由性产生的身体亲密从本质上来说并不与友爱冲突，但因为它的动力仅仅是为了肉体欢愉，所以亚里士多德认为如果以是否促进生命丰富为标准，其远不及幽默感、丰厚的收入，或者控制饮酒等重要。

对菲利亚这样关键性的拔高，引发了西方爱的历史上时间跨度最长的一次争论。争论的问题是：友爱确实比性爱更丰满、更和谐、更互惠，最终也更道德吗？这个阵营中的人物有西塞罗、普鲁塔克、蒙田，某种程度上也包括尼采。与之对应的问题是：友谊是一种微弱的爱，缺乏情欲吸引的热度和感官刺激；它态度冷淡，也不热衷于献身某种超自然的偶像（如上帝、精神上的皈依、艺术或其他类似之事物）。赞同此论点的人物组成了一个颇为古怪的联盟，成员包括罗素，他认为友谊比情欲之爱更高尚；还包括从圣奥古斯丁到克尔凯郭尔等各种基督教人物，对他们来说友谊是精神之恋，最终是自私的；还有像普鲁斯特这样的悲观主义者，他诅咒友谊是“自我的离场……美德的真空”[3]。这些有关友谊价值和角色的争论在过去两千多年里从未间断，也依然悬而未决。

这些观点对于亚里士多德都相当关键。在他看来，最纯洁的友爱是为对方祝福、为对方行善事，而不是为了自己的欢愉和利益。这样的行为从本质上来说便是善。它只可能发生在两个善的个体之间，并且二者的善是类似的。这里亚里士多德所说的“善”不是指简单地同意一些规则，如不撒谎、不偷盗、守诺言等，而是指双方分享所有的理念，包括什么是活着的最好方式，什么是生命的终极目的，什么是我们的行为和选择都必须匹配的优秀人格。[4]他进一步解释说，只有友爱才能完全示范这种道德上的关系，而由欢愉和渴望推动的肉体关系虽然可以伴随着友爱，或者甚至可以发展成为不计个人所得和快乐、只为对方着想的友爱，但因为它本身不是基于这样的爱，所以无法达到本质上的道德感。

※ ※ ※

从某种方式来说友爱必然是一种道德关系，而肉体之爱不是，这种观点与某些现代人的想法不谋而合。比如，你可以为一个杀人犯坠入情网，但你不可能想和他做朋友。肉体之爱就如同对权力的野心一样，为了它人们可以不惜杀死妨碍或拒绝服从的人。某些由于控制欲而产生的暴力根本不在乎道德性，或者至少不在乎社会准则，这似乎符合其本性，而且正好证明了其原发性和破坏力。虽然我们不认可，但对于爱者在得不到所爱之人回答时所做出的种种行为也不必感到非常讶异。

然而，如果友谊中的一方开始表现出这些行为，例如嫉妒其他人的友谊，态度强硬地要控制对方，对我们没有充分地回馈其感情而大发雷霆，他/她身上表现出的友情的匮乏，而非友情的力量，会给我们留下深刻印象。

这并非因为友谊没有情欲之爱或者浪漫之恋那么浓烈，其实，它是一种完全不同的爱；本质上来说，它是一种双向度的感情，从来不存在所谓“单相思的友谊”，即便有这样的友情，我们也不会认为它特别神圣和有益。（这一点不同于柏拉图的“爱洛斯”，人们爱其中的美，而非自己。[5]）友谊中的“回报”不包含占有或者与对方融为一体，至少不以任何方式去消除所爱之人的独立性。尽管在“完美的菲利亚”中，一个人可以产生朋友是“另一个自己”的感受，以至于到了将对方看作自己的延续或者和自己完全一体的程度，但在友爱中，双方应以一种细致的方式尊重对方的完整性和独立性，并矢志于发觉、培养和享受对方身上的善。

友爱为何是有条件的

亚里士多德坚持认为“菲利亚”既依赖于且在本质上就是一种道德关系，他反对我在第1章中谈到的有关理想之爱的两个神话：其一，爱是无条件的（爱不在乎对方品质为何与是否发生变化）；其二，爱彻底接纳所爱之人的全部，包括他/她的“恶”，也包括“善”。

“菲利亚”绝对依赖于我们期待对方所拥有的优秀性格。因为性格要通过现实的行为和生命历程中的各种期望来表现[6]，所以当我们爱上某人，我们爱上的不仅仅是这些性格，而是这些性格随着时间在他/她的生活中的体现。

无论是他/她英雄般的行为，或者是个人的呐喊与追求，例如思索、艺术创造与政治领袖力，抑或他/她私人的日常生活，如吃饭、饮酒、做爱、聚会，甚至是讲笑话等，任何一种行为都可以不同程度的高尚与卑贱来追求。[7]因此，在亚里士多德看来，理想的爱是“对经人们判断与人类美好生活相关的所有行为完整和彻底地分享”。这所有行为“根据品格的优秀程度而得到认可”[8]。

但如果“菲利亚”受制于如此多的条件，则与另一个有关爱的神话相反，它非但不是恒定的，更非不朽。无论对方是否保持原样，我们都可能不再爱对方。这里亚里士多德大概不会同意莎士比亚的说法：“爱不再是爱，它随变化而变化。”[9]所爱之人的变化会侵蚀爱的本身，它可能来自不可逆转的道德沦丧，也可能由于衰老所导致的感受力和快乐的丧失，并可能导致爱的磨损甚至消亡。[10]它也许起因于爱人的离开，这也是为什么在经过足够长的时间后，分离和死亡会使我们忘记爱。[11]（这样说不算勉强，毕竟有一些人在失去爱人后选择寻觅新伴侣，或者在伴侣死后再婚。）可以这么说，凡是那些对爱造成严重侵蚀的猜疑、嫉妒、恐惧和自我保护等，都是“菲利亚”的敌人。[12]

当关系中的一方不可避免地滑向“恶”时，不能持久的不仅仅是“菲利亚”。亚里士多德对此似乎走得更远：这种情况发生时，人们应该放弃这样的朋友。“因为恶人既不应该也不能被爱。”[13]他暗示说，当友谊双方中的“一方原地踏步，而另一方已经进步并且远远超过前者时，他们之间的友谊就应该终止”[14]。

> 如果一个人的智力还保持在幼童水平，而另一个人已经完全成熟，他们如何还能（继续）做朋友？没有共同语言，没有相同的喜怒哀乐，没有相投的趣味……他们不可能成为朋友……[15]

当然，我们通常期望“菲利亚”幸免于此，因为它有个坚实基础，就是友谊中双方的优质性格。（高尚品格乃持久之物，友谊将因此而持续。[16]）这些品质是人的根基，以这种方式爱一个人，正是因为他/她之所以是他/

她而爱[17]，而不仅仅因为他/她对我们有用，让我们快乐。当这样的友谊发生时，我们对他/她有强烈的认同感，认同其美德、选择、渴望和价值，把他/她视为“另一个自己”[18]。

我们曾经在《旧约》中约拿单对大卫、路得对拿俄米的伟大友谊中体会了类似情感，看到了爱对方如同爱另外一个自己的相同表述，尽管二者都不是明确的以所爱之人的优质性格为基础的友谊。

※ ※ ※

友爱的另一个条件是爱者本人的善。只有美德才能甄别美德、渴望美德，并与另外一个具有美德之人结合为统一体。只有具有美德之人才有能力并且有动力去爱另一个人身上的美德。只有靠美德结合在一起的爱人才能成就纯粹的爱：见证另一个人的生命，特别是他/她身上存在与伦理相关的品质。

因此，所谓“完美的”友爱，绝不诉诸对方是否带来快乐或满足，而是为了他/她的最佳存在而付出的爱，它只存在于两个富有德行的人之间。

但这并非适用于任何一个有德行的人，而是发生在德行类似的人之间。相同的理想和类似的品德使得相似之人很容易产生惺惺相惜的感情。亚里士多德说：“完美的友谊存在于同样善良和优秀的人之间。”[19]

亚里士多德认为同类才有友谊[20]，这个观点着实极端。按照他的观点，友情双方的相似性将不仅仅超越他们的德行、选择、欲望、动机和品味，更包括社会地位以及彼此获得的所有愉悦感和利益。

这个原则不仅适用于友谊，也统领了友情之外的一些人类情感，比如说夫妻之情，或者是普遍的男女之情。他认为在德行方面女性天生不如男性，即便最好的女人也配不上最好的男人，无论品德多么高尚的女人，都无法和男人达成完美的友爱。[21]

父母与子女之间也不存在类似的感情[22]，至少在子女长大成人之前，他们之间的关系都是不平等的。在主人和仆从之间也不可能产生友爱。这里的仆从指的是本性上的奴仆，不是因为运气或者出身不好而沦入卑躬屈膝境地的人。他补充说，即便人们可以和这种社会阶层的人交朋友，但绝不会和一个本性上具有奴性的人产生友谊。[23]

依据现代人的平等观念，这些理念是无法让人接受并且站不住脚的，比如女性在道德上天生比男性低下，有些人生来就具有奴性等。如果把这些放在一边，亚里士多德思想中最强大的核心是，最持久的和最深厚的爱建立在两个人的本性，特别是广义上的道德本性的相似之上：他们将什么视为最高的善、价值和目的。

我们也可能被完全不同类型的人吸引，他们给我们带来新鲜感和未知性，让我们逃避自身，逃离人生展开过程中所遭遇的重重困境，沉浸于迷恋和陶醉的体会中。特别是当我们对其他人的兴趣由功能性和愉悦性所驱动时，我们会期待着从对方身上找到自身不具备的乐趣和益处。亚里士多德认为“这种从利益出发的友谊很容易存在于两个非同类者之间”[24]，但最终我们倾向于最熟悉的感觉，那些让我们感觉到最深刻关联的人，必将是我们在本性上的同路人。

※ ※ ※

从恩培多克勒到西塞罗，从蒙田到尼采，许多哲学家对此都表示认同，恩培多克勒更直言，除了同类者无人能理解同类者。（这句话曾被亚里士多德引用，并改为“同类以同类为目的”[25]。）有意思的是，如叔本华和普鲁斯特这样持不同见解的人，他们把爱，或者至少是浪漫的情色之爱，更多想象成是为了追求不同而非相同，但他们对爱在丰富和实现人生方面所发挥的作用并不乐观。

当然，人们对“本性”及其存在与否的理解，因年龄、文化和个人的差异而千差万别。从严格意义上来说，也许我们不再将品格作为本性的决定因素，而更倚重于其他，包括品位、职业、理念、兴趣、种族起源、国籍或者宗教。然而，当需要自我定义时，我们仍倾向于类似性，这一点已经在对婚姻、交配和分手的心理学研究中得到证实。[26]爱是极端保守的，无论它是以友谊、婚姻、伙伴、父母—子女关系，或者是其他紧密型关系的任何方式呈现。一个投身于种族、经济、教育和社会平等的人，一个真心拥抱“多元化”的人，虽不至于总是，但往往选择和自己同类的人结婚。

这或许很好解释。人们倾向于同类，不仅仅因为从本质类似的对方身上看到自己，感受到对方赋予自己的在这个世界上强烈的存在感，更因为同类感为我们感知、理解和享受独一无二的对方提供了最好的基础；即使不完全是享受，也让我们能全心全意地包容对方。这就好比即便我们怀着最美好的愿望，也无法完全理解和体会母语之外的其他语言。所以，除非对方是和我们同声同气、感觉接近的同类，否则我们无法理解和品味对方的独特性。

我们能和恋人做朋友吗

对这个长久存在的问题，亚里士多德的观念给出了一个简单答案：友谊之爱与情欲之爱分属完全不同的情感投入，只有当人们懂得不能从情欲之爱中索取本不属于它的情感诉求时，情欲之爱才能自我满足。友谊之爱亦然。

总结一下友谊之爱的特征：友爱是一种相互的关系，它“出于互惠的善意，并且是双方的共识”[27]。它来自期望对方之善的意愿[28]，要求对友谊双方的独立性达成明确共识：尽管把对方作为“另一个自己”，但双方不会期望与对方融为一体，成为无甚特殊的统一体，而这正是从新柏拉图的性爱神秘主义，到基督教的统一神秘主义以及 19 世纪浪漫主义所推崇的传统。友爱需要时间去滋养，友谊双方的生活和活动必须长时间地相互交织在一起，这样双方才有充分的时间了解对方、欣赏对方的品格，并能从共同活动中获益。作为这种爱的目标，只要所爱之人的优秀品质是稳定的，这种爱就能长久。然而对于情色之爱，这种条件并不是必需的，即便没有互惠的善意，不把对方的幸福作为核心目标，并未体谅对方的离开，或者不成熟，或者经不起时间的考验，情色之爱依然可以是充满激情和真实的。但情色之爱又是脆弱的，因为它建立在对美和性欲的期望上，而这些既可能得不到满足，也不会长久：

> 友谊中的恋人有时候抱怨他/她付出的爱并未得到对方的回应，而被爱一方则埋怨说对方原来的所有承诺，现在却无一兑现。当恋爱双方中的一方为了另一方能带来的快感，而另一方为了对方能带来的功利而相爱时，这样的情形常常发生。因为双方所爱的并非对方本人，而是对方的好处，所以这种爱是无法长久的。这也是导致友谊转瞬即逝的原因。相比之下，人性之爱经得起时间的考验，因为它能自主存在。[29]

亚里士多德的态度很明确：对于最完满的爱，性并非必需的。[30]因此，当性爱妨碍友爱之时，例如强烈的占有欲要以为了对方的幸福为代价时，或者过分关注肉体魅力而忽略道德吸引力时，又或者偶然性战胜统一性时，我们可以推测在以上三组对比中，前者总是会让位于后者。至少当我们要追求“完美的菲利亚”时，相爱双方是因为对方之所以是他/她而爱，而非为了快感和实用而爱。

但是，这给同时追求“菲利亚”和“爱洛斯”的关系，比方说婚姻和其他深厚的亲密关系，留下些什么呢？亚里士多德的哲学认为——尽管他本人并没有明确地得出这一结论，因为“菲利亚”和“爱洛斯”以及它们二者的关系，总是容易受到对立双方之间的张力的伤害：尊重独立与占用欲，强调品格和德行与执着于快感和肉体的美感，互惠的愉悦与无回报的欲望之痛，和谐与动荡，信任与嫉妒。这种类型的爱的冲突，更强烈地体现在一个特定关系所包含的爱的不同形式之间，而非爱着的两性之间。

自爱与自知

然而，亚里士多德对“菲利亚”的所有言论，都以他/她者的福祉作为最终目标。但是考虑到只有在爱的对象在德行上与我们类似，甚至某种意义上他们是我们的“另一个自己”时，这种方式的爱才能成立，难道不能说这种“完美的”友爱是极端自私的吗？尽管亚里士多德称“菲利亚”是爱的最高形式，但本质上它难道不是借助他/她者来爱自己吗？

对此可以毫不犹豫地报以肯定的回答。这也不是抛给亚里士多德的问题：在爱自己与爱他/她者之间，似乎也不存在让亚里士多德尴尬的冲突。利他主义和自利之间也是如此。无私的利他主义者出于考虑到他/她者的需要或好处而为对方做事，这和从这些事情中获益的自利主义者是绝对一致的，甚至与出于自我利益而做这些事情的人也是一致的。

事实上，亚里士多德在这一点上走得更远，他认为最佳形式的爱本质上包含着为了自身利益的欲望。既然实现人类的潜能是生命自然和恰当的目标，那么我们做每件事的首要考虑，包括爱他/她者，便是要追求自我生命的丰满。[31]这种自身利益并不是指我们要从所做的每一件善事中获得回报，某种意义上是指我们通过爱对方之“自我”来获得我们自身的自我丰富：作为“另一个自己”的对方的丰富即是我们自己的丰富，而关照对方的生命状态即是关照我们自己的生命状态。

那么从爱对方中我们究竟能得到什么样的祝福呢？关于“菲利亚”，亚里士多德阐述了两个方面。

其一是自爱。密切的友谊能强化我们自身的尊严感，让我们表现出最好的自己[32]，用当下的流行语来说就是：做真实的自己。爱激发我们致力于自身健康和幸福的能量与韧度。生命中有了分享爱的对象，我们将更执着地关注自己的兴趣点，坚持自己的目标[33]，因为“个体可能不容易持续地保持活力，但有了爱的对象，为了他/她者的幸福，个体更易于维持生命的强度。”[34]

这并不意味着友谊双方一定要生活在一个屋檐下，不过双方需要维持最紧密的定期联系，这种联系可以通过各种活动来实现，如一起吃饭、饮酒、聚会、思考、辩论、制订规则、交谈、工作和遭遇危险等。[35]（“因为这才是人类共同生活的内容，而不是如牛群一样，只是在一起吃东西。”[36]）

这些活动并不是为了从沉重的生活压力中逃离片刻，相反，它是友谊双方生活中的最核心内容，需要双方付出心力维护这种联系，以对抗漫长的分离以及这种分离对友谊牢固性和信任度的侵蚀。[37]

平心而论，一个背负着工作、家庭、银行按揭重担的现代男性，不可能拿出大量时间来维持如上的友谊，一个把朋友放在第一位的丈夫在现代也不可能让妻子满意。但如果摒弃亚里士多德认为女性无论在德行上还是理解力上都较男性略低一筹的观点，不否定女性如男性一样拥有完美友爱的能力，我们就会很清楚地认识到，实现这种恒久亲密的最佳形式是通过婚姻或者其他类型的长期伙伴关系，只有这种关系才能容纳给予双方生命意义的灵感和价值。

亚里士多德坚持认为，正是这种长期的亲密关系才能丰盈我们的生命，把人类和上帝与动物区分开来。上帝不需要他者的成全：

> ……人类之幸福包括人类之外的东西，但神是自己的幸福。[38]
>
> ……他不能生活于社会之中，因为他是自给自足的，他必须要么是动物，要么是上帝……[39]

※ ※ ※

亚里士多德认为从友爱中获得的第二种益处是自知。[40]作为一种被希腊思想家和神秘主义者广泛赞誉的品质，自知如著名的德尔菲神谕一样，指示着人们要“认识自己”。苏格拉底作为柏拉图的老师、亚里士多德智识上的祖师，在雅典四处游走，宣扬的正是“未经省察的人生不值得过”的理念。但亚里士多德认为有一种自知格外重要，那就是认识我们行为背后的动机。因为我们的动机并非随意的突发奇想，它体现了我们对何为善、何为恶的内在理念，代表了我们的“核心价值”（套用时下的词汇）。要理解我们所追求的人生目标，不仅需要研究我们的行为，更需要认识这些行为背后的驱动力，换言之，我们要审视自己是否因为合理的动机而选择了合理的行为。[41]例如，面对一个因饥饿而乞讨的孩子，随便给几个硬币的行为，显示了完全不同的道德内涵：我们可能是为了消除这种苦难所带来的困扰，也可能是出于真正的同情，想通过这种方法让他摆脱困境。好生活并不意味自动去追求有价值的事物。

因此，只要审视我们行为背后的动机，就能挖掘出我们对善这个观念的认知。而只有理解了我们行为究竟是受到何种价值观的驱动，我们才能确定我们的行为是否忠实于动机本身，进而忠实于我们自己。

但是，为什么我们必须爱他/她者以获得这种自知呢？为什么我们不能通过自我内省或者观察行为中的自己来获得这种自知呢？

按照亚里士多德的观点，这是因为人类实在太难以认识自己了。“我们在责备他人的不当行为时，却不知自己也在行同样之事。”[42]我们宣称自己具备的美德其实离我们很远，如尼采在《论道德的谱系》中所说：“我们是自己的陌生人，我们不能理解自己，我们想必是混淆了自己，我们的永恒定律是‘我们都最不了解自己’，对于自己，我们绝不是认知者。”[43]

尼采比亚里士多德走得更远，他相信人类根本无法理解自己的行为，更遑论背后的动机，它们太过复杂和幽暗了。如果我们以为我们能清楚地认识自己，那必然是自我欺骗。亚里士多德认为如同获得身体上的自知一样，人类也可以获得情感上的自知，不过我们需要一面镜子。这面镜子就是在本性上与我们同类的人，我们所钟爱的“另一个自己”，而非我们的敌人。（尽管有人可能补充说，我们所选择的敌人和他们的行为肯定能颇有价值地启发我们的自我认识。）

> 想看清自己的面孔，我们朝镜中张望；想了解自己的内心，我们观察朋友。因为正如我们所断言，朋友是另一个自己。自我认识令人愉悦，没有朋友便没有自知。一个自足的人需要友谊来认识自己。[44]

换言之，我们通过所爱之人来认识自己，与其说是借助他/她告诉我们的信息，毋宁说是因为我们看到了自己在他/她身上的投射。通过逐渐认识“另一个自己”，我们逐渐揭示“这一个自己”。我们对所爱之人直觉式的亲近是有依据的，认识到这一点，我们便能认清自己的性格和选择以及行为背后的理由。

亚里士多德友谊即镜子的理论并没有穷尽亲密关系对自知的影响方式，认识紧密关系对价值观和计划造成的各种影响尚有许多意料之外的方式，无论是安全感或者恐惧感，轻松或者不安，快乐或者愤怒，强大或者脆弱，明确或者迷惘。但亚里士多德提供了一个非常关键的洞察：对于“我是谁”的认识，是通过稳定的、与他/她者深层的亲密关系形成的，这种关系经得起时间的考验。也就是说，从本质上看，个体性就是相关性。

※ ※ ※

由此，我们又回到了亚里士多德的观点。他认为只有当爱者与其所爱之人都具备足够的美德时，才能享用爱的诸多益处。如果爱不是根植于双方恰当和完美的品格，则爱就成为既不公正也不公平的灾难。不过，亚里士多德的这个观念远比表面看上去的更为复杂。这个观念背后回响着一个古老的希腊理念，那就是宇宙间存在着一种本质的秩序——公正的秩序，一种无论是人还是无生命的世间万物都必须遵从的秩序。按照这种逻辑，所谓公正，不仅仅简单地指尊重规则，比方说信守承诺、拒绝谎言等，为“德行”保留一块净土。实际上，正义指的是以宇宙中最深层次的秩序来指引自己的行为，任何违背这种秩序的行为都将导致灾难。赫拉克利特评论说，这个原则甚至适用于太阳，“太阳亦不可逾越自己的尺度，否则必遭正义之神的问责”[45]。

亚里士多德坚守这个传统，认为所有不公平必为不合法，所有公平必为合法。希腊人称这种合法性为 dikaios，意为“公平”、“正确”、“正义”，或“与秩序相协调”。当爱与所爱之人本性的秩序相协调时，当爱获得所爱之人在品格方面的严格肯定时，当爱赋予被爱者应得之物时，它就是公正的；反之，爱便是空洞和虚假的，因为任何无法遵从其应遵从的秩序的事物都是虚假的。

因此，我们每一个人都只能爱上某一个特定的人或者为其所爱。我们和对方彼此都感受得到的这种吸引力，并非某种神秘的化学反应，而是源自看得见、摸得着的人格魅力，以及双方对何为善的理解。爱肯定的仅仅是所爱之人的品德和善行，否则这种爱远远达不到彼此“全盘接受”的程度。虽然亚里士多德认为我们可能会错爱不具有德行，或缺乏相似理念，或无法善待自己的人，不过这样的爱最终无法成功。这种冲动将偏离人性的秩序，而沉溺于此的人将不可能获得持久的亲密关系。

那么道德呢？在选择恋人方面，我们或许已经太过随意，而错误的选择将使我们偏离追求丰富的人生路径。激情和所谓的化学反应不能证明爱的存在，更不能证明这份爱能否让我们从中获益。我们怀着强烈的冲动聆听对方的建议，效仿对方的趣味和价值观，渴望从吸引我们的对方身上找到相似之处，然而如果对方德行不够，抑或价值观与我们南辕北辙，那么我们只好为这种错配付出惨痛的代价。“近墨者黑，近朱者赤。”让爱情长久的秘诀是相爱双方不仅仅要具有德行，而且是相似的德行。

※ ※ ※

亚里士多德对爱的观点显然迥异于我在第 1 章中谈到的现代教条，对此人们很容易低估二者间的区别。后者认为爱是无条件的、自发的、自私的，是对整体的确定，因而也是延续的、不附设任何条件的；而在亚里士多德看来，爱当然是有条件的，这个条件是相爱双方必须都是善的，且具备本性上的相似性。我们也许认为利他的爱和自爱是相互冲突的，但亚里士多德指出，为他/她者的利益而爱对方与自爱是一个整体。我们以为在爱他人之前，我们必须先爱自己，我们想象在洞察他人之前，我们必须先洞察自己的内心，但亚里士多德的观点则正好相反。我们宣告说无论发生什么，真爱都能延续，亚里士多德则提醒我们，如果所爱的对方发生改变，爱亦随之改变。我们奢望爱作为自发的情感，不带有任何功利色彩，亚里士多德则认为爱是最大程度的理性，是完全可以解释的情感。我们理解爱先天具有的不公平和占有欲，而亚里士多德坚持认为，只有发生在两个相互独立的个体之间的爱，才能带来公正和人性的充实。

尽管反对“菲利亚”的各种教义本身源于不同的基督教传统，但“菲利亚”本身也被天主教所接受，特别是在托马斯·阿奎纳的影响下。事实上，基督教善于将最多元化的思想传统熔为一炉，从《希伯来圣经》到柏拉图的“异教传统”，从亚里士多德和奥维德到启蒙运动的平等主义，这些本质不同的对爱的阐释注定相互碰撞，而其引发的困惑也持续到今时今日。不过，在追溯这些碰撞如何发生、如何厘清我们的困惑之前，让我们略作停顿，把目光投向一块永恒之地。在这里，希腊观念与当时出现不久的基督教派开始了最初的亲密接触。这座城市，就是罗马。

注释

1. 亚里士多德使用的词汇是“幸福”（eudaimonia），有时候（算不上很准确地）被翻译为“快乐”。

2. 除了以友谊之善为基础的“完美的菲利亚”外，亚里士多德所说的“菲利亚”还有两个含义，和此处上下文无甚关系：一个含义指基于功利的关系，如为了合作而非竞争的商业关系，另一个含义指基于快乐的关系。

3. Proust, *Remembrance*, vol. 1, p. 968.

4. 对于亚里士多德和众多希腊人来说，品格之于生命，是比对我们今天现代人来说远为重要的决定因素。在他们看来，品格的美德，例如勇气、仁慈、诚信、自制、慷慨，引导着人实现自我潜能的全部能力。希腊思想奠基人之一赫拉克利特曾说：“品格即命运。”

5. 尽管把对方带至更高层次的柏拉图之爱当然需要对方的合作。

6. Price, *Love and Friendship*, p. 108.

7. 玛莎·努斯鲍姆在《脆弱的善：古希腊悲剧及其哲学中的命运与伦理》中提出

了类似观点："自我根本上是通过选择来实现的，最好的爱以对展现这些选择的活动的广泛分享为基础。"

8. Nussbaum, *The Fragility of Goodness*, pp. 358-9.

9. Sonnet 116, in William Shakespeare, *The Sonnets and a Lover's Complaint* (London, 1995), p. 134.

10. Nussbaum, *The Fragility of Goodness*, p. 360.

11. "……（爱人）长时间的缺席似乎会导致对爱的遗忘。"引自努斯鲍姆《脆弱的善》。

12. Nussbaum, *The Fragility of Goodness*, p. 339.

13. Aristotle, *Nicomachean Ethics* (hereafter NE), 1165b15, in *The Complete Works of Aristotle*, ed. Jonathan Barnes (Princeton, NJ, 1984), vol. Ⅱ, p. 1842.

14. *NE*, 1165b23-5, p. 1842.

15. *NE*, 1165b23-30, p. 1842.

16. *NE*, 1156b12, p. 1827.

17. *NE*, 1155b31, p. 1826. Cf. Price, Love and Friendship, p. 107.

18. *NE*, 1168b7, p. 1847; 1170b6, p. 1850; 1245a34-5, p. 1974. 对"另一个自己"、"第二个自己"或"单一的灵魂"的精彩论述见 Price, *Love and Friendship*, pp. 110-11 and 124-5.

19. *NE*, 1156b7-8, p. 1827.

20. "现在，平等与相似*就是友谊*。"（斜体字为我所加）见 *NE* 1159b3, p. 1832.

21. 亚里士多德认为丈夫与妻子之间的关系本质上就是不平等的，因此在这种关系中，作为更好一方的丈夫应得到更多的爱，而较低劣的妻子则要少。

22. *NE*, 1158b30-3, p. 1831.

23. "如果是以奴隶的身份，则人很难与其为友；但以人就无妨。"（*NE*, 1161b4-8, p. 1835）. Cf. C. C. W. Taylor, 'Politics', in *The Cambridge Companion to Aristotle*, ed. Jonathan Barnes (Cambridge, 1995), pp. 256-7.

24. *NE*, 1159b12-13, p. 1832.

25. *NE*, 1155b6. 亚里士多德自己曾经说："同类对同类惺惺相惜。"见 *NE*, 1165b16-17, p. 1842.

26. See, for example, David M. Buss, *Evolutionary Psychology*: *The New Science of the Mind* (Boston, 1999), p. 130.

27. "……只有互惠的善意才称得上友情。"见 *NE*, 1155b33-4, and 1156a3-5, p. 1826. See John M. Cooper, 'Aristotle on Friendship', in *Essays on Aristotle's Ethics*, ed. Amélie Oksenberg Rorty (Berkeley and Los Angeles, 1980), pp. 308—11. 我对此的讨论很大程度上受益于库珀的章节。

28. *NE*, 1155b31-2, p. 1826.

29. *NE*, 1164a3-13, p. 1839.

30. 如同对本章贡献甚大的玛莎·努斯鲍姆所说:"和柏拉图不同,他似乎并不相信强烈的性欲望在爱的价值与益处中占据任何关键角色。" Nussbaum, *The Fragility of Goodness*, p. 358.

31. *NE*, 1159a11-12, p. 1832.

32. 约翰·库珀(John M. Cooper)认为,对亚里士多德来说:"站在他人角度的爱与珍视,使得人能够爱与珍视自己。"引自《亚里士多德论友谊》(*Aristotle on Friendship*, p. 333)。

33. "因为没有什么比共居一处更能代表友谊的特征。" *NE*, 1157b19-20, p. 1829.

34. *NE*, 1170a4-11, especially 5-6, p. 1849.

35. 此处我对亚里士多德的"共居一处"的阐释来自于努斯鲍姆《善的脆弱性》的启发。

36. *NE*, 1170b12-13, p. 1850.

37. *NE*, 1156b4-5, p. 1827; 1157b11-13, p. 1829.

38. Aristotle, *Eudemian Ethics*, 1245b18-19, in *The Complete Works of Aristotle*, ed. Jonathan Barnes (Princeton, NJ, 1984), vol. Ⅱ, p. 1974.

39. Aristotle, *Politics*, 1253a28-9, in *The Complete Works of Aristotle*, ed. Jonathan Barnes (Princeton, NJ, 1984), vol. Ⅱ, p. 1988.

40. 这里的论述要感激库珀《亚里士多德论友谊》一书的启发。

41. *NE*, 1105a29-33, p. 1746.

42. Aristotle, *Magna Moralia*, 1213a16-17, in *The Complete Works of Aristotle*, ed. Jonathan Barnes (Princeton, NJ, 1984), vol. Ⅱ, p. 1920.

43. Friedrich Nietzsche，*On the Genealogy of Morals*，in *The Basic Writings of Nietzsche*，trans. W. Kaufmann（New York，1962），p. 451（Preface，section 1）.

44. 亚里士多德在《大伦理学》（*Magna Moralia*）和《欧台谟伦理学》（*Eudemian Ethics*）中说："必须以理解自己的方式去理解朋友，理解朋友即理解自己。"有学者质疑《大伦理学》是否由亚里士多德本人撰写，但这显然是亚里士多德式的表述。如约翰·库珀在《亚里士多德论友谊》中的评论，亚里士多德在《阿尔喀比亚德》中也说过他人是我们的镜子，我们从镜中获得自我认识。

45. In Kahn，*Art and Thought*，fragment ⅩLⅣ（Diels-Kranz fragment 94），p. 49.

第 5 章　卢克莱修与奥维德：肉欲之爱

对爱的哲学，如同对政治学和工程学一样，罗马是实用主义天才们的乐土。这些天才当中包括最伟大的两位代表人物，他们认为爱是一种纯粹的自然驱动，而非人们所期望的对苦难、邪恶和死亡的救赎。他们认为爱，特别是友爱，是让人生充实的核心力量。但他们反对将爱的激情神圣化，同很多先贤们一样，认为激情注定是一种奴役和痛苦。他们以严苛的准确性审视性欲的诱惑，解析人类以繁衍和愉悦为目的的肉体冲动，试图控制这种冲动而不是由它控制，由此人类才能摆脱随欲望所产生的恐惧、疯狂和迷惑，获得自我的彻底解放。[1]

对卢克莱修（约公元前 99—前 55）和奥维德（公元前 43—约公元 17 年）来说，爱情中的两个人对肉欲的痴迷乃是对人类渴望永生的直觉的追随。依照某种观念来说，这种最基础的直觉几乎等同于人类的生命意志本身。它依靠权力与操控、冲突与假象来起作用。与其说直觉是爱的善行的先兆，不如说它是危险的先兆；而爱的艺术，就是要学会活在冲动与无心的直觉中却不被其伤害。在罗马人的床上，找不到多少精神的灵性。

但是，从共同的起点出发，两位罗马诗人却得出了截然不同的结论，特别是在有关性爱的美学价值方面。

※ ※ ※

作为尤里乌斯·恺撒的同时代人，卢克莱修并非一个性爱的理想主义者。在他的伟大作品《物性论》中，他描述了一个男子被一个女子吸引的场面："他奔向她……想要交欢……他要将自己的体液流入那女子体内；他驽钝的欲望令人明白，那会让他愉悦。"[2]

性让人沉迷，它永远不会得到满足；它不似其他的欲望——对食物和水的需求，它得到越多，欲望就更多。[3]我们若拒绝它，它便以性幻想来折磨我们。我们因此要时时给予身体以性的满足，但又不能落入它的掌控中。

卢克莱修一直崇拜女神维纳斯，她是爱的女神，是罗马人之母（希腊人称她为阿佛洛狄忒）。卢克莱修推崇维纳斯掌管的生育能力，他写道：这"……星空下的万物……都是你的所在；你孕育万物，以你的方式，并将之带入天光下"[4]。

维纳斯也是卢克莱修的缪斯，他在诗中写道："你独自掌管宇宙的运行……没有你，万事不再令人愉悦和欣喜……当写下这些诗句，我寻求你的慰藉。"[5]

卢克莱修这样的态度既不自相矛盾也谈不上似是而非，因为他所歌颂的爱的驱动力，正是维纳斯所代表的无穷的创造力和自我激发的生命力。生命力推动着生命超越生命之外的渴望，这种渴望，就是人类繁衍的需要。

这里，我们必须强调卢克莱修和奥维德的观点对于现代人来说是陌生的。比方说，叔本华也认为性冲动推动着生命的繁衍生息，他把这种战胜所有人性的力量称为"生命意志"，但是如同其他欲望一样，生命意志所引发的不满足和痛苦最终将导致人们对人生价值的质疑。

然而，卢克莱修似乎对从整体上评价人生价值毫无兴趣。因为作为生命体的我们，本身不能脱离生命，无论是作为整体的生命，还是我们自己个人的生命；我们也不能用平衡的态度去判断究竟人生本身是对或是错。人生中的痛苦、失望、伤害与注定的死亡是否比某种最高级的善更有价值，或其价值必须由这种最高的善证明？对此无论答案如何，生命本身都是自然或超自然的。

从这一点上来说，卢克莱修虽然冷酷却不悲观。他毫无怜悯地、精准地描述了人生的恐惧，但他并没有给出彻底否定的结论，因此避免了成为一个悲观论者。他洞察人性的软弱——当延续生命的希望被疾病、衰老、厄运等逐渐侵蚀时，人类将屈从于绝望的情绪。他试图提供对付这种绝望的方法，但他不认为爱应该承担起救赎人类的责任。

※ ※ ※

他尤其鄙视对爱的绝望，特别是试图理想化伴侣和性行为本身。他警告说，强烈的激情常招致极大的愚蠢。恋人们陶醉于对合二为一的不切实际的渴望中，仿佛他们需要将整个身体融入对方之中。[6]艳羡与嫉妒攫取了他们，使得他们挥霍自己的精力，表现出虐待狂的倾向：

> 他们把找寻到的身体紧紧地抓住，直到弄疼对方；还常常把自己的牙齿，迫进对方的嘴里，嘴碰着嘴，用力地狂吻，因为这种快乐并非纯净。本质上，他们被有些东西刺激着，去做那些伤害他人的事情，无论这些刺激是什么。[7]

让奥维德觉得有趣，有时候甚至发笑的这些幻象，在卢克莱修看来，根本就是一场无聊的意淫：

> 因此我们经常看到许多奇形怪状、邋遢丑陋的女人，却被当成宝贝爱着，你甚至可以说被崇拜着……皮肤黝黑的是“蜜糖般的颜色”，浑身污垢的是“自然的风格”，长着猫一样绿色眼睛的好比“女神”，精瘦的则是“窈窕淑女”，臃肿肥胖的可以说“拥有庄严的仪态”……[8]

在古希腊和罗马，人们通常被告诫以防止爱得疯狂以至于过分理想化，以及理想破灭后的妖魔化倾向。但卢克莱修认为这不过是需要治愈的爱的病症，而不是一种驱动力的病态反应，他也不认为这种驱动力通过合适的渠道，可以让人类接触到伟大的道德和精神之善。

卢克莱修认为从本质上来说有三种治愈爱的病症的方法，它们按照高尚度的排序，从高到低分别为：冥想、婚姻和滥交。[9]性的专横可以借由冥想得到平复，通过婚姻加以限制，如果二者都不能奏效，至少可以借助滥交得以消耗和释放。

卢克莱修所描述的冥想是指以平复欲望、获得简单和人际间的快乐为目标的一种静思。不同于西方历史上的众多观念，卢克莱修以冥想来超越性欲的方式不那么强人所难，也较少强调精神性。相比之下，其他流派多倾向于将激情浓缩的关注点指向一个被视为最高价值的具象所在，如柏拉图所追求的本质的美，基督教所投身的上帝，斯宾诺莎所推崇的“对神的理智的爱”，或叔本华所宣扬的对艺术和审美的沉思。尽管按照今天的观点，叔本华的立场很接近卢克莱修。

静思赋予我们关照世界的能力，同时让我们在不被诱惑、恐惧、妒忌、占有欲或其他让人分心的情感冲昏头脑的前提下，特别去关注对我们具有性吸引力的人。

在这方面卢克莱修忠实于希腊哲学家伊壁鸠鲁（公元前 341—前 270），不过他也带着崇拜维纳斯般的激情批驳伊壁鸠鲁的一些观点。事实是，伊壁鸠鲁对卢克莱修的影响非常大，以至于我们在这里有必要对他的哲学思想略作回顾。

首先，伊壁鸠鲁并非伊壁鸠鲁派，他并不纵情于奢侈与享乐，也不耽溺于性、美酒、美食和华美屋苑所带来的感官快乐。虽然他追求最大程度的快乐，但他坚持认为我们应坚持节俭的生活方式，并严格限制肉体的欲望：

> 当我们说最终是为了快乐，这快乐指的并不是恣意挥霍和感官享乐，那些无知者、异议者或者不懂我们的人可能赞同这种快乐，但我们所说的快乐，指的是摆脱了肉体痛苦与思想困惑的自由感。[10]

我们对食物、衣服和居住之所等基本需求品的欲望必须节制，否则它们给我们带来的烦恼将多于快乐。性的满足也只有通过沉思才能实现。“性交从不会给一个男人带来好处，他不因此受到伤害已甚为幸运。”[11]伊壁鸠鲁也拒绝权势和虚荣，认为对这些的追逐只会让人更加贪得无厌，而无法满足的欲望折磨着人，逼迫人用更多的欲望来填满这种空虚，从而使人陷入周而复始的恶性循环中。

伊壁鸠鲁坚持认为真正的快乐是内心的平静。这种平静来自自由和友谊。人必须通过与这个世界的关联而获取自由。这种关联包括与政治、伴侣以及子女的关系，也包括惧怕和敬畏贫穷、死亡与上帝以获得自由，这种敬畏通常指向对未来的把握。要获得一种田园牧歌般的人生快乐，人必须找到志同道合的朋友。“智慧为生命的完整带来了诸多祝福，其中最伟大的一项就是友谊。”[12]

要获得快乐，关键一点是学会反思，只有通过反思，人才能了解焦虑的荒谬性。唯其如此，我们才不惧怕死亡。伊壁鸠鲁告诫说：“肉体消亡后感觉也随之消失，而没有感觉的东西对我们毫无意义。”[13]毕竟，我们出生之前即是如此，我们又何必忧虑死亡之后的重演呢？

我们也无须敬畏神灵，因为既然它们不同于流行的宗教，既不愤怒或暴力，也不干预现实生活。相反，它们拥有的自我满足和快乐正是我们人类应该矢志追求的：“神圣和永恒的天性本身既不是麻烦，也不制造麻烦，因此它绝对不会受到喜与怒的牵制，那些是弱者才有的麻烦。”[14]

※ ※ ※

那么，当意识到自己对某个人产生了强烈的渴望时，我们该如何是好？我们应该专注于培养同他/她的友谊，享受在一起的适度的快乐，包括有节制的性的快乐。也许我们应该同伊壁鸠鲁一样，选择做一个遗世独立的人群中的一员。因为只有这样的团体而非国家，才是伊壁鸠鲁心目中的理想社会。

但是，正如伊壁鸠鲁训导、卢克莱修反复强调的，要自律我们的性冲动，广而言之任何让人成瘾的渴望，都是极端困难的。对于无法做到自律的人，卢克莱修建议用婚姻和孩子作为约束。这二者相组合，会即刻结束我们对所爱之人的幻想，将双方拉入现实世界中，而这正是成功的人际关系唯一的基础。欲望通过偶然的满足和常规的婚姻生活得到克制，而性冲动被导向了正确的出口：繁衍下一代。

这样的建议并不是奥斯卡·王尔德式的玩世不恭。在王尔德眼中，婚姻如此沉闷，足以浇灭激情的火焰。（“人应终生保持恋爱的感觉，所以不要结婚。”[15]）与之相反，卢克莱修认为，婚姻可以让我们任性的冲动以合适的方式得到彻底的满足和社会化，并由此形成一种持续的、良性的人际关系。

但谁是结婚的对象呢？卢克莱修给出了生物学的答案：谁能提供最匹配的精子，就应选择谁。如果精液太过浓稠，则可能穿透力差，无法到达女性的卵巢，或无法与女性的卵子相结合；如果精液太过稀薄，则精子还没有与卵子汇合就可能已经随精液流出体外，导致受孕失败。[16]

为避免这些，一种方式是坚持正确的饮食，有些食物的确有强精功能[17]；另一种方式是性交时的体位。[18]卢克莱修建议用后入式（狗趴式）来性交，他认为这种体位有利于受孕，但女性无须为了怀孕而沉迷于淫荡的性交方式。[19]

如果其他方式都不奏效，剩下的就是滥交了，它让身陷各种诱惑中的人得以控制自己的想象力，因为他们总是记得外面还有更多富有吸引力的选择，而一旦时机来临，他们就会寻觅新的对象。为此，卢克莱修告诫说：

> 避开你的想象，躲得远远的；在爱蠢蠢欲动时，将你的心思转向他处。把你的精子播撒给尽可能多的肉体，别留存给一个情人，因为那必定以麻烦开始，以伤心告终。[20]

※ ※ ※

基督教并不总是倾心于卢克莱修，包括卢克莱修关于人生幸福最大化、自然崇拜以及灵魂的物质性等观点。卢克莱修死后的四个世纪，《圣经》学者圣杰罗姆（347—420）称卢克莱修死于自杀，并说他的自杀是因为春药发挥了意想不到的作用。“卢克莱修后来因服用一种爱的迷药而发疯，在疯狂的间隙中他写了多本书，后经西塞罗校订。他于44岁自杀身亡。”[21]

尽管这个传闻未得到证实，但被诗人阿尔弗雷德·丁尼生用作诗歌的灵感，他认为诗人的妻子露西拉因为一直在性方面闷闷不乐，对诗人的自制和醉心于写作愤懑不已，所以用爱的迷药报复诗人：

> 她愤怒而蛮横，无论他人是否忍受，
> 梦想着某个敌人找到一个制春药的巫婆，
> 让春药恢复他的性欲。
> 她时不时地将春药混入他的饮料，
> 这混合物进入他的血液，
> 摧毁他脆弱的细胞，
> 阻止他的头脑正常地思考。[22]

奥维德：对抗与喜乐的爱

如此愤怒绝不会落在奥维德身上。他太有魅力、太贪玩了，不可能引起任何敌意。在卢克莱修警告我们的时候，奥维德则说：“去，享受它！”

奥维德的著作《爱的艺术》被视为西方最早的爱的导论之一。同卢克莱修一样，他在书中认同占有欲、性冲动等人性的本能。他更赞美这些本能，认为爱像体育运动一样[23]让人活力充沛、身心愉悦，享受到美妙的感觉。我们追求爱，不是为了获胜，而是为了享受。今天人们说爱不是游戏，奥维德会说：“噢，爱当然是游戏！”如果爱不是游戏，它该失去多少乐趣啊。爱自然有风险。“爱就是一场战争，它从不属于懦夫。”[24]如果一个人具备天赋、能力、精明和热情，他定能在这场游戏中胜出并获得快乐。

奥维德轻松愉快地探寻了爱的两面性：魅力与轻视、温柔与恶意、信任与妒忌，对某个人肉体上的渴望与理性上的嫌弃。[25]他比卢克莱修更认同女性在性能力上超过男性，这或许能解释为什么罗马妇女常常在男女私情中起主导作用，尽管她们在其他方面都扮演着顺从者的角色。正如诗人奥克塔维奥·帕斯所写道的：

> 妇人——更确切地说，那些贵妇们在罗马历史上，罗马共和国和罗马帝国时代，占据着一个特殊的位置……因为她们享受了前所未有的自由度，可以接受或拒绝情人的示爱。她们是自己身体和灵魂的情妇。[26]

性欢愉是这场游戏的主角，而男人和女人在其中享受到同样的乐趣。“让快感深入女人的骨髓，让爱给予二者同等的喜乐。”[27]

奥维德观察到，在拘束人的婚姻体制中难以培养出爱当中那样的关心和恩宠：

> 丈夫和妻子常以口舌之争互相折磨。让他们相信吧，他们也必须相信，这是他们的天性和律法。让妻子们这样做吧，因为争吵就是她们的天性，而情妇只说悦耳的情话。因为把你们带到一张床上的，不是法律，而是自由。你们的爱情，是把你们结合在一起的保证。[28]

※ ※ ※

为了让这些发生，情人要设下诱惑的陷阱。而想要避开这些陷阱、赢得这场游戏，我们要遵从一些规则。这里，奥维德对男性给出了以下建议：

其一，投入精力。“首先，我青涩的新丁，我笨拙的战士，费些工夫，找到你确实爱的女孩。”[29]

其二，找对地方。“剧院的半圆座位是结识女孩的好地方，那里大概机会最多，你可能碰到喜欢的人，或者仅仅是找乐子的对象。有些人只是为了一夜欢愉，有些人你却想要长久地牵手。”[30]

其三，别太过腼腆。“保持自信，让周围的人被你的自信感染。女人无法拒绝自信的男人，记住：这是游戏中首要的一条。”[31]

其四，找对时机。“在一个女人因为遭受你情敌的羞辱而伤心啜泣的时候，让她把你作为施展报复的工具。”[32]

其五，不要固执己见，不要展现辩论技巧，不要带有学究气。“罗马的年轻人啊，好好学习辩论的技巧吧，不是为了牢里战战兢兢的被告，而是因为女人和元老院的议员们一样，比审判官更钟情雄辩的口才。”[33]

其六，着装方面一定要整洁，但风格随意。“男人无须过度在意外貌，只要衣着干净，不要担心皮肤被阳光晒得黝黑。要修剪干净鼻孔和耳孔里的毛，保证口气清新、身体没有异味。不过别太过分修饰。”[34]

其七，如果对方已婚，对她的丈夫要以礼相待。“打着友谊的幌子接近她的丈夫，让他喜欢你。如果能让他成为你的朋友，你会发现这将对你非常有用。”[35] “祝酒时大声说出‘祝我喜欢的女士健康！也祝那位与她同床共枕的先生健康！不要让他听到你沉默的诅咒‘下地狱吧！’”[36]

其八，略微夸张地表现出情绪。“眼泪是最好的法宝，它可以软化钻石。在需要的时候，最好让你喜欢的女人看到你泪流满面。当然，眼泪不是说有就有，怎么办？你可以将双手弄湿掩住面颊。”[37]

其九，要记住，虽然女人都爱金钱和外表，但如果男人受些教育，则爱能持续得更长久一些。“即便你的美貌赛过荷马都赞叹的海上仙女，那也仍然不够。你要丰富你的头脑，文化修养是财富，人文知识是宝藏。花些时间学习两门重要的语言。尤利西斯或许不是俊男，但他的学识和雄辩让他充满魅力。”[38]

※ ※ ※

奥维德说他宁肯不让女性知道这些，但维纳斯坚持要通过奥维德将自己的一些个人体会传授给女性：

女人不要太过装模作样，否则将会非常后悔。“一个女人告诉一个男人‘这样不对’时，除了毁掉满足她饥渴和欲望的机会，还有什么意义呢?”[39]

注意个人卫生，记得剃除腿毛。“我要提醒你们，不要腋下有狐臭，不要腿上有粗毛。”[40]

用化妆来掩盖容貌中的不完美。“艺术提供了补救眉毛的方法。”[41]

如果牙齿不够白或者不够齐整，则尽量闭嘴。“说笑的时候要特别小心，大笑可能暴露你的缺陷。”[42]

笑和哭时都应保持克制，要培养唱歌的技艺，计算自己妥协的时机。“别做个轻率的女子，太快、太轻易地给出你的承诺；同时，也不要完全拒绝。要让他对你的反应期待又忧虑。”[43]

利用不同的男人来满足不同的需要。“接受有钱人的礼物，接受律师的建议。让每个人都各司其职，各归其所。”[44]

性爱时选择对自己有利的体位。“如果你的面容和身材非常出色，那就选择让对方看得到的方式；如果你有一双美腿，记得抬起来让对方看到。”[45]

在性爱的过程中不妨说些挑逗的字眼，或者发出些呻吟声：“在性交的愉悦中，不妨用呢喃之声和情色字眼恭维与赞美对方。”[46]

不过，无论你做些什么，记得要让对方感觉到他能让你满足：“即便最终你未达到高潮，也要竭尽所能装作你已飘飘欲仙。”[47]

※ ※ ※

奥维德认为在性的方面，女人的风流一点也不输于男人；相反，当性欲奔涌时，女人比男人更狂热、更渴望。[48]这种热情可能摧毁男人，或者将他们变成与自己本性相悖的动物。

奥维德的这种观点使我们想起那些古老的神话故事：尤利西斯不得不把自己绑在船的桅杆上，用蜡封住同伴们的耳朵，以免听到充斥着女性欲望的女妖塞壬的蛊惑歌声；美丽的女巫喀耳刻把拒绝自己爱情的男人变成了怪物；水仙女萨耳玛西斯迷恋着俊美少年赫马佛洛狄忒斯，她突袭在水塘中洗澡的心爱的人，紧紧抱着他的身体，在清冽无边的水中，她和他的身体合二为一。水仙女虽然如愿，但作为个体的两个人都付出了生命的代价：

> 他们的身体纠缠在一起，不再是两个人，不再是人们所说的一个男人、一个女人，而是变成了一个非男非女，或者说男女同体的统一体。[49]

尽管奥维德努力让情爱保持原始、丰富和喜乐的状态，但为了让激情变得富有格调，恋人们相互之间必须展现出魅力、鉴赏力和礼仪。他们必须让有时候可能变得危险的爱情游戏成为富有美感和想象力的一门艺术。

※ ※ ※

但也不能随心所欲地求欢。奥维德告诫陷入无望之爱中的人要跳脱出来，不必苦苦支撑，而应去寻找更适合的对象。如果你仍对他/她不能忘怀，那么多想想对方的缺点和对你不好的地方，想想他/她的种种劣行和对你的伤害，还原他/她是一个不完美的普通男人/女人的真相，意识到他/她原来并非不可替代。

如果这样仍不能使自己摆脱，就去做那些坠入爱河的人不会去做的事情：运用你的想象力放大他/她的缺点。一旦你学会放手对某男某女的爱，你就恢复了对其他人的渴望和赞美。

如果以上这些依然不能奏效，那么你只有选择逃避。

这些在爱情中进进出出的实验，其最终目标不是要找到一个“完美的”配偶，至少奥维德在《爱的艺术》中并不关注所谓的完美之爱。而今天仍有很多伴侣期待在爱情中找到这种完美。奥维德更注重性体验中的快乐，更在意从原始的、未成形的，有时并不合适的本性中创造出愉悦、美感和格调。考虑到奥维德对爱的技巧和耐心的推崇，他相信肉体渴望本身所具有的原始、冷酷的创造力应该得到认同，而争斗与文明、冷酷与柔美、创造力与破坏力这些相互对立的元素应该也能够和谐共存。

对于爱以及其危险，我们应该怀着耐心和一点不在乎的态度，去承认、驾驭和享受它们。当然，这对于一直在视爱情为生命中最严肃之事的传统中成长的我们来说殊为不易。

※ ※ ※

卢克莱修和奥维德同属于西方思想传统中一个势力强大的少数派，他们纯粹以现实或者物质条件来衡量爱，是坚定的自然主义者。但是，不同于其他自然主义者——这当中弗洛伊德大概是唯一的例外，他们并不认为（或者说他们经受住了这种想法的诱惑）爱情是一种救赎。换句话说，他们不同意爱情能成就最高的善，从而战胜生命中的痛苦和恶这种观点。

如同他们的希腊先知及随后的传统一样，他们承认肉体渴望会导致疯狂、冷酷和道德沦丧。他们以或严肃，或戏谑，或幽默的方式提醒说，爱者会被“理想化”的错觉欺骗，从而冒犯所爱之人。他们看到激情的贪得无厌，明白真正的相互占有是不可能的。要提防这些危险，就应给出自我控制的实际方法，而不是用一个“美化的故事”来误导，让我们以为可以超越或升华野性的欲望和错置的人类关系。卢克莱修和奥维德对爱情的诗意大加赞叹，无论是友人之爱、伴侣之爱，还是对维纳斯之爱，但他们并不附和西方的主流传统，认为在人性的丰富方面，爱担负着迫切且关键的责任。他们不相信爱作为最高的德行能创造绝对的道德和完美的状态，将人类从尘世的苦痛中解救出来。

当然，罗马最终成为走向另一种极端的宗教的首都，并在爱与救赎之间建立起了强有力的、几乎不容摧毁的纽带。这个纽带深刻地影响了在西方思想传统，以至于即便如叔本华、尼采和普鲁斯特这样的无神论者不仅无法完全摆脱它的影响，而且富有争论地试图赋予它新的形式。这种新的传统正是我们下面要讨论的基督教。

注释

1. 本章从辛格的《爱之本性》中受益良多。

2. Lucretius，*De Rerum Natura*（henceforth DRN，followed by book and line number），translated with an introduction by C. H. Sisson（New York，2003），Ⅳ：1054-7，p. 131. 我选用西森的译本，放弃了更著名的 W. H. D. 劳斯翻译、M. F. 史密斯修订的版本，因为前者的英文不那么老旧。

3. Lucretius，*DRN* Ⅳ：1086-90，p. 132.

4. Lucretius，*DRN* Ⅰ：2-5，p. 15.

5. Lucretius，*DRN* Ⅰ：21-5，pp. 15-16.

6. Lucretius，*DRN* Ⅳ：1110-11，p. 133.

7. Lucretius，*DRN* Ⅳ：1079-83，p. 132.

8. Lucretius，*DRN* Ⅳ：1155-65，p. 134.

9. 辛格的《爱之本性》对我这个观点启发良多。

10. Epicurus，Epicurus: *The Extant Remains*，ed. and trans. Cyril Bailey（Hildesheim and New York，1970），p. 89. 此处感激 M. F. 史密斯在为由 W. H. D. 劳斯翻译的《物性论》所撰写的前言中对伊壁鸠鲁的评论。

11. Epicurus，*The Extant Remains*，p. 123.

12. Epicurus，*The Extant Remains*，p. 101.

13. Epicurus，*The Extant Remains*，p. 95.

14. Epicurus，*The Extant Remains*，p. 95.

15. Oscar Wilde，*A Woman of No Importance*，Act Ⅲ (London，1996).

16. Lucretius，*DRN* Ⅳ：1240-7 passim，p. 136.

17. Lucretius，*DRN* Ⅳ：1261-2，p. 137.

18. Lucretius，*DRN* Ⅳ：1265-8，p. 137.

19. Lucretius，*DRN* Ⅳ：1268-74 passim，p. 137.

20. Lucretius，*DRN* Ⅳ：1063-7，p. 132.

21. Cited in Stuart Gillespie and Philip Hardie，eds.，*The Cambridge Companion to Lucretius* (Cambridge，2007)，pp. 6-7.

22. Alfred，Lord Tennyson，'Lucretius'，ll. 14-23，in *The Major Works*，ed. Adam Roberts (Oxford，2009)，pp. 380-1.

23. Singer，*The Nature of Love*，vol. Ⅰ，p. 140.

24. Ovid，*The Art of Love*，trans. Rolfe Humphries (Bloomington，1957)，Book 2，ll. 233-4.

25. 这里我意译了奥维德，他赞扬卡图卢斯将“理性诅咒的”转化为“正是肉体垂涎的”能力。

26. 引自奥塔维奥·帕斯的《双重火焰》。不过从政治上来说，女性极难获得解放，尽管随着罗马王国的发展，女性自主权得以发展。在女性的生活中通常政治阴谋（那是一个她们被排除在外的圈子）与情欲陷阱（一个她们通常扮演主要角色的圈子）交织在一起。如果有女性看似要（强行）闯入男性专属的政治圈，则她们的行为必定被描述为不仅是阴谋行为，也是伤害行为的源头，既伤害和她们有关的男人，也伤害整座城市。见 Augusto Fraschetti，*Roman Women*，Chicago and London，2001.

27. Ovid，*The Art of Love*，Book 3，ll. 793-4.

28. Ovid，*The Art of Love*，Book 2，ll. 153-8.

29. Ovid，*The Art of Love*，Book 1，ll. 35-6.

30. Ovid，*The Art of Love*，Book 1，ll. 89-92.

31. Ovid, *The Art of Love*, Book 1, ll. 269-70.

32. Ovid, *The Art of Love*, Book 1, ll. 365-6.

33. Ovid, *The Art of Love*, Book 1, ll. 459-62.

34. Ovid, *The Art of Love*, Book 1, ll. 509, 513-22 *passim*.

35. Ovid, *The Art of Love*, Book 1, ll. 579-80.

36. Ovid, *The Art of Love*, Book 1, ll. 601-2.

37. Ovid, *The Art of Love*, Book 1, ll. 659-62.

38. Ovid, *The Art of Love*, Book 2, ll. 109-23 *passim*.

39. Ovid, *The Art of Love*, Book 3, ll. 95-6.

40. Ovid, *The Art of Love*, Book 3, l. 193-4.

41. Ovid, *The Art of Love*, Book 3, ll. 201.

42. Ovid, *The Art of Love*, Book 3, l. 280.

43. Ovid, *The Art of Love*, Book 3, ll. 475-7.

44. Ovid, *The Art of Love*, Book 3, ll. 529-31.

45. Ovid, *The Art of Love*, Book 3, ll. 773-6, *passim*.

46. Ovid, *The Art of Love*, Book 3, ll. 795-6.

47. Ovid, *The Art of Love*, Book 3, ll. 797-8.

48. Ovid, *The Art of Love*, Book 1, ll. 342.

49. Ovid, *Metamorphoses*, trans. F. J. Miller (Cambridge, MA, 1951), Book Ⅳ, 11. 376-9. 此处我参考了辛格在《爱之本性》中讲述的萨尔玛西斯与赫马佛洛狄忒斯的神话故事。

第6章　基督教：作为最高美德的爱

由极端多样和适应力极强的相关教会形成的团体，正是被称为“基督教”的机构。它引发的两项革新影响着整个西方世界以及今天的人们。它将爱转变成为我们生活中最高的美德和道德准则，以至于时至今日，当人们面对“我们能做出比爱人和被人所爱更好的事情吗?”的诘问时，“不能”是可以提交的唯一答案。

基督教的另一项革新是把爱视为一种神圣的力量，它经上帝灌输给人类后，就成为普通人也可以表达的情感。借助于这种力量和它所赞颂的关系，我们超越世俗生活的恐慌和陷阱，从痛苦、磨难、失落、焦虑和死亡中获得救赎。换句话说，人类经由爱获得神性，即便这一神性是不完美并带有世俗意味的。这样一种对基督教奇怪的冒犯，却得到基督教的鼓励，并随后被其世俗的继任者全盘接纳。[1]

这个思想遗产对今天我们对爱所持的观念影响至深，远远超过基督教对性欲的严格限定。“仅能说不”只算是一时狂热，“爱是你全部的需要”才是把西方世界从无意义的深渊中拯救出来的箴言。基督教认为爱作为绝对和永恒的美德，是判断其他所有德行的最终标准。这个标准无处不在，甚至（特别）适用于那些对“绝对和永恒”的观点不屑一顾的无神论者。有些让我们从本能上很厌恶的行为，如丈夫协助罹患绝症的妻子实施安乐死，或父母决定给弱智女儿做子宫摘除手术以避免女儿怀孕等，当我们发现这些其实是出于爱的动机，我们至少会停顿片刻，思考一下这样做的价值。假设在出席一位伟大的政治家或者发明家、艺术家、作家的丧礼时，认识到他/她一生并没有真正地爱过和被爱过，我们会感到很不安，觉得他/她错过了生命中最重要的内容，而这正是让生命美好的唯一方式；与之相反，在一个曾经深切地爱和被爱过，但个人成就乏善可陈的人的葬礼上，我们也许会为他/她感到遗憾，但不会觉得他/她的一生有什么遗憾，因为爱所赋予的价值高于一切，绝不会被磨损或需要重新评价。这样说，其实仅是在重复西方思想中“基督教之爱”的主要奠基人之一奥古斯丁的观点，他说：“有爱之处，还缺什么？无爱之处，还有什么？”[2]

※ ※ ※

然而，《圣经》的《对观福音书》[3]中有一些让人吃惊的现象：耶稣极少谈及爱。他既没有说过“爱是上帝”，也没有清楚地表达过爱，甚至包括我们认为的上帝之爱是无条件（自发）的。而这一点在很多人看来是“基督教之爱”的第一特性。他自然也没有谈论过爱作为一种伟大、神秘的联系，作为肉体—精神的推动力，能够推动人与神的结合，让人性接近神性。他更没有将爱描述为一种富有创造力的、压倒一切的力量，让人类从日常生活的痛苦中得以超越和救赎。而对于性，他甚少提及，实际上除了对通奸行为，他对性并无设限。如果依照他在《对观福音书》中有关爱的言论来判断，他算不上是一个“好的基督徒”。

有关“基督教之爱”的这些核心特性，广泛认为最初来自圣徒保罗和最后一位福音书的作者圣徒约翰。多数情况下，保罗和约翰没有将这些核心特征归功于耶稣本人。耶稣在《对观福音书》中即便偶然谈到爱，也是用极其克制的方式：爱是上帝向人类颁布的戒律中最重要的一条，它影响的程度迄今无法想象，甚至包括了对其敌对者的影响。

这些结论都深深根植于我们在第 2 章中所讨论的《希伯来圣经》。耶稣通过《申命记》和《利未记》，承认了二者在形成“基督教之爱”中的源头作用。对于一位阐述犹太教信仰的犹太老师，这种引用一点也不奇怪。

耶稣回答说："第一要紧的，就是说：'以色列啊，你要听，主我们神，是独一的主。你要尽心，尽性、尽意、尽力爱主你的神。'其次，就是说：'要爱人如己。'再没有比这两条诫命更大的了。"（《马可福音》（12：29～31））

在"山顶布道"[4]中，他把爱从《旧约》提倡的对困境中的敌人施以援手（《出埃及记》（23：4～5）、《箴言》（25：21））和爱人如爱己的常规戒律中拔高出来，要求人怀着不抵抗的精神去祝福施暴者，领受他们的敌意：

"只是我告诉你们这听道的人，你们的仇敌，要爱他；恨你们的，要待他好；咒诅你们的，要为他祝福；凌辱你们的，要为他祷告。有人打你这边的脸，连那边的脸也由他打。有人夺你的外衣，连里衣也由他拿去。凡求你的，就给他。有人夺你的东西去，不用再要回来。"（《路加福音》（6：27～30），也见《马太福音》（5：44））

耶稣革命性地召唤众人爱敌人，这和爱上帝与爱邻里的戒律并无二致；敌人是爱在上帝和邻里之外的第三个关注方，若遵守爱上帝和爱邻里的戒律，也即是爱敌人，因为邻里就包括敌人。耶稣说，最终所有律法都依赖于此。他追随犹太长老西勒尔的"金科玉律"，说："所以，无论何事，你们愿意人怎样待你们，你们也要怎样待人，因为这就是律法和先知的道理。"[5]（《马太福音》（7：12），也见《路加福音》（6：31））

耶稣在这里订立的律法必须得以实现。[6]他并没有废除我们在犹太教义中看到的悖论——有关爱的悖论：爱作为一种感情的典范，它既有保持本真的自由，又是被界定的。

"莫想我来要废掉律法和先知；我来不是要废掉，乃是要成全。我实在告诉你们，就是天地都废去了，律法的一点一画也不能废去，都要成全。"（《马太福音》（5：17～18））

在《约翰福音》中也有对爱的界定：

“我赐给你们一条新命令，乃是叫你们彼此相爱；我怎样爱你们，你们也要怎样相爱。你们若有彼此相爱的心，众人因此就认出你们是我的门徒了。”（《约翰福音》(13：34～35)）

你们若遵行我所吩咐的，就是我的朋友了。(《约翰福音》(15：14))

神的命令就是叫我们信他儿子耶稣基督的名，且照他所赐给我们的命令彼此相爱。(《约翰一书》(3：23))

这清晰地表明爱与秩序不可分割。耶稣从未说爱可以超越秩序；用现代词语来表述，他从不认为自由和自发性作为爱的核心可以凌驾于责任和权利之上。然而，数世纪以来，特别是路德宗教改革以来，耶稣被认为是将爱从秩序的限制中“解放”出来的决定人物，这被认为是《旧约》和《新约》一个重要的分水岭。《新约》把爱作为秩序之外的自发天性，而《旧约》则将爱禁锢在对冰冷的律法的遵从之中。这种对比已经成为一种陈词滥调，它不仅仅是一种流行的信念，而且在如新教主教和虞格仁等具有影响力的学者和神学家看来，是不证自明的：“犹太教和早期基督教对于爱的理解，可以用一句话来概括：‘爱在秩序之中和挣脱于秩序之外。’”[7]

爱挣脱于秩序之外？在得出这样苍白的结论之前，我们是否考虑过前面提到的耶稣言论？是否留意到在爱的理论上基督教《圣经》和传统与犹太教的同一性？是否追问过，人们对上帝全身心的臣服与爱，是遵从了谁的指令？

对这种臣服的最高表达，就是《新约》中耶稣在十字架上的献身。他知道为了成全上帝的意志，他必须死去，他预言了自己的死亡（《马可福音》(8：31)），如圣徒保罗所说：“就自己卑微，存心顺服，以至于死”(《腓立比书》(2：8))。“我的神，我的神，为什么离弃我？”（《马可福音》(15：34)）这清楚地表明，爱的对象为了自己存在的合法性而献身之时种种不可思议的举动。这不仅仅是英雄主义的冲动，而且是本真的爱的标志。福音书中的这些词语准确地抓住了爱的对象毫无保留地献身的本质：你知道爱者需要你献身，但你并不知道为什么；你最大限度地打开自己，在他的权力之下，尽管你并不理解这权力为何，或者他的要求自相矛盾；你情愿接受你所不乐意的命运；你赞同那些态度和行为，即便你常为其缺乏控制、自我满足与理解而痛苦。

※ ※ ※

耶稣在《对观福音书》中谈到的爱，其程度远比基督教的某些论断要来得温和。后者宣扬爱就是上帝，真正的美德均由爱来推动，甚至可以被简化为唯一的爱。如果想从《圣经》中找到这些更激进论点的源头，我们需要关注其他来源，特别是下面一段论述：

> 我若能说万人的方言，并天使的话语，却没有爱，我就成了鸣的锣、响的钹一般。我若有先知讲道之能，也明白各样的奥秘、各样的知识，而且有全备的信，叫我能够移山，却没有爱，我就算不得什么。我若将所有的周济穷人，又舍己身叫人焚烧，却没有爱，仍然与我无益。爱是恒久忍耐，又有恩慈；爱是不嫉妒，爱是不自夸，不张狂……凡事包容，凡事相信，凡事盼望，凡事忍耐…… 如今常存的有信，有望，有爱；这三样，其中最大的是爱。《哥林多前书》(13：1～4，7，13))
>
> 亲爱的弟兄啊，我们应当彼此相爱，因为爱是从神来的。凡有爱心的，都是由神而生，并且认识神。没有爱心的，就不认识神，因为神就是爱。神差他独生子到世间来，使我们藉着他得生，神爱我们的心在此就显明了。不是我们爱神，乃是神爱我们，差他的儿子为我们的罪作了挽回祭，这就是爱了。亲爱的弟兄啊，神既是这样爱我们，我们也当彼此相爱。……神就是爱，住在爱里面的，就是住在神里面，神也住在他里面。(《约翰一书》(4：7～11，16))

这是两段对后世产生深远影响的论述，更成为今天我们在婚礼和丧礼上最常听到的告白，其作者分别是圣徒保罗和最后一个福音书的作者圣徒约翰。他们二位在西方历史上第一次明确地提出神性的本质是爱。如果作为最高存在和万物来源的上帝就是爱，那么爱必定是最高的价值，而且在关键方面是所有其他价值的源头。

圣徒约翰的表述“上帝是爱”听上去较为神秘，而圣徒保罗的“爱是最伟大的所在”就略为通俗。这二者的结合，奠定了爱作为道德世界最基本原则的地位。

圣徒约翰：爱是上帝的自我表达，是上帝展现他“是何样”的方式，换句话说，爱是上帝揭示自我本质的方式。从某种意义上说，作为上帝的最高原则，爱比全能、智慧和永恒都更为重要。因此，爱应该是我们和他/她者发生关联的最高准则，因为我们是上帝创造的。

圣徒保罗：爱是把基督的信仰者团结在一起的力量；它是世界上来自同一个“基督的身体”（《哥林多前书》(12)）的成员们的行动、态度和艺术；它在“圣灵所结的果子”——“仁爱、喜乐、和平、忍耐、恩慈、良善、信实、温柔、节制”中，被放在首位（《加拉太书》(5：22～23)）。只有通过这种爱的实践，基督徒们才能同基督一起获得重生。

因为爱是所有美德的基础，而非最高的德行。它当然是一种德行，是可以应用的最高美德，它必须启发和感染其他高尚的德行，如勇气、信仰、希望和宽恕。奥古斯丁形容说：“不是从爱（博爱）[8]中结出的果实，就不是好的果实。”所有善的行为和动机都是从爱里长出来的，所有美好的德行——勇气、良善、勤力，都是爱的不同形式，如奥古斯丁所宣称的：“对上帝最高的爱才算得上唯一的美德。”[9]托马斯·阿奎纳则认为如果没有博爱，则没有真正的美德。[10]

按照这个脉络，圣徒保罗大胆地宣称，在犹太教中，爱是通过爱邻里来实现的。这条伟大的律令谈到了爱的各种方式：

> 凡事都不可亏欠人，惟有彼此相爱，要常以为亏欠，因为爱人的就完全了律法。像那不可奸淫，不可杀人，不可偷盗，不可贪婪，或有别的诫命，都包在“爱人如己”这一句话之内了。爱是不加害于人的，所以爱就完全了律法。（《罗马书》(13：8～10)）

爱的价值从未被如此放大。虽然圣徒保罗和约翰均未谈到某一种浪漫的爱或者个体的爱，但从现代意义上看，爱的本质是认同与确认爱中的另外一方“之所以成其为他”的独特性。尽管如此，我们在这里找到了支撑起一个深刻信念的奠基石：如果没有伟大的爱——无论这爱指向浪漫的情人、孩子、上帝，或者我们需要的一位陌生人，我们的生命将是一片荒芜，任何英雄行为或独特的成就都无法补救这种虚空。“我若将所有的周济穷人，又舍己身叫人焚烧，却没有爱，仍然与我无益。”(《哥林多前书》(13：3))“没有爱心的，仍住在死中。”(《约翰一书》(3：14)) 你尽可以为所欲为，但如果你未爱过，那么你所做的其他事情都不过轻如鸿毛，你不过是一具行尸走肉。

※ ※ ※

这里值得略作停顿，看看正在发生的事情。显然，正在发生的事情之一就是建立一种新的道德观——在强化《旧约》道德观的基础上发生的价值观的真正革命。爱成为所有品德的标尺，这使得古老的《希伯来圣经》中有关爱上帝和爱邻里的戒律达到了极致；爱作为标准，其他一切美德以及体现这些美德的行为，其价值最终由爱来判定。奥古斯丁将此总结为：“我们的行为……并非由我们彼此所知来裁定，而由我们彼此所爱来裁定。”[11]所有真正的美德都是爱的不同形态。[12]

但是道德关注的不仅仅是帮我们达成善与恶的现实决定，或是回答下列这些问题：该如何做事好？该如何对待他人？该如何排序我的价值观？甚至是如何度过一个丰富的人生？我们面对的道德不得不回答另外一系列问题：我如何带着坚定的自信存在于这个世界？我如何控制与仰仗他人的认可？我如何解读事件的意义，例如其他人的所言所行，或者幸与不幸的事件？最终，我们需要道德帮助我们解答一个终极问题：在这个世界上，我如何找到一个“家”，一个存在的停靠地，一种不可破坏的感觉？在道德的最深处，我们想紧紧抓住的是安全感和存在的意义。

出于有意抑或无意，基督教爱的道德已经为爱奠定了基础，那就是成就人类最古老的梦想，拥有神才拥有的能量。爱不仅是神诸多特质中的一种，而且作为上帝的决定性本质，作为他存在的基础与行为的目的，它是由神向人灌输的一种品质。爱是我们生命中的北斗星，如果人类足够幸运，拥有行使爱的能力，则我们可能会获得效仿上帝的灵感。由此，我们可以断言：平凡的男人和女人能借由爱自我成神，这只是时间早晚的问题。

伟大的新教改革家马丁·路德（1483—1546）明确表达了这样的结论[13]："爱让我们成为上帝。"[14]他认为，上帝借助于爱，"制造出富有神性的人，这些人是他身上的血和肉；当这些人爱他们的邻里、爱他们的敌人的时候，他们就能享受像上帝一样的荣耀"[15]。上帝之爱降临在我们凡人身上，是神存在的真正恩赐，是把神性带给万物的分享。[16]因此，如果我们行为恰当，则我们以上帝代理人的身份来完成神的工作。这样我们已经不再仅仅是一个人，而是一个神……上帝住在我们体内，完成人类和生命体都无法完成的行为。[17]

这里，一贯反对天主教的路德只是发展了至少可以追溯到奥古斯丁的古老传统，奥古斯丁重复阿塔纳修（298—373）的观点："为了让人成神，上帝让自己做人。"[18]圣灵（上帝所揭示的自己的三位一体，包括圣父、圣子和圣灵）以爱为载体，住在我们心中，让我们得以参与神圣之爱。奥古斯丁指出，爱具有一种奇特性，那就是施爱者在爱中成为爱的客体。这不是我们在很多伴侣的关系中看到的实情吗？"在爱上帝中，我们成为上帝。"[19]或者如托马斯·阿奎纳的说法，欲获得与上帝的亲近，便要采用神圣的形式，阿奎纳将之生动地描述为"如同上帝一般"。

以奥古斯丁的理论为基础，方济各会的神秘主义神学家圣文德总结出一条人类升华为上帝的道路，包括六个准备步骤，每个步骤都让我们更加接近完美与神圣之爱，直到超越基督，最终直面上帝这个全能的存在。圣文德把整个宇宙描述为一架通往上帝的天梯，在从最低通向最高阶的过程中，我们可以看到上帝之爱与善在所有创造物中的体现。这个天梯从尘世通往上帝，每上一级，就较前一级更加完美、纯粹和澄明。然而，它不仅预示着作为整体的宇宙的特性，也反射着人类，代表着个体自身的内在精神。它意味着为了接近上帝，我们要进入自己的内心，要自爱，要在自我之中认可并获得这种向上的升华。[20]圣文德说："进入你自己，用最炽热的目光打量你的灵魂。"[21]他的这种观点似乎消解了一个异常复杂、时至今日人们还在辩论的古老问题：我们是否要先爱自己，才能爱他人？或者，反过来说：我们是否要学会爱他人，才能爱自己？在爱的旅程中，这两个问题是同步的：我们在精神上努力爱上帝，正是在爱我们自己。反过来也可以说：我们爱着自己，也在朝上帝靠近。

※ ※ ※

在这一点上神学需要多加小心，因为被自私和罪恶困住的人类毕竟不可能成为上帝。通常，人类在神圣和罪恶之间游走，要想骄傲地宣称自己能表达神圣的爱，必须有一套强大的教义和戒律。基督教思想家们以"恩典"的概念为例，证明如果不靠上帝的帮助，世间男女必须经过漫长的等待、耐心和祈求，才可能获得真爱的眷顾。

换言之，如果我们能如上帝一般去爱，那只是因为上帝用爱或者爱的意志浇灌了我们的心灵。最后的福音书的作者圣徒约翰对此已经提醒过我们，他说爱肇始于上帝："爱是从神来的。凡有爱心的，都是由神而生，并且认识神。"(《约翰一书》(4：7))"……神的爱浇灌在我们心里……"(《罗马书》(5：5))，而所有的救赎"不在乎那定意的，也不在乎那奔跑的，只在乎发怜悯的神"(《罗马书》(9：16))。

对于如何准确定性强大的上帝与无助的人性二者在爱中的关系，在基督教历史上曾有过激烈的争论。在被逐出伊甸园之后，人类至少可能拥有基本的爱的能力吗？人类是否可能在上帝的介入下获得灵感、找寻到真爱呢？或者我们根本不具备一种内化的能力去付出爱，即便是一种隐而不见的能力。

阿奎纳和基督教历史上绝大多数学者都认为真爱最终依赖于上帝：他将信、望、爱这三种最重要的宗教美德注入我们的体内。但我们并不仅仅是上帝意志的容器，我们有一种内化的意志，它借助于上帝的恩典，伴随着我们追求完美的生命旅程成长和壮大。如同亚里士多德的“友爱”，这种努力需要耐心和持续不断地对美德进行滋养。人类以道德上的进步回应上帝的恩典，日益与圣灵趋同，并有第一时间投身于上帝。[22]

而奥古斯丁则不相信人类天生具备真爱的能力。他认为，只有上帝才能真正地爱，所以如果我们体会到真爱，其实我们体会到的是上帝之爱。[23]然而，有一点不同于他的追随者，他认为人类的欲望很自然地试图探寻存在的起源，也就是上帝。“你创造了我们，你将我们牵向你，我的心灵无所皈依，直到栖息于你。”[24]从最根本的存在来说，人类不同于上帝，他不是自足的，因而他必须总是渴求其所不具有的善。我们从柏拉图的《会饮篇》中已经明白这一点，对“自足”的渴求其实就是对爱的渴求。只要我们活着，我们就永远也无缘于完美的“自足”。

因此，奥古斯丁延续了柏拉图的思想脉络，认为没有什么比爱是否指向正确的客体——上帝——更为重要。上帝是存在的源泉和支撑，是唯一能最终满足人类渴望的爱的对象。如果爱陷入了轻浮的、表面的、瞬时的欢愉，那最终是一个无法让人满足的世俗世界。[25]所有的真爱都献给上帝，纵使我们爱着某一个人，其实我们是爱着住在他/她里面的上帝；我们为了上帝而爱，并非真正地爱着他/她。事实上，在真爱中，所有世俗的东西都应该摒弃。

只有恩典能让我们作出正确的选择：爱上帝。“上帝用恩典让一个情愿之人脱胎于一个不愿之人。”[26]上帝以恩典指令我们带着对上帝和对其他人的尊敬，去仿效他的生活。[27]经由恩典，欲望被引导并提升为神圣、恒久、永远的全善，对上帝的“纯爱”，一种无私的、不以占有任何个体为目的的爱，而非世俗的、善变的、不以上帝为归宿的“欲爱”[28]。既然纯爱是神圣的，那么宣称即便没有上帝的恩典，人类也能获得爱，就相当于宣称说人类自身具有达到神性的爱。[29]无论是谁，如果他断言即便没有上帝的帮助，人类也有可能获得上帝之爱，那么除了说明即便上帝并不存在[30]，人类也能拥有上帝，他还能断言其他什么呢?

持有“人类经由爱成为神”这一观点的马丁·路德则将这种对抗的人性推到了极端。他和随后受到他启发的新教传统坚持认为，人类并没有天生的表达真爱/神圣之爱的能力。作为低级的存在，我们仅仅作为上帝之爱的容器，让神圣的恩赐经由我们源源不断地流淌至其他个体。[31]

托马斯·阿奎纳认为作为上帝的赏赐，人类可以依据纯爱的意义来爱。路德则认为神圣之爱与人类之爱之间绝对界限分明，而只有通过耶稣基督才能消除二者之间的界限。他还彻底反对奥古斯丁认为人类的欲望和占有欲在爱上帝中可占有一席之地的观点。在他看来，即便以爱上帝为指向，所有的欲望均贪图一己之快，从而成为满足个体愉悦的推手。在这种情况下，众多伟大的圣人和先贤将陷入先入为主的窠臼之中。并没有通向上帝的天梯供我们攀爬，上帝凭借对基督之爱走下神坛，走入我们人的世界。

路德坚持认为人类之爱存在缺陷，对此他的态度非常强硬，足以支撑他去质疑第一和第二条戒律——“爱上帝“和“爱邻里”——的可能性。[32]他说：“无人可以做到全身心地爱上帝或者爱邻里如爱自己”，因此，“这是不可能的戒律”[33]。人类自己不可能遵守这样的戒律，因为它不是自然的赐予，无法在人类的花园中生长。[34]如果一个人懂得爱，那只是因为他是上帝和邻里之间的媒介，他从上帝那里接收爱，随后下传给其他人。[35]

很显然，路德最不乐意做的事情就是让人类在自己的存在中神圣化。但他推崇的谦卑的神学要求彻底摧毁人类的意志，这事实上是一种自大的妄想，以为人类自己可以成圣，如上帝那样行事。[36]谦卑与权力欲望不过是一枚硬币的两面，正是人们对自己可能性的宏大想象（如果它能与作为所有权力之源的上帝建立起恰当的关系），正是人们对自己被召唤的使命的崇高感的想象，激发了真实的敬畏感。谦卑让人类成为上帝的梦想变得似乎合情合理。

也许出于这个理由，在谈到人类的这个梦想时，大量的西方神话都提醒世俗男女，任何无知地攫取神圣力量的努力，最终都以失败告终。在希腊神话中，他就是敢于对抗众神之神宙斯、盗取天火的普罗米修斯；在柏拉图的《会饮篇》中，我们读到了最初的人类如何以整体之力大胆挑战神的权力；而在《圣经》传统中，这样的挑战者是亚当和夏娃，作为人类的始祖，他们摘下知识之树的禁果，第一次产生了羞耻感。然而，所有这些努力都以失败告终，上帝不仅让他们失败，并且对他们施加了残酷的惩罚：普罗米修斯被赤身裸体地锁在一个柱子上，白天他的肝被鹰啄食，夜晚再长出来，任由鹰第二天再来啄食；《会饮篇》中人类被宙斯一劈为二，从此处于永远的分离之中；而亚当和夏娃被逐出伊甸园，他们的后代从一出生就背负着“原罪”。

基督教在这一点上更加精明。它明白要分享神的力量，必须不带任何傲慢的、以彻底的自我屈尊的姿态，归顺于神；不要指望这样做便能获取你要的神力，或者获取后可以保留。如果人类有真诚相爱的潜力，那仅仅是因为圣父、圣子和圣灵三位一体将他们的神迹展示给我们。

这种爱的观点反映了谦卑和自满处于一种复杂的辩证关系中的现实。基督本身所经历的刑罚和转生是对这种辩证关系前所未有的揭示：“想要成为上帝”同是否准备好走上基督所走过的十字架之路原本就是不可分离的。基督作为上帝的化身，他所经历的苦难并非如尼采对基督教的定性一样，本身是个可怕的矛盾，反而揭示了一个深刻的真相：如果你想要成为“上帝和世界的幸存者”[37]，你必须（而不仅仅是表面上）谦卑。用德国神秘主义思想家埃克哈特独有的朦胧表达，这种感觉是：

> 让我们认识万物，让万物赋予我们神性；让我们蒙恩典而成上

帝，而上帝因本性而成上帝；让我们如上帝般掌管万物，而当恩典消逝时，我们一贫如洗。[38]

※ ※ ※

基督教在爱的理念上的乐观态度本质上仍深深渗透于西方文化中。伟大如上帝一般的爱无形地掌控我们，赋予我们统领世界的权力，让我们甚至超越死亡与时间等根本事实。爱好比神圣的恩典，将我们从凡俗生活的束缚中释放出来，成为自由的源泉；爱带着伟大的创造力，超越我们的日常生活，创造出我们生存的这个世界；爱就像基督无限广大的爱一样，将我们从这个世界的痛苦、丧失和种种荒唐中救赎出来；爱是一切真正美德的源头和标尺；爱是不可摧毁的结晶，它如同上帝一般永恒。

这就是为什么我们对于爱的理念总是与神圣相连：哪里存在终极价值和力量，哪里就能体会到神圣。包括顽固的无神论者和唯物主义者在内的所有人都需要神圣，因为我们需要将终极价值和力量投射于某个存在，它可能是上帝，或者是自由、艺术、国家、山水、真理、前辈、领袖、族群、家庭、语言、爱、不幸、邪恶，甚至金钱。我们相信（无论妄想或是清醒，短暂或是长久）这些能赋予我们的存在毋庸置疑的意义。

这个最高价值是其他所有事物的根基，但它自身却无须任何根基也能悠然矗立，而且，如果要彰显自己的能量，它必须不借助任何基础。换句话说，它就是信仰本身，它的价值无须证明或反驳。作为最高价值，它有权要求其他所有价值，甚至生命本身，都向它驯服地低下头。

这样的神圣常常伴随着对亵渎的恐惧。当神圣的代价太大时，人们可能不再献身给神圣，因为任何一点简单的快乐、怀疑、懒惰，甚至偶像都变得不那么苛求，都足以使人们对神圣不再那么专注。亵渎与敬畏之间其实仅有一步之遥。

※ ※ ※

世俗世界对爱的疑问是，基督教中爱的两面——神圣化的爱与我称之为的“谦卑”——从未达成和解。如果二者不是被万能的上帝拉扯在一起，如果没有上帝不断地提醒，坚强的爱有多么严肃，本质上又是如何超越我们的控制，那么它们早已经各走各路，形成极端对立的爱情乐观主义和悲观主义。

乐观主义者从未停止相信爱是全能的、无条件的、救赎的、持续的、永恒的和富有创造力的。相比之下，悲观主义者则观察到这种期望不断落入失望，由此他们得出了相反的结论：人性并不允许人类实现对爱的希望；或者，换言之，陶醉于虚幻、自恋、误解、自私或占有和控制中的人类之爱永远无法实现爱的理想，它是被自我和当下所爱之人双重囚困的囚徒，无法部分地被救赎。这个悲观主义者阵营的成员包括弗洛伊德、普鲁斯特和其他诸多西方思想史中的人物。不过在人性的概念上，他们在形式上和基督教的观点有着惊人的相似性，尽管其中不少人否认这一点。他们用对“他/她者”的迷恋、投射和工具化等现代概念来替代傲慢、欲望和愤怒等古老的宗教意义上人类不同类型的堕落，他们怀疑人类的本性是否允许关注并给予他/她者真正的爱，这一观点同奥古斯丁如出一辙。

相比之下，基督教教义比乐观主义者或悲观主义者都更加接近真相。它提醒我们爱可以成为最高的美德，但基于对现实的考虑，即作为人类的我们常常不知如何去爱，亦不知一段爱情该如何进展，所以要以严苛的谦卑教义作为实现爱的前提条件。基督教的谦卑教义坚持说，在造物者上帝和他所创造的人类之间有一道不可逾越的鸿沟；它声明说，爱是上帝的神秘恩典，是平等地赐予每一个人的礼物；而世俗的谦卑教义则需要认清，作为所有天赋中最珍贵的一种，爱绝不是一种为众人所拥有的能力，而是一种让人找到人生本体论意义上的归属感，并动用全部力量将这种归属感给予他人的能力。这就是我在第 1 章中所谈到的爱的要素，它是一种只有最伟大的艺术家和科学家才具有的超凡脱俗的能力，它任由世界先将一切已知推翻，然后按照自己的设想重建一个新世界。然而，这样的爱绝非先天成就，而是如同其他学科一样，需要一丝不苟的训练和乐于学习的态度与体验。

尽管我们每个人都渴望爱，或者说，在这个世界里找到自己存在的归属感，但并非所有人都具备爱的能力和意志。能力是极其重要的，我们不能把爱情的失败仅仅或者主要归咎于父母的冷酷、性虐待、爱人的离去等，认为这导致了我们无法克服的对亲密关系的恐惧。只有极少数人能成为爱情中的佼佼者，这就好比不是每个人都可以成为了不起的工程师、音乐家、高尔夫球手、大亨、政客和作家一样。如果我们一边接受基督教的观点，相信爱是神圣的给予，相信爱能救赎人类的苦难，而拒绝相信它的另外一面，即谦卑地认识到爱并非人类与生俱来的能力，人类无力控制爱，只能培养、关注和等待爱，那最终将招致一场灾难，一场所有贸然触犯神圣力量的人都会经历的灾难。而在普罗米修斯、阿里斯托芬原初的人以及伊甸园亚当和夏娃的苦难中，我们已经体验到了这种灾难的破坏力量。

注释

1. 基督教包容的一套信仰与行为显然异常广泛和多元，因此对于任何非常明确的内容的确定都应特别小心，最好是多谈它不同的文本、流派和思想家。但如果我们避开这种复杂性，去寻找基督教对爱的观念的伟大革新，则我认为正是这里提到的这两项。

2. Augustine，*Tractates on the Gospel of John*，55-111（Washington，DC，1994），p. 131.

3.《对观福音书》指《新约》的前三卷《马太福音》、《马可福音》和《路加福音》的合称。这三本福音书的内容、叙事安排、语言和句子结构皆很相似，因此可以比照阅读。《马可福音》中的许多字句出现在《马太福音》和《路加福音》中，而后二者包含一些《马可福音》中没有的素材。三者主要内容是早期在教堂中传诵的耶稣话语和故事，而第四卷《约翰福音》无论是对爱的观点，还是呈现耶稣观点和对话的方式（较长语句）上，都与前三者极不相同。因此《约翰福音》被广泛认为远晚于前三卷，写作时间上估计大约在耶稣死后 65 年。

4. Matthew 5-7，cf. Luke's shorter parallel 'Sermon on the Level Place'，6：17-49.

5. 拉比希列对此原则的解读充满否定性："己所不欲，勿施于人。除此之外，都是评注。"希列是公元 1 世纪巴勒斯坦法力赛派的领袖人物，这是一个由宗教译经者组成的团体，《对观福音书》中的耶稣对他们的观点既表赞同，又存有激烈的异议。

6. 在《对观福音书》中，《马太福音》最清楚地表达了耶稣对律法的专注。《马太福音》说，任何一个轻慢律法中任何一条的人，在天国里都是最小的（《马太福音》(5：19～20))。即便在其他福音书中，包括《保罗福音》，犹太教的权威性虽有所弱化，但仍在上帝对爱的戒律中实现。

7. Anders Nygren，*Agape and Eros*，trans. Philip S. Watson (Philadelphia，1953)，p. 251.

8. Augustine，*On the Spirit and the Letter*，p. 69.

9. John Rist，'Faith and Reason'，in *The Cambridge Companion to Augustine*，ed. Norman Kretzmann and Eleonore Stump (Cambridge，2001)，p. 36.

10. Werner G. Jeanrond，*A Theology of Love* (London，2010)，p. 79.

11. Augustine，'Letters 100-155'，*The Works of Saint Augustine* (New York，2003)，p. 413.

12. Augustine，*Concerning the City of God*，pp. 636-7.

13. 以此描述 1525 年之前的早期路德特别准确，尽管我试图在后文中展现他的后期观点。

14. In Nygren，*Agape and Eros*，p. 720 n. 1.

15. In Nygren，*Agape and Eros*，p. 734 n. 2.

16. In Rudolf Otto，*Mysticism East and West*：*A Comparative Analysis of the Nature of Mysticism*，trans. Bertha L. Bracey and Richenda C. Payne (New York，1932)，p. 195.

17. In Nygren，*Agape and Eros*，p. 734. 我在辛格《爱之本性》一书中首次接触到

本段落中的绝大多数引文。我对路德的探讨获益于辛格。

18. Augustine，'Sermon 192：On Christmas Day'，*The Works of Saint Augustine* (New York，1993)，p. 46.

19. Augustine，'Sermon 121：On the Words of the Gospel of John 1：10-14：The World Was Made through Him'，*The Works of Saint Augustine* (New York，1992)，p. 234.

20. 只有少数人在经过长期的、最剧烈的奋斗后，才能跨越自我实现的阶梯，实现自我的丰盈。这个观点在人类思想史上流传久远，迄今仍影响包括尼采在内的多位自称是“反基督主义者”的现代思想家。

21. Bonaventure，*The Soul's Journey into God*，*the Tree of Life and the Life of St Francis*，trans. Ewert H. Cousins (New York，1978)，p. 79. 此处对圣文德和神秘主义的讨论，应感激辛格《爱之本性》的启发。

22. 见 Jeanrond，*A Theology of Love*，p. 82.

23. 该阐述的要点来自 Jeanrond，*A Theology of Love*，p. 108.

24. Augustine，'Confessions'，*The Works of Saint Augustine* (New York，1997)，p. 39.

25. 奥古斯丁从柏拉图思想中汲取了大量养分。柏拉图借学生亚里士多德之口，讲述了这样一个神话故事：人的灵魂好比一个骑手，一种力量是被纯种骏马带至宇宙的最高处，而同时又受到血统不纯的马的诱导，无法摆脱回到创世纪或历史当中的冲动。关于恩典启发和引导自我升华，柏拉图虽没有什么类似学说，人类心灵受到朝向两个方向的牵扯的观点却根植于他。

26. 见 Nygren，*Agape and Eros*，p. 528 (Nygren's translation). 引自 Augustine's 'Answer to the Pelagians，Ⅲ：Unfinished Work in Answer to Julian'，*The Works of Saint Augustine* (New York，1999)，p. 342.

27. 见 Oliver O'Donovan，*The Problem of Self-Love* in St Augustine (New Haven，1980)，p. 128. 引自 Augustine's 'The Trinity'. The New City Press 版本的译文为：“我们被恩典指令，去仿效关于上帝和彼此的依存关系。”

28. 奥古斯丁用了一个比喻来说明自己的观点：“净化你的爱，把流入你自己花园的、从水道淌走的水，转往其他渠道，将那把你引入俗世之怀抱的冲动，转向造物者的怀抱。”

29. 这种虚荣使得爱“倒向自己”，用奥古斯丁的话说，“无法升华为纯爱”了。

30. Augustine，*Treatises on Various Subjects*，trans. Mary Sarah Muldowney (Washington，DC，1952)，p. 252.

31. Martin Luther，‘Second Christmas Sermon：Early Christmas Morning Service，Titus 3：4-8’，*Sermons of Martin Luther*，vol. 6 (Grand Rapids，1995)，p. 145.

32. 见 Singer，*The Nature of Love*，vol. Ⅰ，p. 327. 此处的评论和引用多来自辛格。

33. 见 Singer，*The Nature of Love*，vol. Ⅰ，p. 327.

34. 见 Nygren，*Agape and Eros*，p. 733.

35. Luther，‘Second Christmas Sermon’，p. 145.

36. 见 Nygren，*Agape and Eros*，p. 734 n. 2.

37. Nygren，*Agape and Eros*，p. 734.

38. Meister Eckhart，*The Works of Meister Eckhart*，trans. C. de B. Evans，ed. Franz Pfeiffer (Kila，MT，1992)，pp. 381-2.

第7章　为什么基督教中的爱不是无条件的

基督教不仅仅通过赞颂而使得爱成为西方世界的最高美德。基督教一边提醒人类如果没有上帝的神圣恩典，他们就不可能充分地爱；同时它又让这最高的善看上去可以泽被每一个向它敞开的普通人。否则，从圣徒保罗、奥古斯丁、波纳文德，到托马斯·阿奎纳、路德等先贤及其追随者们所宣扬的爱，虽然远远没有成为一种征服世界的道德准则之基础，但难免让人丧失信心，失去指导人类生活的力量。

让爱变得容易亲近并非易事，这里讨论的不是勇气、谦逊、诚实等品德，它们虽然同爱一样不易维护，但并非基督教钦定的上帝之根本，也不需要我们汇报自己的所有行为，甚至最私人的思想、感情和目的。爱是如此重要，随时需要非凡的帮助。

这个非凡的帮助，正是上帝的化身耶稣基督。他是接通神性与人性的伟大的中间人。最高尚的爱通过耶稣基督传递给男人和女人，而男人和女人借助于耶稣基督上达最高尚的爱。“若不藉着我，没有人能到父那里去。”（《约翰福音》（14：6））“……我在父里面，你们在我里面，我也在你们里面。”（《约翰福音》（14：20））

耶稣存在于这世上，他的化身本身正显示着神圣之爱的行为，而且是一个具有决定意义的行为。[1]作为恩赐的礼物，上帝之爱被神秘地赠予不该领受之人，而耶稣的生命和死亡正是这种爱的象征和体现：“神爱世人，甚至将他的独生子赐给他们”（《约翰福音》（3：16））。

基督教革命不是要创造一个新上帝或者新秩序，也不是要推行一套对爱的新概念。福音书所推崇的上帝从核心意义上来看与犹太教的并无二致。基督教创造的是一种与上帝的全新关系，一种普世信念，一种对人、死亡和耶稣复活的关注，以及在表达上帝对人类之爱和赋予人类爱上帝和爱邻里的能力方面，耶稣所具有的特殊身份。

这种信念反过来为实现现存的爱的观念，建立了一种戏剧般的新可能性。从后期教义的角度看，耶稣以其“神—人”的双重身份赋予人类前所未有的能力，让人类尝试按照神的方式去爱。回到本书前几章谈到的中世纪神秘主义形象，耶稣不仅仅是我们直达上帝的“阶梯”，而且他以自己的生命和死亡为我们提供了一个爱的终极典范。

我们在这里再次看到，谦卑如何在爱的本性中占据着中心位置：“所以你们该效法神，好像蒙慈爱的儿女一样。也要凭爱心行事，正如基督爱我们，为我们舍了自己，当作馨香的供物和祭物献与神。”（《以弗所书》（5：1～2））

在犹太《圣经》中，这种谦卑指的是将自己完全交给所爱之人、任由对方处置的顺从。只有这样的顺从才能让我们建立起与上帝和邻里之间的关系。

爱洛斯与耶稣的冲突

基督教承诺说，少数凡夫俗子可能因为神圣之爱的灌顶而同上帝合二为一。这个说法得到了基督教所推动的第二项重大发展的支持。这里，异教徒的灵性“爱洛斯”的观念被整合入早期的基督教思想中，程度之深超过之前希腊化时期的犹太教思想。它认为柏拉图及其追随者所描述的巨大的欲望，从我们人类所降生的这个不完美、瞬时的世界以及尘世的肉体，通过持续的灵性提升，直到与最高的善、美和真，也就是基督教中的上帝本身，合而为一。

值得一提的是，奥古斯丁以全新的方式将基督与爱洛斯、耶路撒冷与雅典这本来截然不同的思想整合起来。我们在他的思想中看到两者的融合，一方面是真正的爱完全取决于上帝神秘、不可预知的恩典和圣灵的降临；另一方面则是柏拉图及其追随者爱洛斯—神秘主义者所倡导的强烈的欲望最终升华为最高的善。经由这种宇宙秩序，人类灵魂竭力挣脱世俗的羁绊，朝着神圣的启示上升，从而获得逐渐接近上帝的机会，最终与上帝形成爱的结合。

爱洛斯诗意化了爱。它为犹太《圣经》中对以色列人与上帝之间本已充满激情且常引发争议的爱的关系的描述，增添了更丰富、感性和富有魅力的色彩。它转换了上帝与人之间爱的性质，将二者关系从以往的恭顺，变成为更加类似新娘对新郎的关系。我们在《旧约》中读到过上帝以婚约来描述他和人类的关系："我必聘你永远归我为妻，以仁义、公平、慈爱、怜悯聘你归我……你就必认识我耶和华。"（《何西阿书》（2：19～20））这个以婚姻关系作出的比喻在其后的基督教思想中得到了进一步的发展，而且深刻影响了我们今天对浪漫爱情的看法：爱情是两个人神圣的结合，爱情中的两个人对于彼此来说就是整个世界。

圣十字若望（1542—1591）曾说过："在上帝与灵魂的精神结合中，存在着两个本性，一为灵性，一为爱……灵性归于上帝。"[2]"全能的上帝以深不可测的爱将灵魂吸入其中，其彻底就好比被烈焰吸干的一滴朝露。"[3]圣女大德兰（1515—1582）则用一则比喻说明人性与神性如何相互结合，从而达到彻底的同一："就好比天国的雨露落进溪流，雨入了水，河水和雨水再也不可分离。"[4]

圣十字若望和圣女大德兰同属于16世纪西班牙的神秘主义教派。这种神秘主义并非痴迷的放纵，尽管它的很多表达在今天的人听来可能有此感觉，它也不能被简化为对非理性的崇拜，抑或被认为是未能得到满足的性欲的发泄，就如同柏拉图的爱洛斯也不应该被如此简化一样。相比之下，它更是一种最自律的修炼，需要动用一个人的所有能量，无论理性还是非理性的，去与作为人类存在根基的上帝直接沟通。这种修炼需要严格的自我控制、专注和耐心，而这些品质亦是柏拉图所阐述的人类灵魂升华之路所必需的。

要付出多少耐心，才可以达到这种神秘的升华？它距离无形的沉醉有多远？距离“心灵的黑夜”那无尽的孤寂和空虚又有多远？而这些，如圣十字若望所说，是任何一个渴望上帝的人所必须经历的：

> 事实上，当这种倾泻的沉思最为严肃时，灵魂真切地感到死亡的阴影、死亡的哀歌和地狱的痛苦，其中包含着失去上帝的体会，感到因为辜负了上帝而被他惩罚和驱逐。灵魂觉得这一切都是应得的，因为它相信本该如此，且永远如此。[5]

空虚和被遗弃的感觉不断捶打着人们的灵魂，直到将其中的虚荣、浮华和其他粗陋的精神全部清空。

> 灵魂要寻找结合，却感到好比被囚禁在黑暗的地牢中一样无助。它被缚住手脚，动不了，也看不见，叫天天不应，叫地地不灵，直到精神被彻底击败，被软化，被净化，变得热切、细腻、纯净，从而和上帝合二为一。而结合的程度，和上帝凭仁慈所能给予的爱的结合的程度有关，包括对爱的结合的认真程度及其停留的时间。[6]

宗教思想中的神秘主义传统上分为两类，一类坚持认为在人和神之间存在着本质差别，另一类坚持认为二者是结合在一起的。在现实中，这两类观点之间常存在着一种逻辑关系。埃克哈特的观点使得他声名狼藉且被基督教权威诅咒，他认为人类灵魂可以牢牢地与上帝融为一体：“我们所有人都可以完全转换为上帝，变成上帝。同样地，如果圣餐面包可以转变为上帝的身体，那我即是他，是他的一个存在……二者没有区别。”[7]

但是，埃克哈特也坚持认为爱无法结合。他认为“爱在行动上结合，但本质上无法结合”[8]。他补充道：“当（灵魂）自己的本性、存在和生命全部消失之时，神圣性便诞生了……灵魂成为如此完整的一体，上帝仍是上帝，灵魂仍是灵魂。”[9]

因此，对于像埃克哈特这样的神秘主义者来说，和上帝结合的理想与对责任的坚持和人在上帝面前的独特性是并存的，用圣徒保罗的话来说，即“一种精神，两种本性”。如果消灭自我，和上帝结合是真实的理想，而非多情的冀望，则追求这理想的个体必须能承受持续的打击、等待、放逐，以及因所爱之人而产生的自我不足感；换句话说，他/她的坚强必须足以承受心灵的黑夜。这种承受力是道德中间人的标志，而那些将自己看作不过是上帝无限存在的海洋中一滴水珠的人没有这种特性。

爱与死

由爱洛斯和耶稣所承诺、被神秘主义以足具说服力的热忱所接受的“朝向上帝”这个观念，把我们带到西方思想家们在讨论爱这个字眼时最痴迷的两个概念：死亡与性。

如同对人类之爱的神化一样，对这两个概念的痴迷随着 19 世纪宗教权威的式微而达到顶峰。为了填补“上帝已死”留下的虚空，人类向“爱之死”，或者说向性渴望献身。然而，其实这种痴迷的根源存在于基督教传统中，特别是基督教对于这个世界的价值，包括肉体以及性的渴望。从这个角度来说，为了和上帝结合，为了亲近这个根本不属于这个世界的存在，为了找到末世论所许诺的“神的国”，人类必须克制所有不以上帝为目的的欲望，特别是最集中体现我们俗世本性的性渴望。如果上帝是爱，按照这个思路，则真正的爱一定超脱于这个世界；而被日常生活所羁绊的我辈俗人，则无缘体会这种真爱。至于“超脱于这个世界”的提法，则很容易被解读为：通过死亡方可获得。

另一种可能是行尸走肉般地活着。圣徒保罗说：“所以要治死你们在地上的肢体”（《歌罗西书》（3：5））。“你们要思念上面的事，不要思念地上的事。因为你们已经死了，你们的生命与基督一同藏在神里面。”（《歌罗西书》（3：2～3））这就是说，要将世俗的万事同欲望一样作为天国的敌人，而人类的目标是升入天国。而对于友谊，“岂不知与世俗为友就是与神为敌吗?”[10]（《雅各书》（4：4））

因此，对于追随者来说，“隐居”指的是如何度过一个完美的今生，同时等待最终与上帝融合，而这只能通过肉身的死亡来获得。人类如果能自行扑灭俗世的欲火，则精神将获得活在此时此地的自由。

活埋隐士的仪式作为一个极端案例，可以体现“隐居”的象征意义。仪式包括封闭隐士生活空间的过程，在弥撒后以非常严肃的礼仪进行。隐士被从教堂带入未来生活的单人小房间，这里可被视为一个“坟墓”。隐士俯卧于棺架上，周围的人向他洒下圣水和圣土，好似他真的将被埋葬在此。最后众人离开，只剩下他独自一人，小房间的入口也按照仪式被封住”[11]，此后他需要的各种物品要靠外面的人递送进来。

※ ※ ※

死亡或“隐居”要解答的问题并非针对身体，而是身体的欲望。既然传统基督教认为上帝在基督身上呈现了人的肉体，那肉身就是上帝自我显现的场所，而对肉体的彻底摒弃便属异端邪说。诺斯替派和摩尼教等便是这样的宗派，它们不断扰乱传统思想，将肉身贬低为邪恶之源。

事实上，基督教神秘主义者中有包括光明谷修道院伯纳德（1090—1153）在内的杰出的改革者，他认为肉身是人类救赎的关键。身体是人性与神性最初的相遇之所，无论它如何随着人类的堕落而堕落[12]，它仍然是人类在活着和死后灵魂“忠实的好伙伴”[13]，而且帮助指引灵魂追求最高的精神目标。伯纳德甚至坚持认为人在死亡后，没有肉体的灵魂自身很难完整地爱上帝，除非它重获肉身——一个剔除了世俗欲望的“完美身体”，一个充满“美和平静”的不朽身体。[14]

13 世纪的托马斯·阿奎纳和圣文德重新演绎了这种观点。阿奎纳认为我们应该爱自己的身体：

> 我们身体的本性，并非如摩尼教所认为的来自恶的原则，而是来自上帝。我们使用自己的身体，是为了服务于上帝……据此，我们要

> 以爱上帝的爱来爱我们的身体，当然其中不包含惩罚所带来的罪责的烙印和堕落……[15]

这里有一个不可逾越的界限：如果把身体彻底摒弃，便是异端邪说；如果肯定身体的世俗欲望，则不够圣洁。要否定，甚至严格限制身体纯粹的世俗欲望，尤其是性欲，而身体的价值应以上帝的标准来衡量。

耶稣与性

当转到性的话题时，耶稣再一次让我们感到意外。因为作为现代读者，我们已经习惯于基督教自19世纪以来所形成的对这个议题的成见。如同耶稣在《对观福音书》中对爱所谈甚少一样，他对性更是言之寥寥。

耶稣在福音书中从未谴责过性，他没有要求性服务于精神之爱，也从未说过性必须以人类繁衍为目的。至于婚前性行为、同性恋、避孕和堕胎等现代宗教，特别是基督教所关注的这些核心问题，上帝对此都未发一言。

在《新约》中，圣徒保罗认为性扮演了一个较为重要的角色，尽管与为他赢得声誉的其他观点相比，这算不上他的主要议题。保罗谴责身边所见的无法无天的肉欲（《哥林多前书》(5)），斥责对肉体不加控制的欲望，他认为这是未受救赎者的原罪的体现，与“精神”及其在基督中的“新创造”形成鲜明的对比[16]；他诅咒说同性恋是上帝对异教徒偶像崇拜的惩罚（《罗马书》(1：24)）。他用一种完全不同于他在福音书中的口吻谈道：

> 你们岂不知不义的人不能承受神的国吗？不要自欺，无论是淫乱的、拜偶像的、奸淫的、作娈童的、亲男色的、偷窃的、贪婪的、醉酒的、辱骂的、勒索的，都不能承受神的国。你们中间也有人从前是这样；但如今你们奉主耶稣基督的名，并藉着我们神的灵，已经洗净、成圣、称义了。（《哥林多前书》(6：9～11)）

保罗期待世界尽快终结，基督再度降临[17]，故此人们对婚姻和组合为家庭的承诺让他忧虑。生命太过短暂，实际事务占去已婚男人太多精力，更不要说如何取悦妻子。这些无可避免地分散他对精神追求等严肃事的关注："没有娶妻的，是为主的事挂虑，想怎样叫主喜悦；娶了妻的，是为世上的事挂虑，想怎样叫妻子喜悦。"（《哥林多前书》（7：32～34））

然而，保罗也珍视性、婚姻和家庭这三者结合而形成的力量，他认为"不信的丈夫就因着妻子成了圣洁，并且不信的妻子就因着丈夫成了圣洁。"（《哥林多前书》（7：14））此外，在等待世界毁灭的过程中，婚姻作为一种方式，有舒缓通奸的冲动的作用。保罗鼓励妻子和丈夫保持适当的同房次数以控制欲望：

> 论到你们信上所提的事，我说男不近女倒好。但要免淫乱的事，男子当各有自己的妻子，女子也当各有自己的丈夫。丈夫当用合宜之份待妻子，妻子待丈夫也要如此。妻子没有权柄主张自己的身子，乃在丈夫；丈夫也没有权柄主张自己的身子，乃在妻子。夫妻不可彼此亏负，除非两相情愿，暂时分房，为要专心祷告方可；以后仍要同房，免得撒但趁着你们情不自禁引诱你们。我说这话，原是准你们的，不是命你们的。我愿意众人像我一样；只是各人领受神的恩赐，一个是这样，一个是那样。（《哥林多前书》（7：1～7））

保罗自己是单身，他既不相信婚姻的神圣性，也不坚持认为男人和女人需要通过爱得到圆满，或者养儿育女是件值得庆祝的事情。[18]尽管他赞美爱为最高的价值，"是所有事中之最伟大者"，这让婚礼上的基督教徒甚至无神论者都吃了一颗定心丸；不过他的言论在某些方面还是值得听听的："你若娶妻，并不是犯罪……然而这等人肉身必受苦难，我却愿意你们免这苦难。"（《哥林多前书》（7：28））

※ ※ ※

那么，当谈到性的时候，耶稣真正的忧虑究竟是什么？也许，他的首要目标是维护婚姻。他对通奸和离婚态度强硬，在登上“布道山”后所发布的《登山宝训》中，他的观点与更加宽容的现代犹太教义有着天壤之别：

“你们听见有话说[19]：‘不可奸淫。’只是我告诉你们：凡看见妇女就动淫念的，这人心里已经与她犯奸淫了。若是你的右眼叫你跌倒，就剜出来丢掉，宁可失去百体中的一体，不叫全身丢在地狱里。”（《马太福音》（5：27～29））

《旧约》中对通奸的惩罚非常严厉：通奸双方被众人投石砸死。[20]现在很难判断耶稣是否认为自己对通奸的惩罚——通奸者必下地狱——是否更加严厉。我们也不清楚曾经在某个场合原谅了某个通奸者的耶稣，如何调和这样的惩罚与他所传递的宽恕信息之间的不一致。[21]在《马太福音》中，他清楚地表达了迎娶或再娶一个离婚女子便是通奸的观点：

“又有话说：‘人若休妻，就当给她休书。’只是我告诉你们：凡休妻的，若不是为淫乱的缘故，就是叫她作淫妇了。人若娶这被休的妇人，也是犯奸淫了。”（《马太福音》（5：31～32））

一个男人如果带着欲望打量一个女人，就是在心中犯了淫罪，这个观点对现代道德观的发展产生了最深刻的影响。因为在基督教中，不仅仅行为，连动机也是犯罪，人类的所有内在世界也是道德拷问的焦点，如同《马太福音》中所说的：“因为掩盖的事，没有不露出来的；隐藏的事，没有不被人知道的”（《马太福音》（10：26），也见《马可福音》（4：22））。

※ ※ ※

然而，尽管耶稣对离婚和通奸如此苛责，他最大的敌人却非此二者，而是金钱、骄傲和伪善。他从根本上彻底否定这三者，认为金钱是阻碍我们亲近上帝的绝对敌人，它把我们从上帝身边拉开，比性的侵蚀还要可怕。“有钱财的人进神的国是何等地难哪!”（《马可福音》(10：23)）他对圣徒们说：“一个人不能侍奉两个主。……你们不能又侍奉神，又侍奉玛门。”(玛门是财利的意思)(《马太福音》(6：24))“不要为自己积攒财宝在地上，地上有虫子咬，能锈坏，也有贼挖窟窿来偷；只要积攒财宝在天上，天上没有虫子咬，不能锈坏，也没有贼挖窟窿来偷。”(《马太福音》(6：19～20))或者如保罗所提醒的：“贪财是万恶之根。”(《提摩太前书》(6：10))

物质追求必须放在第二位，次于对上帝和正义的追求：“所以，不要忧虑说：‘吃什么？喝什么？穿什么？’这都是外邦人所求的。你们需用的这一切东西，你们的天父是知道的。你们要先求他的国和他的义[22]，这些东西都要加给你们了。”(《马太福音》(6：31～33))

贪婪者最终一无所有，更别提亲近上帝：“但你们富足的人有祸了，因为你们受过你们的安慰；你们饱足的人有祸了，因为你们将要饥饿；你们喜笑的人有祸了，因为你们将要哀恸哭泣”(《路加福音》(6：24～25))。他更愿意看到：“你们贫穷的人有福了，因为神的国是你们的；你们饥饿的人有福了，因为你们将要饱足；你们哀哭的人有福了，因为你们将要喜笑”(《路加福音》(6：20～21))。或者如《马太福音》所说：“温柔的人有福了，因为他们必承受地土。”[23](《马太福音》(5：5))

耶稣对骄傲和伪善毫不妥协，对此他的态度是前所未有的坚定。他厌恶——用这个词毫不过分——把这两点看得比其他都重要的人，他鄙视那些只关心自己的虚名、在公众场合夸夸其谈、趾高气扬的布道者。他批评这些人“言行不一”，“凡他们所吩咐你们的，你们都要谨守遵行；但不要效法他们的行为，因为他们能说不能行。他们把难担的重担捆起来，搁在人的肩上，但自己一个指头也不肯动。他们一切所作的事都是要叫人看见”(《马太福音》(23：3～5))。

不过，他反对的不仅仅是伪善，不仅仅是伪善者宽待自己、严待他人的做法，他更从中看到某种更糟糕的情况：伪善者的布道并不是为了他人的好。“你们这假冒为善的文士和法利赛人有祸了！因为你们正当人前，把天国的门关了，自己不进去，正要进去的人，你们也不容他们进去。”（《马太福音》（23：13））耶稣用一句振聋发聩的话，提醒那些试图将自己所谓的优等价值灌输给远方那些在他们看来处于道德蒙昧状态的人：“你们这假冒为善的文士和法利赛人有祸了！因为你们走遍洋海陆地，勾引一个人入教。既入了教，却使他作地狱之子，比你们还加倍。”（《马太福音》（23：15））

因为这种布道最终将陷入虚荣，成为一场让布道者自我感觉良好的表演，而卑鄙和利欲熏心才是它的内涵：

> “你们这假冒为善的文士和法利赛人有祸了！因为你们洗净杯盘的外面，里面却盛满了勒索和放荡。你们这瞎眼的法利赛人，先洗净杯盘的里面，好叫外面也干净了。你们这假冒为善的文士和法利赛人有祸了！因为你们好像粉饰的坟墓，外面好看，里面却装满了死人的骨头和一切的污秽。你们也是如此，在人前、外面显出公义来，里面却装满了假善和不法的事。”（《马太福音》（23：25～33），也见《路加福音》（6：37～42））

耶稣对于金钱、骄傲、伪善和自以为是的强烈关注将我们带回了本书的主题：无论是作为我们和能给我们带来归宿感的人之间的对话关系，还是作为引导我们找到这种归宿感的基础，爱这种情感的前提条件都是服从于对方的真实存在，服从于对方作为个体的合法性，服从于他/她对我们的召唤。

性欲或是常规的肉体渴望未必会阻碍这种顺从的召唤。相比之下，性可能以猝不及防和压倒一切的方式，将充满生命力的对方同时作为主体和客体带到我们眼前。但是，骄傲和积攒财富所需要的条件可能是顺从的极大障碍。骄傲其实是自我保护和自我满足，骄傲者与邻里隔绝，沉迷于自我尊严，目光短浅，并没有觉察自己已经被虚名和权势遮蔽，不再关心现实和他人。骄傲者的字典里包括了所有词汇，却唯独缺少“顺从”。而追求财富者必然将自我利益与功利目的置于所有关系的中心，这远远不同于爱的核心所要求的关注。（这里值得一提的是几乎所有版本“七宗罪”的排序中，“骄傲”和“贪婪”这两项都位列“欲望”之前。[24]）

那么，为什么耶稣的话被如此歪曲？为什么深受基督教影响的文明史如此关注性欲，而忽视耶稣在布道中对骄傲、贪婪和权势的抵制呢？从历史悠久的基督教教会到维多利亚时代的大不列颠，从苏联共产党（作为笃信宗教的俄罗斯帝国的无神论化身）誓将革命带到全世界的不可理喻的虚夸，到美国盎格鲁—新教徒所自我标榜的“命定扩张论”[25]，或者在今天的我们听来仍觉刺耳的基督教原教旨主义者的理论，这种种情形的发生，无不是严酷的性压抑伴随着对权力和财富的冷血追逐。耶稣终其一生试图对抗、最终以死亡来斥责的骄傲和贪婪，被统领者洋洋自得地招摇过市。[26]“骆驼穿过针的眼，比财主进神的国还容易呢。”（《马可福音》(10：25)）“凡自高的，必降为卑”（《马太福音》(23：12)）。值得注意的是，当国家要动用武力去“文明化”世界的其他地方时，常常以基督教之名，声称自己的行为受到上帝的指引，而其信奉的这一套价值体系，与耶稣的倡导有着天壤之别。

“基督教之爱”是普世的吗

我在本书中所列出的有关耶稣究竟如何谈论性和爱的言论，很难解释围绕基督教之爱所形成的谬见。如果有人宣称上帝虽然对性不够友善，但却可以接受贪婪和人们自认为高人一等时所流露出的傲慢，我们也许会轻易地判断这绝不是真的。然而，《新约》及信仰它的教父们所宣扬的普世的爱真的是无可争辩的吗？上帝应该将爱公平地、一视同仁地赐予所有救赎者，或至少是追寻他的人们，果真如此吗？上帝真的会始终如一地爱和宽恕人类，即便在他们远离上帝的时候吗？作为普世的爱的基督教不同于犹太教，因为其断然否认人先要成为上帝的选民才能得到上帝的爱，这个观点是它与犹太教最大的区别吗？上帝明确要求我们爱邻人如爱自己，因为所有人都是上帝的子民。这必须是事实，因为上帝之爱注定是真爱，上帝对我们人类的爱以及人类对邻人的爱，是无条件的爱。

对这些问题的回答是否定的。如果我们今天还信奉这些观点，或者今天的基督教牧师还在宣讲这些观点，那么这不仅证明以今天的价值观观察过去是极端困难的，而且说明基督教本身所具有的非凡的适应力：它被认为是西方历史上最具有包容力的党派，既跟随时代的风潮变化，同时又保持自身教义的完整性和延续性。看上去基督教故意遮蔽了《圣经》有关爱的表态。

事实上，让《新约》纠结的充其量在于上帝是否将爱赐予了所有人，更别提是否平等地给予了每个人。有人说上帝如此爱这个世界，甚至献出了他唯一的儿子。[27]（这并不代表他平等地爱我们每一个人。）我们发现有两个概念让上帝的普世之爱显得空洞：功德与恩典。

更糟糕的是，这两个概念在关键意义上是相互冲突的。功德意味着人要获得救赎，必须通过善行；我们在精神上的种种努力上帝都看在眼里，这将影响他是否以及何时接纳我们。某种程度上上帝的爱只会降临到那些应得的人头上。这种观点实际上是通过增加道德责任的权重来提升人类的尊严。相比之下，恩典指的是上帝出于不可言说的目的，遴选一些人来领受上帝之爱。因为某种程度上人类无法通过善行来获得救赎。

功德和恩典二者之间的独立性究竟相距多远？当二者的独立性不足时该如何定性它们之间的逻辑关系？基督教传统中人们对此看法不一，但有个核心认识，那就是功德和恩典二者使上帝之爱不可能无私、平等地分配给每个人，即便是追寻上帝的所有人。

※ ※ ※

对于功德，上帝说：“你若要进入永生，就当遵守诫命。”（《马太福音》(19：17)）在一次安息日的午餐上，他建议主人邀请贫穷和低贱者一起进餐，并承诺说“到义人复活的时候，你要得着报答”（《路加福音》(14：14)）。最终他向圣徒们保证说，任何一个追随他的人在今生和来生都会被上帝认出来：

> “人为我和福音撇下房屋，或是弟兄、姐妹、父母、儿女、田地，没有不在今世得百倍的……在来世必得永生。”（《马可福音》(10：29～30)）

圣徒保罗在他随后的阐述中准确地补充道：

> 他必照各人的行为报应各人。……将患难、困苦加给一切作恶的人，先是犹太人，后是希腊人；却将荣耀、尊贵、平安加给一切行善的人，先是犹太人，后是希腊人。因为神不偏待人。（《罗马书》(2：6～11)）

托马斯·阿奎纳把这个观点总结为：“人……经由许多行为获得快乐，这些被称为善行。”[28]也就是说，我们最好不要想当然地接受上帝对罪者的纵容。救赎是有条件的，那就是我们要遵守上帝的戒律，行善事，信上帝。

而且，如保罗所说，上帝是爱和甄选至高的主宰。人类不可能仅仅凭借遵守或藐视上帝的秩序而左右上帝的选择。

当加百利天使通知玛利亚她被上帝选为耶稣的母亲时，“蒙大恩的女子，我问你安，主和你同在了！”（《路加福音》(1：28～30)）我们看到玛利亚的迷惘和恐慌。尽管她无从知道究竟怎样的德行为自己赢得了这恩赐，但是她顺从并毫无疑惑地领受了这个她无法理解或者自感不配的恩惠，而这恰恰就是恩典所要表明的：真爱既不能被唤起，也不可被博得。

※ ※ ※

《马太福音》中有两个故事生动说明了恩典的至尊。有个地主雇用了一些工人到他的葡萄园中做一天工。有些工人工作时间比其他人长，但他们获得的报酬却同其他人没有差别，甚至最迟来的人最早拿到报酬。

于是那些最早受雇、已经在葡萄园工作一天的工人就向地主抱怨说："我们整天劳苦受热，那后来的只做了一小时，你竟叫他们和我们一样吗?"地主却回答："我不亏负你，你与我讲定的，不是一钱银子吗？拿你的走吧！我给那后来的和给你一样，这是我愿意的。我的东西难道不可随我的意思用吗？因为我作好人，你就红了眼吗?"（《马太福音》(20：1～15)）

这里我们领会到原来上帝行为的方式好像这个地主，尽管算不上反复无常，但也是变化莫测、令人不可捉摸，就好比那个地主的理论："那在后的将要在前；在前的将要在后了。"（《马太福音》(20：16)）

另一个关于婚宴的故事更清楚地揭示了同样的内涵。王举办一个婚宴，在宾客中见到一个没有穿礼服的人。王对他说："朋友，你到这里来怎么不穿礼服呢?"那人无言可答。于是王叫使唤的人来捆起他的手脚，把他丢在黑暗的外边，任由他在那里哀哭。"因为被召的人多，选上的人少。"（《马太福音》(22：11～14)）

恩典就是拣选，如同婚礼上那个可怜的客人，你要么被接纳，要么被拒之门外，没有配不配的问题。这就是爱的本性。

但是，看上去反复无常的恩典，"为什么偏偏是我？为什么不是他/她?"这冷酷的不公和不可理喻，其实有着更深刻的寓意。它说明任何德行如果能让我们获得救赎，其本身可能都要依赖恩典。换句话说，如果不是上帝想让你遵从他的意愿，你是无法遵从上帝的意愿的。

在前面的章节中我们看到真爱便是如此：没有上帝的恩典，我们无法遵守上帝命令我们用博爱之心爱他的戒律。而几乎所有的基督教传统都认为，在如三位一体和道成肉身等神秘启示中，没有恩典，就无法获得信念。[29]在《以弗所书》中，保罗说："你们得救是本乎恩，也因着信。这并不是出于自己，乃是神所赐的；也不是出于行为，免得有人自夸。"（《以弗所书》(2：8～9)）奥古斯丁则说："如果上帝加冕我们的德行，他只不过在加冕他自己的恩赐。"[30]他认为人类被要求的对上帝之爱不过是圣灵的恩赐。[31]阿奎纳论证说，不合格的德行纵然可以单独为人类赢得救赎，换言之，即与上帝同在的永恒，也必须由上帝注入人类，才可发挥作用，即便它们感觉上好像是人类的第二性。对路加来说，我们与上帝相结合的信念和通过爱上帝而成神的动力，完全都是神的恩赐，而非人类所能决定。

※ ※ ※

如果恩典是无所不能的上帝随心所欲、不可捉摸的赐予，那么"救赎预定论"就甚为合理。这是一种对恩典观点的极端发展，认为某些灵魂在出生之前已经被遴选为可获得救赎的对象，而其余大多数则注定与上帝允诺的永恒失之交臂，最后将在地狱中受火焚烧。有些人在出生之前已被上帝选定，所以他们并没有机会去做任何善事或恶事，就如同保罗说的：神"把我从母腹里分别出来、又施恩召我"(《加拉太书》(1：15))。

不过，这里保罗考虑的不仅仅是自己：

> 我们晓得万事都互相效力，叫爱神的人得益处，就是按他旨意被召的人。因为他预先所知道的人，就预先定下效法他儿子的模样，使他儿子在许多弟兄中作长子。预先所定下的人又召他们来，所召来的人又称他们为义，所称为义的人又叫他们得荣耀。(《罗马书》(8：28～30))

保罗的观点并非特立独行，整个基督教传统都依赖他，包括支持或否定救赎预定论的天主教和新教。新教改革者约翰·加尔文在其措辞严厉的法令中将这种观点推向极致：

> 在创造出第一个人之前，上帝已经决定他愿为人类所做之事。在那隐秘的会议中，上帝决定亚当要从其完美无瑕的本性中堕落，而其为背叛所付出的代价，就是他的后人一定要遭受惩罚，跌入永恒的死

亡。同样的判决取决于入选和排斥的不同境遇，上帝为自己挑选一些得到救赎的人，而裁定将另一些推向永远的毁灭。[32]

值得注意的是，基督教被广泛认为是一种宣扬普世之爱和每个人可以平等领受上帝之爱的宗教。但是，我们不应忽略贯穿了《新约》与近两个世纪以来神学思想的警告：上帝并不是公平以及没有偏见地赐予他的恩惠，包括爱他和被他所爱的能力。他或许会将恩典赐给那些本性上鄙视他，而不是用心取悦他的人。

这就是神圣之爱的关键：我们无法确认自己的德行能否唤醒它，而恶行能否抵消它。它是一份无法预测、随机而成的恩赐，只服从于上帝那不可捉摸的目的，即便上帝的行为既不武断，也符合逻辑，实际上有时候完全可以被视为理性的并富有智慧的，但不受任何律令，包括上帝自己颁布的律令的限制。包括三大福音书的《对观福音书》如此评价："在上帝那里，什么都是可能的。"[33]

这个警告道出了真爱的难堪事实：从本质上来说，神圣之爱既无法唤起，也不能赢得。它反映了爱者与他/她所面对的这个世界之间关系的最深层目的。（在这个意义上，真爱就如同恩典，尽管这些在人类那里显然远没有在上帝那里神秘。正如同我在本书第1章和第2章中所说明的，真爱的目的是让爱者在他/她被抛入的这个世界中体会到一种不可摧毁的归属感和存在感。）尽管如此，被爱之人可以在一定程度上"功德化"自己的爱，也就是说，被爱之人通过遵从爱者的内在律令，让爱变为自己的功德。我们无法有把握地预测自己会爱上什么类型的人，会爱上谁，会被谁所爱；无论我们多么耐心地等待，多么努力地去讨好所爱之人，我们也无从期待爱何时降临。恩典其实就是一个比喻，让我们明白真爱究竟是多么精挑细选，多么不可捉摸，并且与公平无关。

※ ※ ※

那么，基督教传统中又是如何谈论人类之爱的？当然，对此这里的要求绝不含糊：我们要爱人如爱己，因为所有邻里都享有要求我们的爱的平等权利，无论他们信仰或者不信仰什么。

这是好撒玛利亚人的道德准则：他帮助并不属于自己的社区，与自己没有任何特别关系的邻居，他这样做纯粹是出于对陌生人困境的同情。耶稣用“你去照样行吧!”（《路加福音》（10：37））来总结这个故事。耶稣认为你的邻居正是那些需要你的人。而在此之前的福音书中，耶稣发布了他著名的律令：爱敌人，对仇恨你的人也要行善良之事。

然而事情绝非如此简单。这个因为他人的需要而提供帮助，甚至爱仇敌的命令，与基督教内部传统之间存在着张力。在福音书中有明确的表示，要平等地对待一些邻居，特别是那些碰巧和你有相同信仰的邻居。如保罗所说，爱的第一排位置应预留给基督徒，“所以，有了机会，就当向众人行善，向信徒一家的人更当这样。”（《加拉太书》（6：10））

为了说明基督教之爱是普世的、不加遴选的，人们经常引用圣徒保罗的一句名言：“并不分犹太人，希利尼人，自主的，为奴的，或男或女。因为你们在基督耶稣里都成为一了。”（《加拉太书》（3：28））但这句话通常被抽离了它的语境。根据前后文，它实质是规定这种平等只适用于基督耶稣的信仰者。在原文中它更直言这样的信仰者指的是受洗过的信徒：

> “所以，你们因信基督耶稣，都是神的儿子。你们受洗归入基督的，都是披戴基督了。并不分犹太人、希腊人、自主的、为奴的，或男或女，因为你们在基督耶稣里都成为一了。你们既属乎基督，就是亚伯拉罕的后裔，是照着应许承受产业的了。”（《加拉太书》（3：26～29））

托马斯·阿奎纳以更直白的语言表达了同样观点：

> “并非所有邻人都能平等地接近上帝，有些人做了了不起的善行，所以可以靠近上帝，而其他人则没有那么幸运。因此更多人被赋予了领受恩赐之爱（真爱）的权利。”[34]

托马斯似乎暗示犹太人和穆斯林等非基督徒较不值得爱的说法。而且我们应该根据每个人的善行来调整我们付出爱的程度。

圣徒约翰同样认为爱的核心对象是信徒群体，而非作为整体的所有人类。爱是内视的，它是一种共同的身份，是维系与天父和耶稣关系的纽带；它同时也代表着最高级的，甚至是末世论的现实。耶稣本人被认为要人类“爱世间属自己的人”（《约翰福音》(13：1)）。他在《路加福音》中发布爱陌生人和爱敌人的律令。尽管如此，他把爱的对象限定在“弟兄”的范围内：“听了神之道而遵行的人，就是我的母亲、我的弟兄了。”[35]（《路加福音》(8：21)）

随后的修道院传统则将这个范围进一步缩小，仅仅将修道院中的“弟兄们”作为爱的主要对象，而不包括所有基督徒。

※ ※ ※

从这个角度来看，我们就不难理解天主教会在面对希特勒对犹太人的迫害和屠杀时所表现出的怯懦态度。说梵蒂冈在希特勒时代没有为保护犹太人做任何事情，这显然不对，因为当时为数众多的普通神职人员和一般信众在基督教之爱的召唤和启发下，确实尽力地帮助过犹太人免于被驱逐的命运。[36]但现实是，面对1935年颁布的《纽伦堡种族法》，1938年11月由纳粹怂恿的反犹暴行，以及随后长达十年之久的大屠杀，教会从未清楚地表达过反抗，更遑论其后出于自保而将大部分犹太人彻底遗弃的事实。

主业会牧师和哲学家马丁·罗恩海姆更加直言不讳地表达了他的观点：“即便我们充分地考虑了天主教会与国家社会主义之间当时存在的敌意，但教会的‘沉默’令人震惊：在教会对纳粹主义的陈述中，竟没有关于犹太人的系统论述，或为犹太人辩护的内容。仅这一点就迫切需要教会给出解释。”[37]

不过，我们不难找到相关解释。无论在梵蒂冈还是普通教区，教会以教义中好撒玛利亚人的态度，在犹太人问题上保持沉默。这作为教会令人震惊的失败案例，不能被简单归因为教会的懦弱，或出于自我保护的需要，或是在面对武力威胁时梵蒂冈所采取的外交绥靖。这当中包括1933年教会与希特勒签署的契约，或者可以说是在无从选择的情况下所推崇的实用主义。在教会历史上，犹太人长期被作为杀害基督的人和道德上堕落的族群而遭受教会鄙视，罗恩海姆牧师对此有一些记录，但尚不足以说明在对待面临遭受种族清洗的族群时，为什么如此众多的教会人员和普通民众没有遵从爱邻人如爱自己的《圣经》戒律。

这背后隐藏的是比反犹太主义或实用主义更根本的原因。[38]基督教之爱并没有明确地证明其普世性，因而它无法提供——即便是原则性地提供——如人们所想象的对野蛮主义强有力的抵抗。有关神圣之爱的教条、救赎预定论、信徒社区优先权等思想贯穿了对基督教之爱的不公平性的讨论：不公平性不仅仅体现在上帝爱我们的方式上、他要求我们爱他的方式上，也体现在上帝期待我们以何种方式来爱我们的同类上。好撒玛利亚人所代表的普世主义与圣徒约翰和保罗所代表的本地主义之间存在着不可调和的冲突，这些冲突也许永远无法调和。这也是一个绝不会放弃人性的上帝与一个要把罪人打入永恒地狱的上帝之间永远不能调和的冲突。

除此之外，自《新约》后，教会在身份上逐渐与基督合为一体。作为一个特定的共同体和等级分明的机构，天主教传统中的教会代表了基督在这个世界上的存在和权威。这意味着如果教会的第一职责是对基督负责，那么它把教会及其成员放在高于其他一切的地位就无可厚非。（东正教与新教教会也可能作出类似的选择。）因此，基督教社区与基督这种在身份上的同一性弱化了对非基督徒和异教徒的爱的要求。

现实是，基督教好似一个彩虹部落，界定它的唯一边界是信仰，而非文化或族群的归属感。就如同旧契约在西奈山上区分了犹太人与其他人一样，新契约[39]将有信仰者与其他人区分开来：“惟有你们是被拣选的族类，是有君尊的祭司，是圣洁的国度，是属神的子民”（《彼得前书》(2：9))。这解释了为何鄙视纳粹的行径对许多天主教徒和新教徒根本不算什么，因为那是一套以种族和文化的归属性作为最高纲领的异教徒准则。但一谈到对于犹太人和其他被信仰排除在外的人群的责任时，这些人充其量保持暧昧的态度。

这也解释了为什么把弥漫着烧死异教徒、强迫改变信仰、十字军屠杀等血腥的基督教历史归咎于人类肤浅的薄弱意识。[40]且不论“残酷”并不是七宗罪之一的这个事实（实际上许多经典文本中都没有把“残酷”视为一种罪责），面对这样的问题：和我们信仰不同的人，是否能同样为上帝所爱？基督徒能否如爱自己人一般，爱不同信仰的人？即使找遍基督教《圣经》和传统，也找不到明确的答案。不幸的是，事实上直到今天，基督教仍没有搞清楚究竟谁是我们的“邻里”，或者是我们“最亲近的人”，尽管它以上帝之爱与好撒玛利亚人的准则为荣。

基督教的爱是无条件的吗

然而，如果基督教之爱不具有明确的普世性，那么它就不可能具备明确的无条件性。换句话说，上帝对我们的爱不可能没有条件。或者说，按照上帝爱我们的方式，我们对邻里的爱不应该是没有条件的，对上帝亦是如此。

而如我们前面所讨论的，对邻里之爱的条件在于他/她是否是个基督徒。而对上帝之爱的条件在于他的神秘意图，比方说，他选择将恩典赐予谁。对于一些基督教思想家来说，这取决于我们的德行，而德行本身，又需要依靠恩典才可获得。

更有甚者，在一些重要的故事中，耶稣本人谎称上帝一定会持续地爱所有人，包括那些罪人和背叛他的人，而事实上他非常清楚，上帝永远不会宽恕和回头。

托马斯·阿奎纳直言不讳地说出了爱的条件性：“一物天然地爱另一物，是为了自己的益处。”[41]这个原则甚至延伸到我们对上帝之爱。阿奎纳冷静地警示我们，如果我们爱上帝，那是因为我们知道上帝是“至高存在”，是“普世的善，是自然界所有善的根基”[42]。随后，仿佛是为了确认爱以对象之善为条件的事实，他补充道：“即便我们乐于接受……不过不可能如此……如果上帝不是为了人的‘善’，那么他就不会成为人们爱他的理由。”[43]

这个观点算不上特立独行，不过它让我们想到圣徒保罗。保罗将爱列为最高价值，所以他很容易被误认为是爱的无条件性理论的架构者。然而，我们看看保罗究竟说了些什么：

> 不要自欺，神是轻慢不得的。人种的是什么，收的也是什么。……我们行善，不可丧志，若不灰心，到了时候就要收成。(《加拉太书》(6：7～9))

回望耶稣的生命历程，我们同样清楚地看到爱绝不是无条件的。当然，在布道山上，耶稣的确叫我们“爱仇敌，也要善待他们，并要借给人不指望偿还”(《路加福音》(6：35))。但那意味着我们不应指望从接受我们给予的人那里获得任何回报。因为如同后面一句话所揭示的，我们将获得一个来自上帝的更大的回报：“你们的赏赐必大了，你们也必作至高者的儿子……”(《路加福音》(6：35))

如我们已经看到的，耶稣经常坚持说上帝珍藏的爱必须得到偿还，从这个意义上来说，爱是有条件的。当一个路人询问耶稣要做什么样的善事才能获得永生，耶稣并没有回答说“无论你做什么，上帝都会接受你，因为他无条件地爱着所有男人和女人”。相反，他说：“你若要进入永生，就当遵守诫命。”(《马太福音》(19：17))那些放弃了此生的一切的人，将会蒙恩典得到现世的所有和永生(《马可福音》(10：29～30))。

在《马太福音》中有一个“才干的故事”，更说明了爱是有条件的。故事中，耶稣解释说，天国就好比一个主人在外出游历前将自己的家产交给三个仆人。他按照三个人的才干，给他们银子，一个五千，一个二千，一个一千，就往外国去了。领五千的随即拿去做买卖，另外赚了五千；领二千的也照样另赚了二千；但那领一千的在地上挖个坑，把主人的银子埋藏了。过了许久，主人回来了，和他们算账。领五千银子的又带着另外的五千来，说："主啊，你交给我五千银子，请看，我又赚了五千。"主人说："好，你这又良善又忠心的仆人，你在不多的事上有忠心，我要把许多事派你管理，可以进来享受你主人的快乐。"领二千的也来，说："主啊，你交给我二千银子，请看，我又赚了二千。"主人说："好，你这又良善又忠心的仆人，你在不多的事上有忠心，我要把许多事派你管理，可以进来享受你主人的快乐。"领一千的也来，说："主啊，我知道你是忍心的人，没有种的地方要收割，没有散的地方要聚敛。我就害怕，去把你的一千银子埋藏在地里。请看，你的原银子在这里。"主人回答说："你这又恶又懒的仆人，你既知道我没有种的地方要收割，没有散的地方要聚敛，就当把我的银子放给兑换银钱的人，到我来的时候，可以连本带利收回。夺过他这一千来，给那有一万的。因为凡有的，还要加给他，叫他有余；没有的，连他所有的也要夺过来。把这无用的仆人丢在外面黑暗里，在那里必要哀哭切齿了。"（《马太福音》(25：29～30)）

事实上，即使寻遍基督教的《圣经》，我们也找不到有关爱的本质是无条件的论述。

上帝的宽恕是无条件的吗

有人可能回应说，无条件的是上帝的宽恕：即便那些被抛入永恒黑暗的人，最终也会被宽恕。这种宽恕正是爱的征兆，或者正等同于爱。

但是上帝的宽恕很难说是无条件的，也不是唾手可得的。它可能以罪人的自我悔改为条件："你们若不悔改，都要如此灭亡！"（《路加福音》(13：3)）也可能以我们对错待我们之人的宽恕为条件，如耶稣充分提醒的："你们饶恕人的过犯，你们的天父也必饶恕你们的过犯"（《马太福音》(6：14～15)）。又或者："你们要饶恕人，就必蒙饶恕。……你们用什么量器量给人，也必用什么量器量给你们。"（《路加福音》(6：37～38)）《新约》中唯一一处出现那句著名的"上帝是爱"的是圣徒约翰的第一封信，不过约翰本人也再清楚不过地解释说神圣的宽恕是不可预设的：

> “信子的人有永生；不信子的人得不到永生，神的震怒常在他身上。”（《约翰福音》（3：16，3：36））

这并非愤世嫉俗的论断。如果婚宴的故事（“被召的人多，选中的人少”）、才干的故事（“没有的，连他所有的也要夺过来”），或者欠债的仆人的故事（“你们若不从心里宽恕你的弟兄，天父也要这样待你了”）都不足以说明这一点，那么我们来听听在绵羊和山羊应该被分开的最后审判日耶稣说过的话吧。耶稣警告说，行为端正的义人将获准进入神的国并得到永生，而那些在现世中行为不检的人将听到来自神的审判：“你们这被咒诅的人，离开我，进入那为魔鬼和他的使者所预备的永火里去！”他又补充道：“这些人要往永刑里去”（《马太福音》（25：31～46））。

被诅咒的人要去的地方——假使我们对此还有任何疑虑——就是地狱。我们在无数幅名画中看到过这最后审判的情景：被拯救者位于圣子右边，而被诅咒者在左边。如耶稣所说，惩罚是永无尽头的，没有宽恕，没有救赎，没有最后的机会，没有重归于好。耶稣再补充道：“人子要差遣使者，把一切叫人跌倒的和作恶的，从他国里挑出来，丢在火炉里”（《马太福音》（13：41～42））。因为有些罪人是不能被宽恕的：“人一切的罪和亵渎的话，都可得赦免；惟独亵渎圣灵，总不得赦免”（《马太福音》（12：31））。

我们最后再来讨论一下。考虑到爱的宗教从一开始就充斥着地狱和永恒诅咒的概念，天主教会真的是完成了一场神奇的公关变身。数世纪以来，尽管天主教会烧死异端，对异教徒大开杀戒，挑动战争，并且以死后要接受可怕的惩罚来胁迫教徒，但它成功地将自己转型为一个宣扬普世的爱与宽恕的宗教。教皇的继任者们表面上宽恕，但常常暗中支持这些暴行。他们身披白袍游历世界，满嘴宣讲的都是忍耐和非暴力。在奉行马基雅维利式操控的时代，教皇与世俗当局联手对付所谓的敌人，如教皇乌尔班二世发动的第一次十字军东征，作为回报他承诺会宽恕十字军战士的罪责。不过，与将自己标榜为“爱和宽恕的大使”的梵蒂冈的狡黠相比，这些就相形见绌了。地狱和永恒诅咒的概念应该被添加，而不是被废除，因为它们正是天主教教义很重要的组成部分。（自从启蒙时期，特别是 20 世纪后半叶以来，为了适应更加宽容和透明的时代，新教对自己的种种重塑，显然是不同凡响的。）

那么，“基督教之爱”本质上是无条件的这一观点是如何被普遍认可的？无条件性是爱的典型特征这一结论又是如何得出的？对此，部分可解释为这源于一个错误的起点：如果上帝真的是无条件的，而且上帝就是爱，那么真爱就应该是无条件的。但是我们看到基督教《圣经》中并没有清楚地表明上帝之爱要以人的功德为条件。而且，无论如何，人不是上帝，所以即便神圣之爱也是无条件的，凭此认为人类之爱也当如此就过于狂妄了。人模仿上帝，仁慈如上帝，完美如上帝，爱他人如同爱自己，这种观念很容易变成对上帝的亵渎。

不借助上帝的人类之爱可以是无条件的，这个观点其实是现代人的发现，而不仅仅是粗略浏览《圣经》的结果。包括托马斯·阿奎纳在内的伟大的基督教思想家都不相信这一点。如果人类所做的每一件事都是有条件的，那么我们又有何理由认为爱是不同的呢？

对此一个可能的答案是：在神圣感已被侵蚀殆尽的今天，我们现代人不顾一切，渴望留住不可摧毁的一点点虔诚，这是现实世界中我们无法放弃的人类根本需要。讽刺的是，这种对爱的无条件性的肯定，与其说源自基督教的权威，毋宁说是因为基督教权威的衰败，而这是自 18 世纪后期以来的大势所趋。更值得一提的是，只有在这个世界变得越来越去上帝化时，被某种形式的浪漫主义所神化的人类之爱才成为可能。上帝离开后所留下的空虚必然需要填补，爱自己很快就以一个理想的候选者的身份出场了。

注释

1. 如 Augustine，*Tractates on the Gospel of John*，pp. 127-8.

2. St John of the Cross，*A Spiritual Canticle of the Soul and the Bridegroom*

Christ, trans. David Lewis (London, 1919), pp. 172-3. 这里，圣十字若望附和了圣徒保罗的观点，认为门徒视肉体为上帝（耶稣）而存在，从而成为基督的一员。然而，当他自己进入一个娼妓的身体，圣徒保罗说："但与主联合的，便是与主成为一灵。"（《哥林多前书》(6：17)）

3. St. John of the Cross, *A Spiritual Canticle of the Soul*, p. 239. 我最初从辛格的《爱之本性》中读到这段文字。

4. St Teresa of Avila, *The Interior Castle or the Mansions* (London, 1921), p. 272.

5. St John of the Cross, *Dark Night of the Soul*, trans. E. Allison Peers (New York, 1959), p. 52.

6. St John of the Cross, *Dark Night of the Soul*, p. 55.

7. Meister Eckhart, *The Essential Sermons, Commentaries, Treatises and Defense*, trans. Edmund Colledge and Bernard McGinn (New York, 1981), p. 78.

8. Eckhart, *The Works of Meister Eckhart*, p. 176.

9. Eckhart, *The Works of Meister Eckhart*, p. 186.

10. 福音书作者约翰说："不要爱世界和世界上的事。人若爱世界，爱父的心就不在他里面了。"（《约翰一书》(2：15)）

11. Clifton Wolters, introduction in Julian of Norwich, *Revelations of Divine Love*, trans. Clifton Wolters (Harmondsworth, 1966).

12. 见 Jeanrond, *A Theology of Love*, p. 72.

13. Bernard of Clairvaux, *Bernard of Clairvaux: Selected Works*, trans. G. R. Evans (New York, 1987), p. 198.

14. Bernard of Clairvaux, *Selected Works*, pp. 196-7.

15. Thomas Aquinas, Summa Theologiae, vol. 34: Charity, trans. R. J. Batten (London, 1975), pp. 93-5；另见 Jeanrond, *A Theology of Love*, p. 80.

16. "不要效法这个世界，只要心意更新而变化"（《罗马书》(12：2)）。

17. "我们不是都要睡觉，乃是都要改变……因号筒要响，死人要复活，成为不朽坏的，我们也要改变。"（《哥林多前书》(15：51～52)）

18. 《以弗所书》通常被认为是圣徒保罗的追随者以他的名义写就的，作者以男人与女人在肉体上的结合来揭示基督和教会的形象。但是在后期的基督教中无法追踪到保罗赞扬“婚姻之神圣”的清晰线索。

19. 这个在西奈山的故事中重复使用的表述，几乎可以断定指的就是《希伯来圣经》。

20. Leviticus 20：10；Deuteronomy 17：7，cf. 22：22.

21. 《约翰福音》（8：1～11）引用耶稣的话，要求人们宽恕犯通奸罪的女人。

22. Dikaiosune 也翻译成为“正义”。

23. “与世无争”指的是那些柔顺的、但带着“受伤害”的感觉的、被他人之手蹂躏的人。耶稣直接引用《诗篇》（37），要求正义一方：“默然倚靠耶和华，耐性等候他。不要因那道路通达的和那恶谋成就的心怀不平。”

24. 《西拉书》（《德训篇》）中有“骄傲始于罪恶”的说法。

25. 这是塞缪尔·亨廷顿所说的核心道德，是美国将来自不同信仰和国家的移民团结为一体的力量。

26. 在性方面故作正经与权势和财富的累积二者之间的关系是偶然的吗？或许不是。马克斯·韦伯在《新教伦理与资本主义精神》中指出禁欲主义的自我否定与对经济创造的关注是紧密相连的：“因为一旦禁欲主义把清修房搬进了我们的日常生活……便会在建立一个经济秩序的宇宙方面发挥其作用。”

27. John 3：16；cf. 1 John 4：9vv.

28. Thomas Aquinas，*Summa Theologiae*，vol. 16：*Purpose and Happiness*，trans. Thomas Gilby（London，1969），p. 139.

29. Anthony Kenny，*What is Faith?：Essays in the Philosophy of Religion*（Oxford，1992），p. 66.

30. Augustine，'Letter 194：Augustine to Sixtus'，*The Works of Saint Augustine*（New York，2004），p. 296.

31. See Augustine，'The Trinity'，pp. 252，421；and Oliver O' Donovan，*The Problem of Self-Love in St Augustine*，pp. 130，135.

32. John Calvin，'Articles concerning predestination'，in *Theological Treatises*，p. 179，quoted in Vincent Brümmer，*The Model of Love：A Study in Philosophical Theology*（Cambridge，1993），p. 189.

33. Mark 10：27；Matthew 19：26；Luke 18：27；cf. also Luke 1：37.

34. Aquinas，*Summa Theologiae*，vol. 34：*Charity*，p. 135.

35. 珍罗德在《爱的神学》中对路加和约翰团体中爱的对象的范围有过精彩论述。见 Jeanrond，*A Theology of Love*，pp. 36-7.

36. 马丁·吉尔伯特（Martin Gilbert）在其著作《公正：大屠杀中被埋没的英雄》（*The Righteous：The Unsung Heroes of the Holocaust*）（London，2003）中为教皇和梵蒂冈辩护，称当年他们并非对犹太人在希特勒的大屠杀中反映冷漠。例如，当时法国的神职人员公开谴责驱逐犹太人的行为，意大利众多神职人员，包括著名的耶稣会会士帮助犹太人免遭驱逐。

37. Martin Rhonheimer，'The Holocaust：What Was Not Said'，*First Things*，no. 137，2003，p. 18.

38. 要对教会的行为给出解释，比 Daniel Goldhagen' s *A Moral Reckoning：The Role of the Catholic Church in the Holocaust and Its Unfulfilled Duty of Repair*（New York，2002）更不偏不倚的方式是从实用主义或者反犹太主义，或者二者兼而有之的角度来看待。

39. 这个词最早可追溯到《哥林多前书》。保罗传递了有关圣餐礼的"得自上帝"的消息：晚餐后，耶稣端起杯子，对众人说："这杯子是用我的血立的新约。"《马太福音》和《马可福音》中对耶稣在这个场合所说的记录中略去了"新"字。

40. 然而，以可能触发这些罪行为理由来反对宗教信仰是荒唐的。世俗主义已经孵化出无数的盲从与暴力，并且信条与它催生的邪恶之间很难是简单的对应关系。

41. Thomas Aquinas，*Summa Theologiae*，vol. 9：*Angels*，trans. Kenelm Foster（London，1968），p. 197.

42. Aquinas，*Summa Theologiae*，vol. 9：*Angels*，p. 203.

43. Aquinas，*Summa Theologiae*，vol. 34：*Charity*，p. 159.

第 8 章　爱和游吟诗人：作为典范的女性

人类之爱如果没有神的恩赐，究竟能达到怎样的广度？上帝要求人类爱自己邻里的范围究竟有多大？什么是婚姻中爱的本质？对世俗物质的渴求价值何在？这些问题在中世纪基督教中存在诸多争议，不过有些事情早有定论。其中一点是对他人的真爱必然是以上帝为目的的体验；另一点是偷情的渴望即便能让人满足，也仍是一个禁区。

这看上去为中世纪欧洲留下了一个乏人关注的角落，供身为基督徒的男人和女人用一种完全不同的精神来赞美爱：爱是一场常常以偷情方式完成的优雅盛典，尽管爱的主体赞颂和敬畏上帝，但其目的是为了自己在尘世的幸福；真爱的双方所体验的激情既不需要依赖上帝，也不以上帝为终极指向；最纯粹的激情被认为与婚姻不兼容；它对自己的态度既极端认真，又是嘲讽的、游戏的，甚至是放荡的；激情让求欢者焕发活力，只要他们以合宜的忠诚、耐心和殷勤侍候自己的情人，他们的美德就将升华至完美。

这些发生在 12 和 13 世纪普罗旺斯和法国南部更广阔的地方，包括比利牛斯山和西班牙北部，即今天所称的“奥克西坦尼亚”。当地的行吟诗人留下了大量歌颂“典雅爱情”的诗篇，而 19 世纪后期被广泛认为是“典雅爱情”[1]（宫廷爱情）的第一次滥觞。这些行吟诗人的伟大之处，并非如同尼采[2] 等许多人认为的，创造了作为激情的爱，因为这种爱显然早已存在，从《希伯来圣经》到奥古斯丁对上帝之爱，特别是被作为新娘对新郎的爱来表达时，从《雅歌》中描写的爱之中，从约拿单对大卫的爱之中，我们都体会到并赞美这样的爱。[3] 确实，行吟诗人对已婚情妇的忠心丝毫不亚于人们对圣母玛利亚的热情之爱，只是前者难以长久。当然，把爱作为善行的学校最早也不是由行吟诗人提出的。在让爱者在道德上达到完美这一点上，柏拉图和亚里士多德早已有颇多论述。相比之下，行吟诗人最本质的改变在于他们培养了一种以世俗女性为对象的爱的宗教。通过这种爱，求爱者（有时也包括被爱的女性本身）可能获得人类在其他方面都无法获得的高尚与充实感。[4]

偷情之爱

如同每一种伟大又新鲜的情感一样，爱也是一种非常复杂的情结。有些行吟诗人，包括我们所知的第一位行吟诗人基廉[5]（1071—1126）赞美的不仅是偷情的渴望，更是性的完满："上帝啊，让我在这世上活得久一些吧，好让我把手伸到她的披风下。"[6] 基廉如此露骨的表达，被其他行吟诗人嘲讽为过分粗野、有失宫廷风度。他周旋于不同的情人之间，尽管他对此既感到苦闷，却又带着游戏心态："爵士啊，我真是烦恼，请给我忠告吧！……该和谁在一起？是艾格尼丝夫人，还是艾尔森夫人呢？"[7] 他总是异常高调，无论是颂扬爱对生命和健康的提升，或是叹惜自己在爱情上的失败，抑或是嘲讽某位声称期待着优雅求爱者的陪伴，却对无论什么样的男人都来者不拒的女人：

> ……我从来没有见过一位女士有如此强烈的信念，任何人如果拒绝她的恳请或祈求，便会被她永远视为仇敌。[8]

其他行吟诗人，特别是基廉之后的诗人，拒绝伦理层面的偷情行为（尽管有些人可能因为和所爱慕的女人社会地位相差太远，无法奢望有性方面的亲密关系）。[9] 其中之一是马卡布鲁（活跃于1130—1149），他是加斯科涅的一个小职员，坚持认为如果没有一夫一妻制，或者男女双方在性关系上没有获得许可，爱就无法成为培养德行的学校。他的观点听上去类似《圣经》的口吻[10]，责备人类的愚蠢和堕落。然而，如同其他行吟诗人，他的腔调根本上是世俗的。他所谴责的为恶习付出的代价更多是人类的退化，而非神的惩罚。[11]马卡布鲁认为通奸会玷污高贵的血统，造成后代在人种上的退化。在他看来，错误的爱比人类生活中的任何一个方面都更容易受到污染，它所导致的堕落不是道德意义上的“坠落”，而是社会与生物学意义上的败坏。

其他诗人如伯纳特·马蒂对偷情的解释模棱两可，不过坚持认为一个已婚女人应只有一位情人：“如果一个贵妇同时供养三位男人，那就是对她的情人不忠…… 我允许她同时拥有一位行吟诗人、一位好友和一个丈夫。”[12]

婚姻中的爱被认为不是不可能的，但它不同于无论是否有性高潮都能让情人感觉到灵魂的净化与活力的“典雅爱情”。据说 1174 年香槟女伯爵颁布了一套“纯真爱情的艺术”，明确区分了婚姻与在婚姻之外的爱情的不同之处：

> 我们断言并坚定地相信，在两个具有婚姻关系的男女之间不可能存在爱。爱需要双方自由地给予，不带有任何强迫和束缚；而以婚姻关系结合的男女对彼此负有责任，一定为照顾对方的需求而克制自己。[13]

支持这些观点的行吟诗人不会站在少女的阳台下，弹奏着特鲁琴为情人歌唱，也不会如同不善言辞的战士，借用西哈特·德·贝热拉克的诗句向葛洛仙妮求爱。他们是服饰华丽、精通言辞的行吟诗人，虽然有些人出身于小贩或农夫家庭，但更多人如同基廉一样本身就是贵族。他们以被现代人称为“奥克语”的语言，创造了大量有关爱的诗句，其中充斥着情色之恋的欢愉、优雅、嬉戏和献身。

女性作为激发美德的典范

除了把偷情之爱神圣化，我们被“典雅爱情”引发的另一个革命性即刻打动了：女性被尊崇为德行的源泉，她赋予求爱者神圣的、以付出德行为目标的爱。[14]事实上，行吟诗人也许没有意识到，他们提出的这种观点挑战了几个世纪以来的传统理念，即女性是把男人带入罪恶的祸水，就好比在亚当和夏娃的故事中，夏娃偷食禁果，使得人类被逐出伊甸园，走上软弱和罪恶之路。

基廉在诗中还描述了特别的角色逆转，有权有势的封建领主拜倒在一个在社会和政治地位上都较为卑贱的女人脚下。身为阿基坦公爵、波蒂埃伯爵和著名的英格兰狮心王理查德的直系先祖，基廉在诗句中描写自己虽然位于等级阶层之巅、贵为广袤领土的统治者，在爱情上他依然是个乞求者：

> 不顺从爱者，爱不会施恩于你，除非你对生人谦逊，顺从那些居于爱之中的人们。[15]

晚于基廉的另一位行吟诗人贝尔纳·德·文塔多恩（1147—1170）写过类似的诗句：

> 我爱她啊，除了她，我别无畏惧；
> 没有什么艰难挡得住我，
> 除了让我的情人开怀。[16]

同时，贝尔纳也哀叹女人的卑鄙和背叛：她们一边用错误的借口责备正直的求爱者，另一边却倒向有钱人的怀抱。事实上，在贝尔纳的诗歌中既能找到对女性的赞美和崇敬，也不乏对她们的嘲讽，争辩、责备和失望经常贯穿于同一首诗中。[17]希伯来先知们都可与上帝辩论，所以没有理由认为责难与崇敬不能在一首诗中并存。无论如何，由女性激发的快乐超越其他任何感受：

> 草木繁茂，花儿芳菲，夜莺歌唱……我心舒畅，为花草，为自我，为我的爱人……爱人之爱，快乐之巅。[18]

基廉和贝尔纳的诗句让我们深刻理解了赢得或失去女性关爱的利害：

爱她的快乐，可治愈久病之人，
她的怒火，让健康者坠入地狱，
让睿智的人成为莽汉，
让俊逸的男人丧失魅力，
让高贵的人举止粗俗，
让粗人变身为优雅的绅士。[19]（基廉）

自从遇上我的女人，
既无祝福，亦无仁慈，
更没有由此获益。
我也不会告诉她这些……
她要了我的命，我用自己的命报答她，从此消失……在流放中，
再无处可依。[20]（贝尔纳·德·文塔多恩）

因此，一位女性是否接受她的求爱者，是对求爱者生死攸关的决定，即使不是身体上的，也是精神和道德上的考验。如果她收回对求爱者的认可，那不啻宣判了他的死刑；如果她接纳他，则他的身体和精神都会焕发生机，粗人也会变为优雅的绅士。

然而这绝不代表女性对求爱者的接纳是一种真诚的报答。尽管如贝尔纳所说，这种接纳有时候“等同于高贵的情人们之间的感情”[21]，但女性的接纳也可能仅仅表示她乐于享受求爱者所奉上的快乐和陪侍，并以“荣耀或善意”[22]回馈。不过这种反应远非完整意义上的报答。

※ ※ ※

尽管偷情构成了“典雅爱情”根本的情感结构，但行吟诗人真正的目的，特别是以基廉为代表的第一代诗人之后，并不在于性的占有，而是求爱者在道德和精神上的丰沛。[23]无论是否获得报答，求爱者以优雅、侍奉和

节制爱着心仪的女性，而这样的爱也滋养着他自身：

> 每一天我提升自己，变得更为纯洁，因为我景仰和侍奉着这世界上最高贵的女人。我这样公开地告诉你，我的所有都归于她。[24]（阿尔诺·达尼埃尔）

另外阿尔诺也谈到，在旅途中邂逅的所有女性中，他发现“不止一位拥有所有这些品质，因为上帝选择由她来展现”[25]。通过爱这样的女性，他获得全部善行的源泉，成为美德的学徒：

> 女神让我变得高贵、真实和更为忠诚……为了她，我爱得优雅；为了爱，我变得高尚。
>
> 爱引发了所有的善……爱是勇气的学校……[26]（基硫·瑞奎尔）

爱是善行的源泉，是美德的学校，是通往纯洁的路径；爱追求的是体现了神圣品质的对象。这里我们再次看到柏拉图的影响（贯穿于整个新柏拉图主义）。在许多后期的行吟诗中，女性自身体现了最高之爱所寻求的完美。换句话说，她们身上所展现出的善和美激发了情人的善行和美德。对于行吟诗人来说，正如同柏拉图《会饮篇》中的狄奥提玛，追求完美是爱的最高目标，是让生命丰盛的核心。他们对爱的讴歌与情色和肉欲无关，与肉体繁衍无关，他们所颂扬的美亦是对道德的善的追求。

以上这些是“典雅爱情”可能难以彻底实现的理由。原因并不是如瑞士作家丹尼斯·鲁日蒙在他那本《西方世界的爱情》[27]中所说的，情人为了自己的目的，把注意力集中于寻找困难和体验痛苦上，而以精神提升和道德完美为目标的追寻永远没有一个让追寻者彻底满足的终点。过程就是奖励，如行吟诗人阿尔诺·达尼埃尔的朴素表达：追求无限快乐，既是理由，也是过程。过程就是结果。

忠诚与嫉妒

但是，在现实中一个人不可能同时专注于一位以上的情人，也不容易将多个女性视为善或美的象征。因此，“典雅爱情”中求爱者必须遵守一条黄金规则：即使欺骗你的妻子，也不要欺骗你的情人。他或许结婚了，或许有情人，但在一段时间内维持一种“一对一”的关系是“典雅爱情”的本质结构。

这意味着一种双重生活，不过是公开的，而非遮遮掩掩的。对此，没有人比基廉更为擅长。据 13 世纪一位传记作家描述，他既和所有行吟诗人一样，多情地崇敬一位女性，又是一位富有魅力的诱惑者：

> 普瓦图伯爵是世界上最优雅的男人之一，也是极有魅力的诱惑者之一。他既英勇善战，又甜言蜜语；他深谙写诗与填词之道，他游历四方，只为掳获女人的芳心。[28]

基廉的双重生活与他的诗歌风格正相匹配。一方面，他描写“典雅爱情”中理想化的、诗情画意的和细微的情感；另一方面，他冷酷、急躁、谎话连篇。他既渴望拜倒在女人脚下，又试图征服她们。他最大限度地享受爱的激情，又认为这一切注定都是徒劳的。他时而极尽冷嘲热讽之事，时而认真地近乎痛苦。我们无从知晓他的真实面孔，或许他所展现的面孔永远戴着面具。

另一位诗人阿尔诺·达尼埃尔亦是如此，只是风格不同。一方面他愿意侍奉情人、变得更为道德，另一方面他想溜进她的卧房。他明白那里不是柏拉图式的隐匿之所，“我想进入她的身体，不是她的灵魂。她要我溜入她的闺房”[29]。他和基廉相似，却没有基廉那样放荡，他体现了奥维德在《爱的艺术》中所宣扬的快乐的“不道德精神”，那种贯穿于情感的追逐或猎取过程中的感官享乐。我们从阿尔诺身上看到比基廉更为明显的理想主义的痕迹，这源自柏拉图与基督教将肉体渴望转化为对高尚思想的探索。在他的诗歌中，这些西方历史中相互冲突的观念得以和谐共存，仿佛爱的品德在情人的床上获得了肯定与奖励。

※ ※ ※

“典雅爱情”确实需要调理的一种感情是嫉妒。即便产生嫉妒的情色主义很大程度上被精神化，或改为以道德感为其主要目标，嫉妒也一定是存在的，而且有清晰的定位：丈夫不应该嫉妒情敌，而求爱者可以。事实上，一个求爱者的嫉妒值得赞扬，因为它反映出求爱者对心仪女性绝不妥协的献身，而由此滋养的爱情让双方更美好。[30]

而丈夫的嫉妒出于占有欲这种显而易见的动机。更糟糕的是，这暗含着对“典雅爱情”的伤害。行吟诗人马太普拉纳力劝同伴米拉维为支持典雅之爱，应克服对妻子的情人的嫉妒：

> 他无须担忧自己的妻子，不要因为家中常有求爱者走动而心生烦忧。因为唯有如此，才可让高雅者愉悦，让嫉妒者自惭形秽。[31]

这样，行吟诗人的作品中极少出现求爱者对情人的嫉妒也就无甚出奇了。德行上高高在上的女性被认为会忠于她的情人，即便她有小小的花心，求爱者以其爱的仆役的身份，也极难去责备她，更不用说她的生活环境通常极为私密，难以被人所知。即便如基廉这样的贵族，也曾经对一位从未谋面的女性产生了情愫，坚信其对自己忠贞不渝，直到发现此女同软弱无能的北方人在一起（北方人常是南方人极度质疑的对象）。基廉只好感慨道：

> 我爱着一个女人，却不知她是何方仙女。我从未看过她一眼，却相信她从不会迎合或惹恼我；我无须担心，因为不会有诺曼底人或法国人现身于我家中。[32]

行吟诗人所赞美的爱情追求充满了强烈的快乐，足以治愈痛苦和自我怀疑的心病。这种生命本身的勃发和愉悦来自对女性之爱。[33]如同佩尔·维达尔所说：“快乐生于她，始于她。”[34]贝尔纳·德·文塔多恩赞美说，在这样的爱中，神圣的人找到了自己的归属：

> 任何过着平凡日子、尚未体会到这种爱的人，只要把自己彻底交给这种爱所带来的快乐，就好比置身在牧场、草地、果园、田野、大地或森林之中，耳边钟鼓齐鸣，仙乐飘飘。[35]

行吟诗人对“典雅爱情”的赞美和对女性的爱慕，在今天的人看来近乎一种受虐狂式的幻想。歌德故弄玄虚地称之为对“永恒女性”的臣服，它包含着冗长的自我折磨和考验，而这种甜蜜的折磨因为投射于一位遥远的女性身上而显得更为艰熬，尽管她只是一个冷冰冰的原型而非活生生的个体。按照这个观点，偷情之爱让行吟诗人心驰神往，却极少给他们带来实际体验的快乐，只不过是他们为了强化狂热的感觉，自己创造出一个又一个障碍。是否实现这种快乐，反而成了最不重要的目的。“典雅爱情”中完美的女性形象只是求欢者们自恋的产物，他们为了自己的享乐创造了这些女性，却否定她们真实的人格。女性仅仅是他们为了证明男性的统治地位而放在自我惩罚的神坛上的祭品。从这个角度看，“典雅爱情”提供了极好的例子，证明爱的本质是塑造一个不可企及的偶像，而这正是爱的困惑。[36]

然而，即便这种自虐—自恋的图景是帮助我们理解为什么人类可能乐于臣服于一个想象出来的渴望对象（无数的障碍让这个对象远离我们的掌控之外），它也适用于任何一种结构的爱，包括以天堂中存在的作为渴望的对象的爱。不过，换句话说，它不能解释典雅之爱的特殊之处：把女性（而非上帝，或者绝对美，或者其他终极存在）作为爱的理想对象，对世俗甚至是偷情的渴望的神圣化（而非唯一的对上帝的渴望），对现世的快乐的赞颂。

事实上，如果不满足对爱的发展至关重要，那不是因为爱带着一种自虐般的动力，从突破自我的不快乐中获得快感和丰富，也不是因为只有在不安全的状态下，人们才能体会到爱的真实感，而是因为不满足感迫使爱专注于培养奉献、高雅、忍耐和平衡等高尚的气质，而这些正是爱得以成功的根本。爱是高贵的灵魂，爱的活力让爱人和被爱者充满蓬勃的生命力，不管爱是否让他们痛苦，不管他们最终得到还是失去爱。[37]

注释

1. 法国中世纪研究学者加斯东·帕里斯于1883年创造了这个词“典雅之爱”。

2. Friedrich Nietzsche, *Beyond Good and Evil*, in *The Basic Writings of Nietzsche*, trans. W. Kaufmann (New York, 1962), section 260, p. 394.

3. 在中世纪欧洲，“典雅爱情”与处女崇拜二者共存，可谓是西方世界对女性化的关系方面最不同寻常的神秘时期。

4. 我从L. T. 托普斯菲尔德的著作《行吟诗人与爱》获益良多。

5. 今日以阿基坦公爵和普瓦图伯爵威廉九世而为人所知。

6. 见Linda M. Paterson, ‘Development of the courtly canso’, in *The Troubadours*, ed. Simon Gaunt and Sarah Kay (Cambridge, 1999), p. 36.

7. 见Alan R. Press (ed. and trans.), *Anthology of Troubadour Lyric Poetry* (Edinburgh, 1971).

8. Press, *Anthology of Troubadour Lyric Poetry*, p. 15.

9. C. S. 列维斯在他那本影响力延续至今的经典研究著作《爱的寓言》(*The Allegory of Love*) 中将偷情列为“典雅爱情”的四个主要特征之一。不过第二代游吟诗人开始对偷情颇为苛责，认为偷情绝不可能被视为“典雅爱情”的固有特征之一，即便是对偷情的渴望本身也不可能。

10. 见Catherine Léglu, ‘Moral and satirical poetry’, in *The Troubadours*, ed. Simon Gaunt and Sarah Kay (Cambridge, 1999), pp. 49-50.

11. Léglu, ‘Moral and satirical poetry’, p. 49.

12. Cited in Linda M. Paterson, *The World of the Troubadours* (Cambridge, 1993), p. 235.

13. 本章从辛格的《爱之本性》中获益良多，但我们无法确定的是早在12世纪之时，“典雅爱情”是否确有其事，还是仅仅是文本的虚构。

14. 感谢史蒂芬·贾格尔在私人通信中给予我富有启发性的评论。

15. Press, *Anthology of Troubadour Lyric Poetry*, p. 19.

16. Press，*Anthology of Troubadour Lyric Poetry*，p. 69.

17. 见 Bernart de Ventadorn's 'Can vei la lauzeta mover'（私下通信）。

18. Press，*Anthology of Troubadour Lyric Poetry*，p. 79，my italics.

19. 见 Paterson，'Development of the courtly canso'，p. 31.

20. Press，*Anthology of Troubadour Lyric Poetry*，p. 79.

21. Press，*Anthology of Troubadour Lyric Poetry*，p. 67.

22. Press，*Anthology of Troubadour Lyric Poetry*，p. 81.

23. 见 Paterson，'Development of the courtly canso'，p. 31.

24. Press，*Anthology of Troubadour Lyric Poetry*，p. 183.

25. Press，*Anthology of Troubadour Lyric Poetry*，p. 187.

26. Press，*Anthology of Troubadour Lyric Poetry*，p. 313.

27. 如 de Rougemont，*Love in the Western World*，pp. 35，76.

28. 托普斯菲尔德在《行吟诗人与爱》中有此引述，不过很难判断对行吟诗人的这些传记性描述究竟有多可靠。

29. Press，*Anthology of Troubadour Lyric Poetry*，p. 189.

30. 见 Singer，*The Nature of Love*，vol. Ⅱ，p. 27.

31. Topsfield，*Troubadours and Love*，pp. 221-2. 托普斯菲尔德《行吟诗人与爱》对我有关嫉妒的论述甚有启发。

32. Topsfield，*Troubadours and Love*，p. 32；cf. pp. 28-33.

33. 托普斯菲尔德在《行吟诗人与爱》中说："爱是一种在生命中寻找快乐的内在力量，它来得强烈，虽能自生自灭，但需要一个对象来具象化。"

34. Press，*Anthology of Troubadour Lyric Poetry*，p. 197.

35. Press，*Anthology of Troubadour Lyric Poetry*，p. 69.

36. 将"典雅爱情"诠释为自虐式的自恋，这种观念上的进步来自从行吟诗人到从事此专题研究的学者等极端多元化的作者和思想家的推动。

37. 12、13 世纪"典雅爱情"对女性的偶像化与圣母玛利亚的崇拜同时发生，的确是件迷人的事情。第 7 章提到的修道院院长与神秘主义之父圣伯尔纳铎（1090—1153）与所知的第一位行吟诗人基廉是同时代的人，当基廉对他已婚的情妇奉上崇敬之时，伯尔纳铎正在培养对于圣母玛利亚的一种朴素但不乏激情的崇拜。

第 9 章　从中世纪盛期到文艺复兴：人性何以变得可爱

12、13 世纪之后，西方对于爱的诠释遗留下一种革命性的思考：个人可以享有以往专属于上帝的爱。他/她可被视为最高的善的体现，获得与神圣的存在同等的敬畏。宇宙仍然被认为遵循着以上帝为目的的爱的秩序，而且所有的爱最终都服从于对上帝之爱，但献身于某一个体或普遍人性的爱，自此走出了一条更为自由的路径。

本章将以这个变化中的一些关键发展作为线索，一直追溯到标志着现代世界开始的 17 世纪。彼时的重要思想家巴鲁赫·斯宾诺莎有效地消弭了作为整体的自然与在其之外的上帝之间的差别。自此，为了上帝而爱自然的观点不再有任何意义，因为在这位哲学家看来，自然和上帝本为一体。

不过，在被宣布为是一种新的哲学观之前，我们已经从诗歌中看到对自然的爱本身蕴含着神圣性这一观点的鲜活描述。12 世纪开始登上西方世界爱的舞台的行吟诗人算是“伟大的恋人”的先驱者，在他们之中诞生了著名的爱情故事：30 岁的巴黎哲学教授亚伯拉德爱上了只有 15 岁的学生哀绿绮思。浓烈的情感、灼人的欲望、私生子和秘密婚姻，他们爱情故事中的点点滴滴都被记录在两人那些著名的情书中。[1] 在早期写给亚伯拉德的一封信中，哀绿绮思说：“无可置疑，在你身上我看到所有善中最伟大和最鲜明的善。”[2] 随后，她带着些许，显然并非全然的遗憾，写道：“在迄今为止我生命的每一个阶段，上帝知道，我宁愿冒犯上帝，也不舍得冒犯你；我只想迎合你，而不是上帝。”[3]

亚伯拉德回忆道：“欲望让我们沉溺在各种性的欢愉中，爱所启发的任何性行为，我们都乐于尝试。[4]分离让我们的心靠得更近，挫折使我们的情欲更加炽热。我们忘记了任何耻辱，只为找到更多做爱的机会。在肉体的狂喜中，我们被放逐得更远了。”[5] 这些情书是他们彼此完全献身的明证，而在这段爱情中处于中心地位的肉体极乐也让亚伯拉德付出了惨痛代价（哀绿绮思的叔叔趁他睡着之时，割去了他的生殖器）。这样的描述真是再合适不过：他们的爱耗尽了两人的肉体、智力和精神。

与之一脉相承的是大约 1210 年诗人戈特弗里德·冯·斯特拉斯堡所讲述的特里斯坦与伊索尔德之间的不伦之恋。[6]这份高尚的爱只能发生在隐蔽的森林里，预示着其中蕴含着纯朴的现世和自然。他们对彼此不顾一切的欲望，包括性渴望，变成一种神圣的献祭。他们用类似宗教祷告的感情和语言，庄严地实施爱的仪式。但他们体验的爱并不需要不断地从上帝那里获得合法性与生命力，也不需要奥古斯丁所描述的“引领他们对爱及其神圣性的意识”[7]。用戈特弗里德的话来说，除了对方，他们不需要任何其他。

> 他们眼中只有对方……除了爱和欲望，他们不再需要其他，内心中深藏着最好的养分：那彼此之间纯粹的献身。他们不为利益，但心灵充满渴望，眼中满是快乐，身体散发出难敌的魅力。这已经足够，他们再无求其他。[8]

肉体激情不再是超越人的方式，而是完全属于人的。沐浴在爱的精神和感性中的人在今生获得生命所赐予的祝福。人类并未否定上帝，只是创造了一个“地上的天堂”[9]。

这种日臻完美的人性在一个极其自然的环境中逐渐显现出来。在鲜花盛开、树木葱郁、鸟儿鸣唱的森林中，在远离尘嚣的岩洞里，特里斯坦和伊索尔德逃离了日常生活的污浊，在此获得爱的圆满。岩洞如同一座哥特式教堂，让我们感到恋人在其中交合是一种肉体的献祭仪式。而岩洞的结构特征似乎预示着爱的特点：

> 它内部的圆形象征爱的纯粹；纯粹最符合爱的特征，意味着没有任何顾虑，包括欺骗和背叛。宽度象征爱的能量，因为爱的能量无穷无尽。高度代表冲破云霄、不断向上攀爬的渴望，直到善行汇聚成一，如同所有石柱在拱顶合拢一般。[10]

岩洞正中是一张床，放在相当于教堂中祭坛的位置。这是一张水晶做成的床，戈特弗里德认为，它的“完美无瑕”体现了爱的本质：“爱应似透明或半透明的水晶一般”。

戈特弗里德用水晶的刚硬比喻爱的品质——为了克服与爱相伴相生的悲伤、牺牲和干扰，爱一定要像水晶一般强硬。[11]如戈氏在一首诗中所写：“未尝过爱的苦，怎能知爱的甜?”[12]透明的水晶还代表另一个预示：真爱应具备甄辨诱惑的洞察力。（这再次回应了柏拉图《会饮篇》中狄奥提玛的观点。）虽然人们极易被爱的渴望引入幻想与荒谬，但最高层次的爱意味着截然相反的体验。它既不会自我破坏，也不会与任何意欲破坏它的人搭上关系。戈特弗里德说：“欺骗或武力不会与爱结缘。”因为爱的岩洞有一扇“铜制的大门”，将所有试图用各种手段进入的人隔绝在外。“它以铜制成，任何工具，无论武力或暴力，狡诈或诡计，背叛或谎言，都无法冲破。”[13]

在这扇大门的庇护下，岩洞中的爱人被汹涌的爱潮包围着投入爱人的怀抱。[14]没有与上帝神交的奇迹，没有圣餐体变和领受圣餐者的成神，换句话说，没有天主教的弥撒，只有肉体与精神同时获得的超凡统一。[15]这种出于情欲要在肉体上与另一人合二为一的渴望，一如基督教传统中人们对上帝热忱的爱一般神圣。

※ ※ ※

这种倡导爱自然的新语言不仅仅适用于肉欲和浪漫之爱，也被用来表达对一切自然之物的激情之爱。在亚西西的方济各（1182—1226）看来，风、太阳、空气、各种动物，都是爱的对象。他称呼鸟儿和月亮为“姐妹”，火和风为“兄弟”，他因为这些兄弟姐妹的存在而赞美上帝：

赞美你，我的主，以及你创造的万物，
尤其是太阳兄弟，
他带来白昼，你通过他赐给我们光明。
赞美你，我的主，为了风兄弟和空气，
不论天气如何，或阴或晴，
你用空气维持你所造万物的生命。
赞美你，我的主，为了水姐妹，
她是多么有益而谦逊，纯洁而宝贵。
赞美你，我的主，为了月姐妹和众星星，
你把她们造成天上珍宝，灿烂晶莹。
赞美你，我的主，为了火兄弟，
你用他来照明黑夜，
他是多么快乐而茁壮，猛烈而俊美。
赞美你，我的主，为了我们的大地母亲姐妹，
她养育我们，照料我们，
是她，长出繁多的果实、缤纷的花草。[16]

如果你对这位作者一无所知，大概会认为这首诗出自一位异教徒，或者一位自然崇拜者或泛神论者之手。实际上，这首诗并没有谴责自然的腐化，也没有把自然看作通往另外一个世界的桥梁，更没有认为与自然交友即是与上帝为敌。“大地母亲姐妹……养育我们，照料我们”，在造物主的次序中，她并非居于人类之下，而是作为母亲和姐妹与人类是平等的。

更了不起的是方济各四处游说，谋求人类与自然的亲密关系。为此，他抛弃了所有的俗世荣华，只留下短暂栖身的住所和教堂。他认为即便教堂的围墙也阻隔了人类与外部世界的联系，让我们的感觉变得迟钝。因此，我们只能做教堂的过客与陌生人。

方济各拒斥物质，倾心自然，好像一个沉浸在自己世界中的嬉皮士，太过天真和理想化。但是，任何一位如他一样严格且反传统的人，都具有洞穿陈规的坚强甚至冷酷的意志。没有圣人或者推崇人性的伟大人物是特别温柔或宽容的。

从一场改变生命的疾病复原之后，方济各开始公开地展现出这种意志力。他做的第一件事就是宣布与自己优越的出身决裂。这与其说是他个人对贫穷的宣誓，毋宁说是对父亲的公开羞辱。他在亚西西最大的广场上斥责身为富商的父亲贪婪、虚伪和自满。面对被他的愤怒所吸引而来的人群，他脱下衣服卷成一团，丢向父亲，并对他说："我现在不欠你任何东西了。"[17]

然而在方济各有关贫穷的思想中，不存在任何悲观或厌世色彩。他拒绝物质占有欲，不是为了逃离这个世界，而是恰恰相反，为了接近这个被物欲控制的世界。他使我们明白，称金钱为"世俗的"是用词不当，因为它阻碍而非表达了我们与世界的关系。他敢于冒大不韪地认为那些追逐财富的人不是太痴迷于现实利益，而是痴迷得不够。他看到虽然财富能保护我们免于严酷现实的伤害，但同时也将我们隔绝于现实的丰富性之外。

你不能爱上遮蔽你的东西，这就是为什么金钱和骄傲成为耶稣攻击的主要对象，因为它们都是遮蔽人的工具，而性却不是。禁欲主义不应被彻底否定，因为它有力地引导我们向世界开放，去体会一种强烈的"所在"，或者我们称为"神圣"的感觉。（实际上，最彻底的伊壁鸠鲁者/享乐主义者也是禁欲主义者。只有最严格地控制身体和头脑的人，才能享受最大程度的感官愉悦和喜乐。）方济各开放的思想以前所未有的力量和纯粹性，赋予世俗事务以快乐和圣洁，赋予作为造物主和给予者的上帝在自然中所造就的神圣感。

然而，方济各对纯粹性的严格要求显然不符合多数追随者的期望，更不要说掌握着大量财富、被权力欲所左右的中世纪教会高层。在他死后，他所创办的方济各会的继任者与修道士们过着穷奢极欲的生活。在他死后第 12 个年头，方济各会鲁昂大主教吹嘘说自己拥有三座宫殿与大量地产。[18]更糟糕的是，方济各死后不久即开始运转的宗教裁判所在方济各会的授意下，以异教徒之名烧死了几位修道士，理由是他们过分相信神贫苦的力量。1323 年，方济各会内少数修道士宣扬的“守神贫”被教皇约翰二十二世谴责为异端邪说。这些修道士以上帝与其门徒从未占有任何财物——甚至包括他们身上穿的衣服——为理由，呼吁人们守住神贫，而这正是当年方济各脱下衣服掷向父亲时所秉持的信念。

狡猾的教会虽然迫害了许多批评其占用大量财富的反对者，但看到方济各会可以为其所用。它的冷酷、贪婪和腐败成了反抗的导火索，直接诱发了三个世纪后的宗教改革运动；而方济各所提出的爱的哲学、他本人的典范行为以及他所倡导的与自然和谐共处的理念强烈吸引着普通人。因此在方济各在世时，他所创立的方济各会在一定的限制条件下在较短的时间内就获得了官方的承认，而他死后也旋即被追认为圣人。

※ ※ ※

如果认为亚拉伯德与哀绿绮思、特里斯坦与伊索尔德以及方济各对自然与身体之爱的理解在原则上有悖于基督教主流思想，那绝对是错误的。然而，在 19、20 世纪，包括尼采在内的一些思想家认为基督教（甚至是想象中的犹太基督教）蔑视自然和肉体，向男女灌输“对身体和肉欲的仇恨”[19]，这本身也是个错误。事实上，正如同我在第 7 章所谈到的，这种对肉体不合理的蔑视，是同基督教的主流教义相冲突的。基督教认为从创造人类到作为上帝肉身的基督降生，整个世界正是上帝自我显现的场所。正因为如此，如诺斯替教派和摩尼教等认为物质是万恶源头的流派才遭到强烈的驳斥。

更进一步来说，从方济各到行吟诗人，他们打破常规的行为与其不同的经历有关。尽管形式上背景相同，即如奥古斯丁所说的[20]，对上帝之爱最终是所有爱的参照，但这些其他形式的爱现在可以自主存在，无须不断参考上帝，抑或时时留心原来上帝也是不完美的事实。只有当我们认识到人类不过是“堕落”的生命体，这世间根本不存在上帝，我们才能明白原来每个人的价值都无所依托，由是我们所追求的人类之爱才可能挣脱禁锢，以此我们才得以享受他/她者的身体和爱，而无须记得只有当他/她和上帝相关时我们方可如此。

因此，当哀绿绮思向亚伯拉德告白说“在你身上我看到所有善中最伟大和最鲜明的善”时，她并无意贬低在爱的等级中无疑依然处于最高地位的上帝，也没有将亚伯拉德视为上帝的替代者。然而，这种将上帝之爱作为根本的背景没有影响哀绿绮思对亚伯拉德的情感体验：她对亚伯拉德的爱并没有跨越他而指向上帝，而是以他作为爱的终极目标。

中世纪盛期之后，即始于15世纪的佛罗伦萨、持续于16世纪的加斯科涅、直至17世纪在荷兰达到顶峰的200年间，诸多伟大的头脑进一步推动了这个革命。人类、肉体和自然被更多地肯定为是揭示神性的所在，而不仅仅是通往彼岸王国的桥梁；我们不再轻易被罪恶和迷惑冲昏头脑，而是在爱的召唤下，彻底地思考、享用爱，并与之共生共存。

柏拉图之爱与意大利文艺复兴

柏拉图式的洞察力又一次成为故事的中心。15世纪的佛罗伦萨所崇尚的爱的核心理念是：上帝的美与善注入了自然界的方方面面，从星星、植物，再到人类身体，自然界万物因此才变得可爱。自然不再是诱惑我们远离上帝的温床，而是上帝安放人类的肥沃花园。对自然神圣之美的思考与爱，就是对上帝本身的思考与爱。这正是意大利文艺复兴崇拜美的哲学根基。

意大利文艺复兴中所谓“人文主义”的任何概念，其本质上都是唯物的，称其为异教徒思想或反基督教根本就不准确。文艺复兴时期兴起的对自然物，如人体及人体解剖学的狂热不能脱离与神性的关联。事实上，这种迷恋的精神品质正是从神学品质中衍生而来的。

尽管《圣经》已经赋予自然以神性，自然所具有的这种深刻的宗教性，维持甚至也许提升了人类高于自然界其他生命体的统治地位。而作为精神与肉体之美的典范，人类拥有智力与意志的半神半人的权力，不仅仅敬畏自己内部世界的小宇宙和神的形象，也敬畏自己所身处的整个世界。爱是人类表达向往的语言，无论是向往另一个人的肉体，还是与宇宙的和谐相处和秩序。因为爱得到了上帝在现实世界中的化身的赞美，而现实世界也应该投身于对上帝的赞美。[21]

马斯里奥·菲奇诺（1433—1499）是一位资深的基督教哲学家。15世纪后半期他模仿柏拉图当年在雅典的学院，在佛罗伦萨创办了一间“柏拉图书院”。他对人文主义非常乐观，认为人类是上帝在俗世的“代言人”，更为甚者，人类精神“用各种智力与意志……在某种意义上成为所有，甚至成为神”[22]。

事实上，这正是人的责任，利用自己的能量与自由完成自我创造是人的最高任务。当时比菲奇诺年轻的皮科·德拉·米兰多拉（1463—1494），是位博学的神秘主义者、犹太神秘主义学者、贵族，有时候也是花花公子。他在《论人的尊严》一书中谈到人拥有理性、自由意志与高贵品质：

> 我们创造的你，既非圣物又非凡人，你尽可以按照自己的意志，以自己的名义创造自己，建设自己。我们仅仅能够让你以你的自由意志成长、发展，你也许会蜕变成无理性的畜生；如果你愿意，也可以开创神圣的生命。[23]

这种普罗米修斯式力量的核心是想象力与知识。凭借这些，人类可以理解主宰宇宙的永恒真理，并由此成为创造者。凭借这些，人类竭力成为天使，并最终与神性合而为一。以真正的柏拉图方式达到这种启蒙、澄明与领悟的最佳路径只有一条，那就是爱。爱造物主上帝的宏大，无论我们是否看到他的神迹，无论他在我们之内或是之外，无论他显现于我们人类的身体或是头顶的星星。只有通过爱，上帝、自然与人类才能结合在一起。

※ ※ ※

这些对西方爱的理念的发展让人兴奋：自然是神性的显现；人类是自由和自我改造的创造者；通过爱，人类掌握了对世界的理解力，进而获得与神性的统一；对尘世中美的爱是对上帝的赞颂。

菲奇诺清楚地知道，人类之爱与通过哲学思考、正义实践、宗教献身及其他精神与智力追求所得到的神圣之爱并没有本质上的不同。[24] 只是如同绝大多数文艺复兴思想一样，在菲奇诺的哲学中，已经浸润在自然方方面面中的神性却果断地否定了一个备受谴责的古老领域——性（对这个领域的拒斥至少又延续了三个世纪）。

菲奇诺认为，两个人之间真正有价值的感情必须是智力—精神层面的。性除了能制造可爱的孩子，并不具备其他的精神性。美丽的肉体值得赞美，但它带来的肉欲快感却不值得。实际上，菲利诺认为仅仅为了肌肤之亲的身体接触简直就是“兽性之爱”，而任何以肉体之欢为目的的欲望不啻“疾病”或某种形式的“疯癫”[25]。他希望以类似柏拉图“菲利亚”的无性友谊将男女结合在一起，这样拥有相似品质的人彼此欣赏，培养起让双方获益的感情。不过，菲奇诺的柏拉图主义的影响在于，他认为双方的欣赏不是严格地建立在彼此完美的品格之上，而是建立在相互之间对心灵、肉体和思想之美的分享之上。他把这种情感称为“精神之恋”，就是我们今天仍在使用的“柏拉图之恋”[26]。

在“柏拉图之恋”中，上帝与自然不再相互为敌，但精神对肉体的仇视依然存在。我们在菲奇诺最杰出的学生米开朗基罗身上看到这种对立的阴影。米开朗基罗赞颂人类的身体之美，特别是在其晚期作品中，他认为人体是他所渴望的精神王国的化身与产物。人体以上帝为摹本，没有什么比人体更能体现上帝的神圣、崇高和庄严。[27] 他“随灵魂飞舞”的渴望不仅表露出经常为人们所谈论的“忧郁”，而且这种忧郁给文艺复兴乐观主义的辉煌增加了一种也许不可或缺的颜色（因为需要多少对这个悲惨世界的洞察力、多少忧郁，才可以激发起叛逆的意志，看到人体所蕴含的美与和谐?）。

这里存在一个鲜明的矛盾。身体被拔高至一个或许前所未有的高度，肉欲却受到同等的诋毁。身体成为思考、痴迷与奉献的对象，让我们从其中清楚地看到上帝；然而，出于同样原因，人们对于不以自然中的神性为目的的欲望仍抱有最大的怀疑，特别是阻碍我们理解肉体之精神性的肉体之欲，依然被视为敌人中的敌人。

蒙田的叛逆的人文主义

在这场体验爱的对象的革命中，下一步要做的是更深一层地将对某一个人的爱，从我所谓的“背景画面”中抽离出来。在这个画面中，上帝是这个世界上值得爱的品质的源头，是爱最终必须参照的结论。不过，尽管背景画面照旧，但与菲奇诺的不同之处在于，我们从对另一个人的爱中所体验的快乐，完全集中于他/她作为个体的自然的天性，而根本不需要这个背景。爱人们也不需要向对方解释自己的爱。“如果你逼问我‘为什么爱我?’，我不知道该如何回答，只能说‘因为是你，因为是我’。”

这就是蒙田[28]（1533—1592）的说法，作为法国文艺复兴最具人文精神的思想者，蒙田是西方历史上最有魅力的人物之一。他与年长于他的拉波哀西之间的友谊被称为文学史上最伟大的友谊之一，可以媲美约拿单与大卫、路得与拿俄米的友谊。这样的友谊自从两人邂逅，就“相见如故，相见恨晚，从此再也没有人比我们更亲近的了”[29]。

这种结合是与爱上帝不同的另一个极端。它完全根植于友谊中的特定双方及他们之间的互动，而非如仁慈和慷慨等某种普遍的人性。它独一无二，除了自身，无章可循。尽管这种友谊源自双方的相似性——“一致与同类”[30]，但当蒙田试图总结他与拉波哀西之间的友谊时，他也无法清楚地解释究竟是对方身上什么品质打动了他：

> 我们的友谊自成模式，只能参考自己。这不是一种、两种、三种、四种……一千种特别的要素，而是所有这些要素混合而成的一种说不清道不明的精髓。它攫住了我的全部意志，使我的意志浸入并融合在他的意志中；它也扫荡了拉波哀西的全部意志，使他的意志浸入并融合在我的意志中，使我们如饥似渴，心心相印。我说“融合”，那是千真万确的，因为我们不再有任何自己的东西，也分不清是他的还是我的。[31]

这种灵魂伴侣般的友谊显然不可能发生在多个人身上：

> 有人假定，我会把同等的爱给予两个朋友，他们会像我爱他们那样互尊互爱，像我爱他们那样爱我。他这样假定，就等于把唯一的和单一的东西成倍增加，而这样的东西哪怕只有一个，也是世上最难觅得的稀罕物。[32]

蒙田没有从这种排他的狂热友谊中退缩，因为这种友谊超越任何其他的爱，包括对国家、对伴侣，甚至对子女的爱。友谊中的一方把自己以及其珍视的所有都给予另一方，“不再剩下任何东西可以与其他人分享”。如果朋友要我们放火烧毁神殿，或者亲手杀死自己的女儿，我们也乐意听从。[33]不过蒙田补充说，这样说是因为我们知道在现实中朋友会谨慎地护卫我们的利益。同样地，如果朋友要求我告诉他我发誓不告诉任何人的秘密，我会告诉他而不受责备，因为他就是我。“最高级的友谊应解除所有的束缚，你发誓对外人保守的秘密，你可以告诉朋友，因为他不是外人，他就是你。”[34]

这种观点的推论是友谊双方灵魂与意志互相融合，一方不会为对方为自己所做的事情而感激或掂量对方的恩惠，因为为对方做事即是让自己受惠。友谊中的两个人甚至不会去思考这些。因为任何恩惠、责任，或者感激，意味着两个人之间的关系，这些概念预设了人们之间的差异和分离，因而与真正的心灵的结合是敌对的。

更为甚者，要成为忠贞不渝的朋友，双方必须坦率地分享彼此的所有：不仅仅是幸运和不幸、秘密和思想，还包括“他们的愿望、妻子、物品、孩子及荣耀”[35]。因为他们现在已成一体并无你我之分。如果这样的朋友给你钱，他只是把你自己的钱还给你。

蒙田不仅仅发展出一个友谊的理论模型，而且自始至终他将自己与拉波哀西“爱的友谊”同生活中的其他感情相比。他认为友谊是融合了才华、愉悦与成就的享受，而其他不过是“灰烬，是暗夜与沉闷”。因此拉波哀西早逝后，蒙田哀叹说他感觉自己的一半也死去了。[36]这种友谊中似乎没有任何肉欲的影子。（实际上蒙田感兴趣的友谊中没有性的位置，不过他对同性恋甚为宽容，除了有一次他以同性恋是令人反感的“希腊人替代方案”为理由而加以拒斥。[37]）

正是爱揭示了认为友谊在投入和激情方面比任何“浪漫关系”都来得较不浓烈的观点是一个多么大的错误，因为用蒙田自己的话说，“（友谊）如果完美，如果完整，毫无疑问仅有极少数人能一亲芳泽，而今时今日更难觅其踪。三百年来偶遇一次，已属幸事。”[38]

蒙田的友谊之爱同亚里士多德的“菲利亚”有着惊人的类似，他本人也认可这种评价。他们两位都认为友谊的养分来自相似性，它不受“利益或快乐”的污染，“因你是你”是它存在的理由。它会受到不平等的侵蚀，即便是父母与子女之间的不平等。它需要两个生命强烈地真正交织在一起，献身于冷静、公正、自然、忍耐和富有现实主义的承诺。蒙田和亚里士多德都认为只有这种献身才能带来最大限度的愉快。

要赞美的终究是自然。蒙田是一位虔诚的基督徒和忠诚的天主教徒。他想在由上帝安排的世界中生活与爱，发现以及满足我们健康幸福的自然条件。在他写在书房墙上的格言中，有一条来自罗马剧作家泰伦提乌斯（公元前 195—前 159）：“吾生为人，人性皆备。”[39]后来蒙田自己写道：“任何违背自然潮流的东西都可能具有伤害性，而任何符合自然潮流的东西只会让人快乐。”[40]

我们由此迎来了一场革命的高潮，它肇始于行吟诗人与戈特弗里德笔下的特里斯坦与伊索尔德之爱，它断言自然与人类就是爱的对象，而无须时时留意要超越它们方能达到真爱。在蒙田看来，按照生命的本来状态自然地生存是道德美的伟大成就。[41]他不赞同菲奇诺的观点，谴责超越人性自身的人类野心，因为从中他非但没有看到人类的救赎，反而看到人类的兽性：“他们想变成非自己的人，想逃离自己的人性。这太疯狂了。他们还没有变成天使，就已成了野兽；还没有升高，就已被打落。”[42]

相比于把人看成是有能力和责任超越其自然状态的观点，蒙田眼中的人是“痛苦和卑微的东西，他甚至不是自己的主人……竟然敢自称是宇宙之王”[43]。他不在乎这种自我吹嘘是米兰多拉式的神秘野心，或是与之相反的普罗泰戈拉“人是万物的尺度”式的虚夸。在这一点上，世俗与宗教的浮夸都是荒唐的。

认识与确认我们的本性，知道我们是谁，它是无比地高尚。蒙田说：“灵魂的伟大之处在于知道如何找到人在自然中的位置。”为自己设定界限，知道如何自然地度过生命。[44]因此一个孩子最重要的事情就是认识自己。“只有懂得死，才能懂得生。”[45]毕竟，一个人的位置再高，他仍然是一个人，一个“无论坐在多高的位子上，也不过是坐在自己屁股上的人”[46]。而认识他人也是认识自己；没有他人，就没有完整的自己。“如何以应有的方式认识自己，是一项绝对了不起的神圣功绩。”[47]蒙田了不起地提出了这种观点。他几乎继承了赫拉克利特的衣钵，认为一个丰富的人生必然要依循自然的烙印，即符合不可改变、无从逃避的宇宙秩序。

没有比这个更难的目标了。在爱中，如同在其他的奋斗中一样，人们很容易坠入对他者不现实的迷恋，或不必要的贬低中，而蒙田竭力反对这两个极端。他认为过分拔高是一种疯狂，而与之对立的行为也是粗鲁与不得体的。“最苦恼的折磨就是藐视我们的存在。”[48]

蒙田对野心与浮夸的谴责尤其适用于爱的力量。因为爱的风险如此之高，而我们掌握爱的能力如此脆弱，我们很容易试图从爱人身上寻求他/她并不具备的品质，而不去吸收他/她本身具有的品质。爱人被我们塑造成为拯救者，帮助我们驱逐所有的不安全感与不完整感，代之以安全感和完整感，而我们却不理解和欣赏他/她真正的本性。我们认为能够完全拥有所爱的他/她，并且与他/她之间存在着理想的结合，这种自我欺骗取代了此时此地与我们无法控制的他/她的生命个体发生关联的脆弱性。这种拔高爱的做法无异于凌虐爱和所爱的对象，因为如蒙田所说，高不可攀的观点与低级无趣的道德时常相伴相生。[49]

而真正神圣的成就是确认生命的真实价值。“你只有自认是人，才成为神。”[50]蒙田引用雅典人为庆祝庞贝将军入城而刻下的铭文，说明了他对于爱以及那些自大者的态度：人只有先认清自己作为人的本性，才可能成为神。

注释

1. 二人之间的部分书信在亚伯拉德和哀绿绮思死后的一个世纪被发现，其余到了20 世纪后期才浮出水面。历史学家对书信的真伪莫衷一是，特别是近期发现的那一部分。

2. Abelard and Heloise，*The Lost Love Letters of Heloise and Abelard*：*Perceptions of Dialogue in Twelfth-Century France*，trans. Constant J. Mews and Neville Chiavaroli (Basingstoke，2001)，p. 229.

3. Abelard and Heloise，*The Letters of Abelard and Heloise*，trans. Betty Radice (Harmondsworth，2003)，p. 69.

4. Abelard and Heloise，*The Letters of Abelard and Heloise*，p. 11.

5. Abelard and Heloise，*The Letters of Abelard and Heloise*，p. 12.

6. 见 Singer，*The Nature of Love*，vol. Ⅱ，p. 102.

7. Scruton，*Death-Devoted Heart*，p. 32.

8. Gottfried von Strassburg，*Tristan*，trans. A. T. Hatto (London，1967)，pp. 262-3.

9. Gottfried, *Tristan*, p. 263.

10. Gottfried, *Tristan*, p. 264, cited in Singer, *The Nature of Love*, vol. Ⅱ, pp. 105-6.

11. 见 Singer, *The Nature of Love*, vol. Ⅱ, p. 106.

12. Gottfried, *Tristan*, pp. 43-4.

13. Gottfried, *Tristan*, p. 265.

14. Gottfried, *Tristan*, pp. 267-8.

15. de Rougemont, *Love in the Western World*, pp. 133-4.

16. St Francis of Assisi, *Francis and Clare: The Complete Works*, trans. Regis J. Armstrong and Ignatius C. Brady (New York, 1982), pp. 38-9.

17. 见 Ingrid D. Rowland, 'The Renaissance Revealed', *From Heaven to Arcadia: The Sacred and the Profane in the Renaissance* (New York, 2008), pp. 3-4.

18. Bamber Gascoigne, *A Brief History of Christianity* (London, 2003), p. 62.

19. Friedrich Nietzsche, *On the Genealogy of Morals*, Essay Ⅲ, sect. 28, p. 558.

20. Augustine, *Concerning the City of God*, pp. 375-6.

21. 例如，学者英格丽·罗兰德指出，当提香于1518年绘制著名的《圣母升天》时，"他相信通过描画对宗教的狂喜完全可以将人带入肉体愉悦的王国。"

22. Marsilio Ficino, *Platonic Theology*, trans. Josephine L. Burroughs. *Journal of the History of Ideas* vol. 5, no. 2 (1944), p. 238. 另见 Richard Tarnas, *The Passion of the Western Mind* (London, 1991), p. 214.

23. Giovanni Pico della Mirandola, 'The Dignity of Man', in *The Portable Renaissance Reader*, ed. J. B. Ross and M. M. McLaughlin (New York, 1977), p. 478. 另见 Tarnas, *The Passion of the Western Mind*, p. 215.

24. Singer, *The Nature of Love*, vol. Ⅱ, pp. 170-1. 我对文艺复兴时期的爱的讨论，多得自辛格的启发。

25. 见 Singer, The Nature of Love, vol. Ⅱ, pp. 171-2.

26. 见 Singer (1984) Ⅱ, pp. 173-5 passim.

27. 见 Singer, *The Nature of Love*, vol. Ⅱ, p. 180.

28. Michel de Montaigne, *The Complete Essays*, trans. M. A. Screech. 引自 'On

Affectionate Relationships' (also translated as 'On Friendship'), p. 212.

29. Montaigne, *The Complete Essays*, p. 212.

30. Montaigne, *The Complete Essays*, p. 208.

31. Montaigne, *The Complete Essays*, p. 212.

32. Montaigne, *The Complete Essays*, p. 215.

33. Montaigne, *The Complete Essays*, pp. 212-13.

34. Montaigne, *The Complete Essays*, p. 215.

35. Montaigne, *The Complete Essays*, p. 214.

36. Montaigne, *The Complete Essays*, p. 217.

37. Montaigne, *The Complete Essays*, p. 210.

38. Montaigne, *The Complete Essays*, p. 207.

39. *Homo sum, humani a me nihil alienum puto*. Quoted in Peter Burke, Montaigne (Oxford, 1981), p. 9.

40. Montaigne, *The Complete Essays*, p. 1251.

41. 见 M. A. Screech, Montaigne and Melancholy: *The Wisdom of the Essays* (London, 1991), p. 122.

42. Montaigne, *The Complete Essays*, p. 1268.

43. 见 Burke, *Montaigne*, p. 12.

44. Montaigne, *The Complete Essays*, p. 1261.

45. 见 Burke, *Montaigne*, p. 10; cf, Montaigne, 'On educating children'.

46. Montaigne, *The complete Essays*, p. 1269.

47. Montaigne, *The complete Essays*, p. 1268.

48. Montaigne, *The complete Essays*, p. 1261.

49. Montaigne, *The complete Essays*, p. 1267.

50. Montaigne, *The complete Essays*, p. 1268.

第10章　斯宾诺莎：快乐地理解整体的爱

蒙田把对人性的探讨带回到从其自身开始，对人类在和平、战争、危机、胜利、庸常、健康或疾病状态下人们的所思所行进行研究。用爱作为跳板一跃而过我们本性的做法，对蒙田来说是傲慢和可耻的，尽管这样可以维持人性与上帝之间的绝对差异。作为创造者的上帝是超人的存在，它超越自然，而不被自然所囿。

这就需要借用巴鲁赫·斯宾诺莎的天才，把人类牢牢地嵌在自然之中，使得任何试图超越自然的观念，任何惊天动地的爱都变得毫无意义。这些观念不仅仅否定、抽空和自我否定人类在自然中的位置，而且其自身就是荒谬的。

在消除自然与上帝的差别方面，斯宾诺莎比之前任何一位思想家都走得更远。斯宾诺莎认为自然是一个整体，上帝也是一个整体，而且是与自然相同的整体，它们只是描述同一个整体性的不同用词，因此爱上帝即是爱作为整体的自然。

这些离经叛道的思想导致斯宾诺莎被逐出阿姆斯特丹的葡萄牙犹太人难民社区，他曾在那里出生、成长和接受教育。他拒绝接受在上帝与自然之间存在着本质差异的观点，认为作为整体概念的自然为爱带来了戏剧化的内涵，这一点与他当时所处时代的宗教信条，无论是基督教还是犹太教，都无法兼容。在斯宾诺莎的哲学中，爱不会从自然“升腾”到超自然，从世俗世界提升至神，从肉体净化为灵魂，从物质提炼为纯粹的精神，从命运被尘世注定到享受天国的自由，从恶的世界进入纯善的王国。

可以说，斯宾诺莎彻底清除了流行一时的陈词滥调和它所描述的爱的画面，在这些画面中，爱的任务是战胜以上二者中的前者。斯宾诺莎认为爱为人类带来救赎，不过这种救赎并非拒绝自然，或者物质，或者恶（这一点直到今天仍有争论）。相反，爱确认了它们的现实性，包括恶的现实性，因为它们都是作为整体的自然的一部分。

要理解斯宾诺莎对爱情所作的革命性思考，必须要理解他所依据的宇宙观。因此我们必须转而了解他的哲学观。

※ ※ ※

展现在我们面前的是一幅不同寻常的画面：上帝不再是自然之外的完美存在，也不再是爱、保护、允诺、审判、宽恕和拯救人类的天父，更不是与其创造物完全不同的造物主，亦不是在因果世界里忽而故弄玄虚地介入，忽而神秘消失的干预者。在斯宾诺莎看来，上帝就是自然，而自然是一个可以想象的整体。

斯宾诺莎更进一步认为，可以从肉体与心灵两方面来理解被称为上帝或自然的这个整体：既可作为肉体及其偶然关系的一个系统，又可作为纯精神的一个系统。肉体和精神二者并非截然不同（如笛卡尔观点），反之，这二者是理解一个超越所有的、无边界的、自我创造的现实的两种方式。

我们的个体层面也与此类似：心灵与身体并非截然不同，而是理解我们自身的两个角度。任何一个身体行为也是心灵行为，任何一个心灵行为也是身体行为。以往在心灵与肉体之间存在着神圣不可侵犯的区分，使得我们质疑肉体、世俗世界与自然世界的价值，以为人类可以在否定、超越和至少让它们完美的过程中获得救赎，而现在这种区分已不复存在。

同时，我们亦摒弃了另一种观点：人类拥有独立于因果链条之外的“自由意志”。人类没有不受原因支配的意志，而且意志也不会选择。人类对自由意志的幻想源自将决定权控制在自己手上的强烈渴望（即便当我们摇摆不定时），因此确信在决定背后一定存在着一股自由意志。其实我们行为背后的真正理由都被人类的无知所遮蔽了。正如斯宾诺莎在《伦理学》一书中所揭示的：

> 在心灵中没有绝对的或自由的意志，而心灵之这样或者那样的意愿乃是被一个原因所决定的，而这个原因又被同样的原因所决定，如此递进，以至无穷。[1]

要理解这个无限的推理链条，必须全面了解自然的整体秩序。既然自然的秩序是神的代名词，因此理解任何事件，就是推论它如何成为神性不可避免的结果。“一切事情都由神的本性决定，并以一定的方式存在与运作。”[2]如果关注当下，无论我们在做什么想什么，没有什么比此时此刻更为重要。造成今时今日历史的是正在发生、进行中的时时刻刻，除此之外，别无其他。

对于上帝来说也是如此，一切已经决定。无论在基督教还是犹太教，创造这个世界、建立自然秩序、颁布道德准则，这些都不是上帝擅自所作的决定。上帝本不可以这样做，除非“除了已经被产生的状态或秩序，万物不能在其他状态或秩序中被神所产生”[3]。于是在斯宾诺莎的思想中，那些古老的问题已经不成其为问题，如：为什么全善的上帝允许恶存在？为什么无辜者受到道德上恶人的残害？也不存在相关的难题，如：为什么上帝选择制造一个被自然灾害，如地震、洪水、海啸所侵袭的世界？换句话说，在斯宾诺莎看来，没有所谓的“令人痛苦的问题”，也不需要为所谓的“不正当的痛苦”而辩护。

如果上帝缺乏力量去选择一个某种意义上尚未决定的自由意志，而实际上它只是一个自然的同义词，那么以下这些观点无疑是荒唐的，而且纠缠于这些观点也是荒唐的，例如：自然灾害是对人类不当行为的惩罚；道德上的恶是我们为自由意志付出的代价；我们所处的这个世界是“所有可能有的世界中最好的一个”。

在斯宾诺莎的系统中，上帝不仅仅“允许”邪恶发生，而且如正在发生之事所展现的，上帝是我们所发现的善与恶的理由，恶如同善一样，是上帝本质的一种表达。

因此，祈祷上帝来改变事情的进程本身毫无意义，也不存在奇迹，因为无法逃离必然性。如果人们相信自己，只说明他对事情发生的真正缘由的无知。

如所发生的，上帝既不会为恶“忧虑”或不会为善“喜悦”，亦不会因行为不端而惩罚我们，或为行为得体而嘉奖我们。把上帝看作是放大的人类，因而具有与我们类似的情感，这根本就是错误的。可是自古以来，传教士们正是利用这一点来夸大自己，奴役容易上当的人。

※ ※ ※

那么，在斯宾诺莎的哲学中是否有“自由”的位置？在一个一切皆被注定的宇宙，还有什么是自由的？

答案或许让人吃惊：在斯宾诺莎的所有道德目标中，自由是最紧要的。

但是，自由不再是不受外部影响、躲在背后去作选择的力量，恰恰相反，它是对必然性的确认。自由意味着理解和接受理由，无论是决定作为个体的我们之所以成为我们的理由，还是造成我们栖息的这个世界之所以成为这样的世界的理由。自由是用最鲜活的、最可能的方式理解生命，从而达到对生命和对命运的肯定。

人类情感是这种理解的关键客体。通过理解与接受我们自己的情感以及塑造这些情感的经验，我们的信仰逐渐成形，或被放弃。既然所有事件是相通的，那么人类理解自我的理想目标，是通过纯粹思维的努力去理解作为一个整体的自然，以及由此去认识作为所有事件起因的上帝。[4] 我们越理解个体的事件，我们就越理解上帝。[5]

这又将我们带回到爱的命题。因为理解作为一个整体的自然意味着爱的最高形式：对上帝的理智的爱。

对于我们现代人来说，“理智”这个词听上去可能过分枯燥，不适用于斯宾诺莎的初衷。他思想的一半养分依然来自于中世纪托马斯·阿奎纳的思想，认为理智与理性是神的本质，是人类接近上帝，从而获得救赎的手段。从这个意义上来说，他回到了柏拉图和亚里士多德的传统。在柏拉图看来，激情的爱洛斯只有向上追求永恒的善与美，才能一瞥神性的光辉。而亚里士多德认为，人性中存在的神圣元素“努斯”（纯思/理性）让人模仿上帝的行为。对斯宾诺莎来说，理智存在于爱之中，而除了令人愉悦的理智以及它对自然的确认，爱本身没有更高尚的目标了。

※ ※ ※

以上种种理念赋予了爱多重寓意，尽管许多未经斯宾诺莎的梳理。其中最引人注意的也许正是最简单的：真正爱一个人，是将他/她作为一个完整的自然存在去爱，绝不可能只爱他/她的精神品质，而忽略其肉体本性，更别说只是为了他/她超越自然秩序的神圣存在而爱；真正爱一个人，不是为了否定这邪恶的世界以及它所制造的种种障碍，不是为了让他/她回报你的爱，也不是想象着在一个没有任何障碍、超自然的王国中，可以更加完美地实现爱，因为根本不存在这样的王国。

接下来的观点更有争议：我们试图肯定在所爱之人身上所发现的恶，正如我们肯定他/她身上的善一样。换句话说，我们对他/她的肯定不仅有对恶的排斥，也有对恶的包容。

单纯的激情不能使我们获得这种肯定，因为激情不会爱上坏的，或是我们体验到的削弱人力量的东西，按照斯宾诺莎的观点，即是我们真正认为是邪恶的东西。然而，就一个较大范围的理解力而言，我们努力确认作为整体的自然的必然性，同时理解所爱之人是自然中不可分割的一部分，这样我们才能如同确认所爱之人的善一样同时确认他/她的恶。与正统基督教思想、柏拉图主义和亚里士多德的传统不同，斯宾诺莎认为，理性的爱不仅仅集中于它所感知的善，也包括不正当的、破坏的恶。

由是，斯宾诺莎提出了关于爱更加激进的结论：如果肉体与灵魂之间的分野已然消失，那么个体之间的肉体之恋不仅仅只是精神之恋旅途中的休息站，而是全盘审视二者之间关系的一个角度。肉体亲密即是与作为完整个体的对方的亲密。

反过来亦是如此。与他者的精神或灵魂关系也是身体关系，但这种关系不能被简化为性和性爱所达到的沟通。生活在今天，自认为在身体上不受约束的现代人还常常忽视一件事，就是在与他人的关系中身体的力量，即便这里的他人指的是与我们并没有公开的性关联的同事、朋友、父母、陌生人等。只有当我们陷入对他们身体的极端感受，如厌恶或倾慕，排斥或渴望，或者对我们自己身体的极端感受，如自卑或骄傲，尴尬或优越，我们才倾向于注意到肉体部分。这种种感受或许将压倒我们，为我们对其他与此相关的事情的看法添加色彩。

这些极端案例诠释了一个更加普适的原则，尽管斯宾诺莎并未讲明，但启发了我们的思考。将人类的情感生硬地细分为肉体与精神、浪漫与世俗，这本身是错误的。只有与性有关，或引发强烈感情的肉体关系才会强烈地介入人类关系，这种想象本身也是错误的。在我们与他人的关系中，身体是无可回避的。实际上，身体是审视一个人全部存在的重要角度，我们与他者的身体关系包含了远远超越性关系的沟通和语言。

※ ※ ※

斯宾诺莎对性欲望的态度并不友善。他担心性渴望无论是否得到满足，都会导致我们生活的不平衡。就如同对财富与名声的渴望一样，性欲把注意力带入狭窄的领域，遮蔽了对宏大福祉的追求。它提供强烈却转瞬即逝的快感，很容易让人们陷入忧郁甚至疯癫之中。沉迷于此的人们会陷入狭隘的目标，忽视培养多元化的兴趣、爱和理解力，而这些才是生命真正的快乐所在。

斯宾诺莎对性的否定并非源自他对身体的敌意，更不用说对快感的敌意。相反，斯宾诺莎认为在完满、平衡的生活中，快乐绝不会过度，而永远是善的；反之，忧愁则总是恶的。[6] 他提倡快乐和自尊（前提是应建立在对个人能力的理性评估的基础上），谴责犯罪感、自我否定或自责，他认为禁欲主义的情绪出自于认为快乐在某种程度上会损害我们的迷信观念。能够从事物中寻找快乐，这近乎象征了一种智慧。但是我们不应过度沉迷于某些享乐，例如性，因为它们会干扰我们的生活，导致我们失去从许多不同的快乐中丰富自我的机会。

这是斯宾诺莎为爱，特别是过分沉溺的爱所开出的解药。斯宾诺莎说："正常的爱，是为一个外在原因的观念所伴随的快乐。"换句话说，你的快乐同所爱之人的存在联系在一起（特别是当你感觉到他/她是足以增长身体活动能量的存在时，就会产生这种快乐）。这种情况下，你会希望接近和拥有他/她。但是，如果他/她抛弃了你，或是给你带来痛苦（特别是当你感觉到他/她不是增长能量的存在时），爱很快便转为恨，而恨是为一个外在原因的观念所伴随的痛苦。[7] 于是，你想要毁灭曾经爱的他/她，就是这么简单。

正常的爱带有与生俱来的脆弱感，因为我们永远无法扫除爱之中的失落、争斗以至于痛苦。他/她可能抛弃我，而其他人可能爱上他/她，因此爱之中永远潜伏着我们看不到的仇恨、嫉妒、毁灭的幽灵。有人可能会补充说，这为人们提防并规避这些风险提供了充分的理由。

将自己从这种内在的不稳定与矛盾，以及由此产生的无助感中解放出来的唯一方法，是认识到你所爱之人的行为并不是自由的，而是在你不能预见的时间段里各种原因的结果。你必须放弃认为他/她是导致你快乐或痛苦的唯一理由的信念。因为事实并非如此，认为他/她是自由的想法会给你们的关系带来无数痛苦和错觉。我们从共同经验中得出的教训是，如果知道他/她有意伤害我们，而不是被动或身不由己地伤害我们，我们对他/她的怨恨会更加强烈。正因为如此，我们必须学习如何辨别和确认控制他/她生命的必然性，因为自由是对必然的认识，在爱中如同在其他任何事情中一样，自由拥抱必然，而非否定必然。

※ ※ ※

因此，这种爱的解药要解救的不是你的爱人，而是你自己。只有理解自己的历史，认清在自己的生命中发生的哪些事情塑造了现在的你，你才能从斯宾诺莎所描述的“被动的”爱中解放出来。在这种最糟糕的爱中，你对所爱之人的反应被过往根深蒂固的经验所左右。

而所爱之人不过是触动了这些混乱的想法和情感，尽管你坚信他/她是你快乐和痛苦的源泉。例如，你或许把他/她和你以往爱过的某个人联系在一起，而爱他/她（因为他/她像你曾经的爱人）、恨他/她（因为他/她与你曾经的爱人很不同）或者爱恨交加（因为他/她与你曾经的爱人既相似又不同）。阿里斯托芬的人类寻找另一半的神话让我们明白，爱本身带有强烈的保守性，你不仅希望拥有和你相似的人，也倾向于喜欢你一直喜欢的类型、讨厌你一直讨厌的类型。

斯宾诺莎告诉我们，这种爱与恨的本性存在着一种令人不安的随大流的趋势。因此，当我们感觉到对某人的爱有很多附和者时，这会强化我们对他/她的爱；反之，如果我们发现自己喜欢的人被其他人讨厌，我们的爱可能会摇摆不定。更糟糕的是，我们可能会因为想象中的他人的态度而爱上或讨厌一个本来与我们毫无关系的人。斯宾诺莎在《伦理学》中说：

> 假如我们想象着有人对于我们所爱、所恨或所欲之物亦爱、亦恨或亦欲，我们便因而将更坚持对于此物之爱、恨或欲求；反之，假如我们想象着有人爱我之所恨、恨我之所爱，则我们会感到内心的波澜。[8]

斯宾诺莎敏锐地指出，这种倾向不仅仅是因为人们从众的羊群心理，也由于人们要求他者跟随自己喜好的心态：每个人总是尽可能地使他人爱自己所爱、恨自己所恨。[9]

这种羊群心理来源于人们对与众不同的恐惧，它使得每个人都希望自己与他人保持一致；它推动股票市场，导致淘金热，酿成人类历史上从流行偶像到种族清洗的群体性热潮。从未让我们感觉到愉快或痛苦的他人，可能会因为某段时间内的舆论方向，而被认定为是富有吸引力的、可爱的或值得同情的。更可怕的是它可能让人类低估种族仇恨的恐惧，原本比邻而居的人们可能在一夜之间就变成相互杀戮的仇敌。抵抗遵从他人偏好的诱惑是最难的，斯宾诺莎引用奥维德的话说："必是铁石心肠的人，才爱别人所厌弃的。"[10]

※ ※ ※

现在的任务是把易于受到讨厌、怨恨、责备、嫉妒和其他痛苦影响的"被动的爱"转变为"积极的爱"。在这样的爱当中，情人们体验到推动彼此生命的必然性，从而控制住自己混乱的感情：

> 只要心灵理解一切事物都是必然的，那么它控制情感的力量便愈大，而感受情感的痛苦便愈少。[11]

人不应仅仅对外部的混乱观念有所反应，而且应该用知识、能量战胜感情：

> 一种被动的情感只要当我们对它形成清楚明晰的观念时，便即刻终止其作为一种被动的情感。[12]

而只有达到这种共识和自我认知的恋人们才能获得真正的自由。

由此理解点推衍开去，不仅能拓宽我们对造就当下之自我的原因的狭隘关注，而且让我们认识到一种嵌入了更深层次原因的自然秩序。如我们之前所见，这种秩序就是爱上帝。斯宾诺莎说："凡是对自己和自己的感情有清晰了解的人，必定爱神，而且他愈了解自己和自己的感情，便愈爱神。"[13]真正的爱是在对上帝的关系中认识对方，而现在这个上帝是作为整体的自然。因此，我们不再将自己所爱之人夸大为是同神一样的存在，恰恰相反，爱意味着在这个庞大的、没有人情味的自然秩序中，确认对方微不足道却独一无二的存在。

斯宾诺莎认为人是嵌入无限的自然秩序中的存在，上帝只不过是自然的另一个名字。他的这种观点是如此离经叛道，以至于他不仅被逐出阿姆斯特丹的犹太社区，而且被认定是邪恶的代言人和善行的破坏者，一直受到基督教与世俗权威的广泛唾弃。在死后的一个多世纪里，他仍然不为人知，连同情他的人也视他为危险人物，不愿与他有任何瓜葛，但是他最终为两次伟大的运动提供了至关重要的思想灵感，而这两次运动塑造了现代社会，尽管它们常被不完全准确地视为相互矛盾的思潮。一方面，斯宾诺莎提炼的如平等、民主、宽容、宗教信仰自由、普遍权利等创新观念成为启蒙运动的思想宝库，从而被莱辛等人视为英雄；另一方面，他是包括如 18 世纪德国诗人诺瓦利斯等在内的另一个阵营的王者，这个阵营的思想者们从斯宾诺莎的自然观中找到了对自然的感觉，认为自然作为一个神秘整体被注入了一种内在的形而上本质，而本质在所有事物当中呈现着自身。[14]这正是庞大而多元化的浪漫主义阵营的发端，自此感性之爱被赋予了救赎的意义，开始变得重要而且紧迫。

注释

1. Baruch (Benedict de) Spinoza, *Ethics*, ed. and trans. G. H. R. Parkinson (London, 1989), Part II, proposition xlviii.

2. Spinoza, *Ethics*, Ⅰ, xxix.

3. Spinoza, *Ethics*, Ⅰ, xxxiii.

4. 既然对斯宾诺莎来说，作为造物主的上帝不能与他所创造的世界割裂开来，上帝并非创造出这个世界后不再施以任何影响，而是作为所有事件的起因持续作用。

5. Spinoza，*Ethics*，Ⅴ，xxix.

6. Spinoza，*Ethics*，Ⅳ，xlii.

7. Spinoza，*Ethics*，Ⅲ，xiii.

8. Spinoza，*Ethics*，Ⅲ，xxxi.

9. Spinoza，*Ethics*，Ⅲ，xxxi.

10. 见 Spinoza，*Ethics*，Ⅲ，xxxi.

11. Spinoza，*Ethics*，Ⅴ，vi.

12. Spinoza，*Ethics*，Ⅴ，iii.

13. Spinoza，*Ethics*，Ⅴ，xv.

14. 感谢苏·詹姆斯对于本章早期版本给出的意见。另外，本章也从亨利·艾莉森的著作《巴鲁赫·斯宾诺莎》中受益甚多。

第 11 章　卢梭：启蒙浪漫主义之爱

在《一个孤独者的漫步》的结尾部分，瑞士裔法国哲学家让·雅克·卢梭（1712—1778）回忆起他在年轻时代对一位年长的已婚女性，他称之为“妈妈”的华伦夫人的爱：

> 我没有哪一天不在愉快地、怀着深情回忆起这段时期，这是我不受干扰、没有阻碍地充分表达我自己的时期。我现在可以理直气壮地说，这是我真正生活过的唯一而短暂的时期……要是没有这段短暂而宝贵的日子，我也许至今对自己还缺乏充分的认识……我就很难在自己的所作所为中分辨出究竟哪些是真正出于自愿的了。[1]

这段文字预示着一种难以捉摸、让人失魂落魄，却又无处不在的感情，也就是我们所说的“浪漫主义”。它复杂又多变，很容易让人怀疑其存在的真实性。

然而它确实存在，并且由两个主题来定义，而它在爱的领地里的所有表达构成了这两个主题的基础。我们之前已约略窥见第一个主题：通过爱发现被称为自我的“真实性”；通过献身于自己喜欢的人和为人所爱，探寻自我的存在。这个自我的承诺的合法性是自我确立的，指的是人的内在本性与完整性，无论这本性是独有的，或是当下生活状态的表达，抑或是表现天意的自然秩序。而谈到人的内在本性，或是在意志上对一个更大的自然秩序的服从，它表达的是自我的自由。

第二个主题是感情本身的神圣性，或者对一些浪漫主义者来说，是性渴望本身的神圣性。激情可能成为善和真理的伟大源泉，其地位远高于理性，而两个人之间的爱情更是无与伦比的，从这被实现的爱中我们得以窥视神性。

谈论这样的两个主题时，人们常用兴奋，甚至狂喜的语调谈论忧郁，而我们之前看到的卢梭的文字正是这种语调的绝佳代表。

这两个主题也都与传统社会等级和宗教权威的式微有关。有种共识在18世纪末盛极一时，即在传承而来的、得到上帝认可的神圣等级中，人类并未被赋予最高位置，或社会等级中绝对君王的领袖地位。与之相反，人类要承担权利，甚至义务，去证明自己，这意味着人类要创造或至少是认同自己。换句话说，最高的善的合法性不再源自于天堂的神圣领域，而是从个体深刻的内在性，或者个体之间、个体与社会之间的有机关联中获得。

由此我们有了一个新的关注点：个人身份。个人身份包含个体的价值观、责任与欲望。有些思想家认为其中也包括性渴望及其表达的力量。身份不单纯是上帝的馈赠，也不是社会角色决定的——无论你是工匠、贵族，还是歌唱家，而是由个体独立赞同的规则所支配。

因此个体与自身之外世界的真实联系也是与自身的真实联系。这些看似多样的主题其实是彼此关联的一套理念：符合本性的生活，发现内在的声音，认识自己的独立身份而非继承的角色，自我决定，认同激情的高贵性甚至神性。而只有当宗教权威衰落时，这些主题才能被理解。

我认为标志着浪漫主义的狂喜和忧郁的腔调，根植于丧失与获得的双重感觉。一方面，人类不可挽回地失去了神圣世界的秩序和它所提供的牢靠支柱——许多人假设它可以提供这样的支柱，进而产生哀叹与恐惧的自然反应；另一方面，人类的自我独立及创造力激发了巨大的可能性，并在其基础上构建出新的秩序，由此激发了对一种新前景的狂迷。破坏与建设二者共同证明了人类的自由，也即人类的升华。

因此，如同早期犹太教将爱想象为人类对上帝的最高职责，而今爱的基础被想象为人类对自己的最高职责。爱意味着发现和遵从自己的秩序，或者对一些浪漫主义者来说，爱意味着发现和遵守自然的秩序。爱就是表达内在的声音。

尽管浪漫主义经常谈论的罗曼蒂克之爱是以精神结合为目的的肉体欲望，但是它的感悟力适用于几乎任何一种形式的爱：以朋友、自然、艺术、家庭、国家以及其他任何值得奉献感情的对象为客体。关键是在这样的奉献中，爱者找到了我之所以为我的活着的感觉，而被爱者也体会到了做自己的全新理由。[2]

※ ※ ※

然而，这难道不是一种对爱极端自私的态度吗？它几乎是对爱的本质的背离，因为爱应该是对所爱之对象的关切和服从。

的确，似乎有些浪漫主义者只是爱上了自己高尚的情感。对他们来说，所爱之人不过是自己情感的回音室，在那里能够听到自己真实情感的回响。卢梭这样描述道：

> 在这短短的几年中，我得到了一个无比温柔体贴的女人的爱。我可以做我愿意做的事，做我愿意做的那样一个人，同时充分利用我的余暇，在她的教导和榜样的带动下，终于使我这淳朴得如同一张白纸的心灵最好地体现它的本质，而且从此永远保持下去。[3]

不过，卢梭要从这种爱与被爱的好运气中达到更加严肃的、道德上自我发现的目标，培养起一种属于人性的蕴涵着内在纯洁性的情感和动机。它不含任何杂质和任何障碍，纯真得如同卢梭笔下的山民村夫一般不谙世故。为了培育它，你要敞开心扉并倾听内心的声音，同时敏感地倾听你所爱之人（或作为一个整体的自然）的声音。

卢梭认为人生而本善，只有在有组织的社会的刺激下，才成为争斗、仇恨和各种人为需要的奴隶。在最初的“自然状态”时，……与其说原始人是邪恶的，毋宁说他们是粗野的；与其说他们有意加害于人，不如说他们更注意防范可能遭到的侵害，因此在原始人之间不易发生十分危险的争执。因为他们之间没有任何交往，所以他们不知道什么是虚荣、尊崇、重视和轻蔑；他们丝毫没有“你的”和“我的”这种概念，也没有任何真正的公正观念；他们把可能遭受的暴行视为一种易于弥补的伤害，而不认为那是一种应予以惩罚的侮辱。他们甚至连报复的念头都没有，除非有时像狗咬住投向它的石头一样，机械地表示反抗。[4]

发生在自然人之间的冲突很容易得到解决，并且不会留下任何痛苦。人天生具有的多愁善感让人不愿意亲眼目睹他人的痛苦，也不愿将痛苦加诸他人（除非有特别充分的理由）。卢梭说这种同情心“在人类能够进行任何思考以前就存在着，又是那样自然，即使禽兽有时也会显露出一些迹象”[5]。

这种不带有任何仇视和攻击性的关系只存在于没有情感或经济附属关系的人之间。他们彼此之间不存在主人与奴仆的依赖关系，更重要的是，它不受渴望与钦佩之情的控制，享有充分自由。否则人就很容易被这种感情带入服从或羞辱他人的情绪中：

每个人都会理解，奴役的关系是由人们的相互依赖和使人们结合起来的种种相互需要形成的。因此，如不先使一个人陷于不能脱离另一个人而生活的状态，便不可能奴役这个人。这种情形在自然状态中是不存在的，因为在自然状态中每个人都不受任何束缚，最强者的权力也不会起作用。[6]

卢梭把这种自然形成的自我尊敬称为“自爱”。自爱是所有生物与生俱来的自我保护的动力，保护自己成为自我类群。它是我们所有激情的源泉，也是其他所有原则的源头。[7]即便人们因为它而产生冲突，也并非有意地否定或贬抑别人。卢梭认为自爱总是好的。[8]

相反，在社会中的我们很容易为了他人的认可而活，也就是说，如果没有外部的确认，我们就不能获得证明自己价值的感觉。久而久之我们疏远了自然的自我，沉溺于追逐地位的游戏。为此，我们必须处处显示优越感，结果把人与人之间的关系变成了有条件的、无法确认的、令人怀疑的利益关系。算计、欺骗和遮掩成了人际关系的常态，作为人的同情心被彻底遮蔽了。

权力让人成瘾。对权势、地位、名利、奢侈品和任何有价物贪得无厌的主要原因在于，这是其他人所没有的，我们今天把这种东西称为“地位商品”：如果大多数人都有一辆法拉利，那么驾驶它的快感会大大减弱。在无意义竞争中被淘汰的感觉让人如此沮丧，以至于任何虚荣和最微不足道的名利得失，也被荒唐地看得至关重要。逻辑上说，这种对名利的追逐要求彻底的服从，但要求所有人在任何时刻都无条件地服从，这是不可能的。卢梭曾经为此断言说，社会人“将会摧毁所有，直至他成为宇宙的唯一主人”[9]。（以此为案例，我们不难理解为什么具有复杂等级系统的高等文明会陷入种族屠杀的非理性中。）

卢梭把这种自卑感及被他人崇拜的渴望称为“自尊”。他比较了当自尊与在野蛮环境中滋养的“自爱”同时失控时人类将面临的社会问题：

> 不应该把自尊和自爱混为一谈。这两种感情，无论按它们的性质还是效果来说，都是迥然不同的。自爱是一种自然的情感，它使得所有生物注重维护自我的生存。而人类的自爱为理性所指引，为同情心所节制，从而产生人道和美德。自尊只是一种相对的、人为的，而且是在社会中产生的情感，它使每一个人重视自己甚于重视其他任何人，它促使人们对彼此做出种种的恶，它是荣誉的真正根源。[10]

卢梭在这里没有提及两件事情：他没有建议我们放弃整个社会，“返回”原始状态；他也没有说自尊总是坏的，无法与自爱共存。相反，他建议我们在重新发现自己内在的善和不被玷污的意志力的基础上，去重建一个新社会。他认为不应该过度依赖他人的建议，而应该尊重自己。适度渴望他人的认同并无过错，反而能释放我们的雄心与天赋，促成许多人类的伟大成就：

> 正是由于每个人都渴望别人颂扬自己，正是由于每个人都几乎终日如疯似狂地想出人头地，才产生了人间最好和最坏的事物：我们的美德和我们的恶行，我们的科学和我们的谬误，我们的征服者和我们的哲学家。[11]

尽管卢梭没有说出爱的全部内涵，但他所揭示的足以散发出令人着迷的戏剧化色彩。因为爱包含着紧密的依赖性，从情侣之爱到大家庭的爱，爱的关系好似一个自尊心的小宇宙，凝聚为人与人之间日益重要，甚至不可替代的联系，从而组成了为人类提供认同感的紧密社会。

果真如此的话，除了在这个社会中，我们不可能在其他地方看到如此冷酷、如此公开展示的自尊的恐惧了。爱受到仇恨、惧怕、残酷、敌对或奴役等或公开或隐秘的威胁，这些威胁持续不绝，因为认同感和占有欲总是不公平和可逆的，而自柏拉图以降，占有欲就一直被视为爱的核心目标。

如果我们对所爱之人的占有欲非常强大，那么对方对我们的认同感是否是自由的，进而是真诚的呢？如果我们的占有欲不强，是否会给自己带来承受不起的伤害？这里的危险在于，我们热切地渴望得到所爱之人的认同，但这种狂热将会吞没对方。（卢梭在谈到自尊时，认为它好比人类在追逐权位时的自相矛盾：不惜毁灭自由本身，甚至牺牲实现自由时所必须依赖的那些人的生命。）

这也揭示了婚姻等包含承诺的关系为何可以轻易地摧毁自由。并非因为它要求一夫一妻制或当事人的相互妥协，而是因为它为满足我们占有和被认可的需要提供了制度保证。

可是，这种需要的目标令人费解。什么是占有一个人？何时知道他/她已经属于我？他/她真的认可我吗？如果是，那么他/她究竟认可我什么？对他/她来说，我们究竟是怎样的？对此鲜有令人信服的答案。我们甚至找不到更多的方式去了解他/她神秘灵魂的所思所想。

卢梭有关自尊的理论启发了我们，懂得只有当人类能控制自身的各种冲动，自由才能成为爱的组成部分。否则，自尊心中最丑陋的恶就会冒出来，把爱变成让我们痛苦、无助、游离于我们自身之外的力量，逼迫我们去伤害所爱之人。

※ ※ ※

卢梭在这里暗示了一种了不起的思想，那就是人类不会为自己所造成的伤害而感到遗憾。人们会为并非由他导致的苦难而啜泣，面对自己造成的伤害却铁石心肠："每日在剧院中，我们因目睹不幸之人而伤怀、流泪。如果不幸之人是（舞台上的）暴君，则会更加激起他的仇敌的痛苦。"[12]

在《论人类不平等的起源和基础》中，卢梭补充说，这些人

> 正如嗜杀的苏拉，对于不是由他自己所造成的痛苦，会非常伤感；又如菲尔王亚历山大不敢去看任何悲剧的演出，怕人们会看见他和昂朵马克以及普里亚莫一同叹息，但当他听到每天因执行他的命令而被处死的那么多人的呼号时，却丝毫无动于衷。[13]

卢梭在这里的主要顾虑也许表达了他对这种剧场以及他相信在这种剧场气氛中所形成的错误情绪的不屑。[14]尽管完全出于无意，他的描述也指出了一种早已被充分确认的现实：最冷酷的人，例如将数百万人送上断头台的暴君，也可能（更可能?）为一个受伤的幼童或小动物而难过。事实上，卢梭提醒我们，即便是道德上最堕落的人也不会丧失最基本的同情心。[15]（我们甚至可以更进一步地思索：道德堕落不仅摧毁不了同情心，反而以一种扭曲的方式来强化它；道德堕落的人带着慈善的面具施予同情时，会体会到相对于被同情者的优越感。

如果我们至少为自己造成的伤害而感到遗憾，那么这再一次证明爱是一种很脆弱的关系，相爱双方因为相互的紧密依赖很容易伤害对方。根据

这种逻辑，他们彼此无须为这种伤害而感到遗憾，至少不应该比他们由于自身原因所造成的对其他人的伤害而感到更深的遗憾。

※ ※ ※

在卢梭看来，原始的感官之欲，或者说一个性别倾心于另一个性别的普遍欲望——卢梭称之为“肉欲”——并非导致狂热与冷酷之爱的原因，而是所谓“德性”的东西：

> 精神方面的爱，则是把这种欲望确定起来，把它完全固定在唯一的对象上，或者至少是以比较强烈的欲望来特别喜爱某一对象…… 野蛮人不会有那些观念，也绝不会作那些比较，所以这种情感对野蛮人来说几乎是不存在的。因为在野蛮人的头脑里，不会有匀称与调和等抽象观念…… 任何女人，对他来说，都是同样合适的。[16]

德行显然不同于道德，道德是指导我们哪些可以做、哪些不可以做的通用准则，而德行指的是我们认为最值得渴求的美与善的品质。德行强化了肉体欲望，把交配与肉体亲近的本能渴望提升为追求善和美的高尚抱负，使得我们将注意力放在集这些品质于一身的某一个体身上，进而赋予爱以更加丰富的意义。

但是，哪些德行富有吸引力，哪些没有？随着这些概念越来越清晰，肉欲亦随之变得越来越难以满足。为了满足单纯的肉体冲动，卢梭说：“任何女人都是合适的；但从德行来说，只有一些——甚至一个，或许根本没有人是能够接受的。”

尽管我们寻找的，并宣称在爱人身上已经找到的品质是非常个人的，但是，如同卢梭所观察的，它们其实是约定俗成的产物：这些偏好绝大多数承袭自我们身处的社会。（法国箴言作家拉·罗什富科将此总结为：“真爱如鬼魅，众口相传，而目击者，鲜矣。”[17]）其实我们的很多“需求”并非生来就有，而是习惯和习俗潜移默化的结果。卢梭在《论人类不平等的起源和基础》一书中这样阐释：

> 除了自然本身所要求的生理上的唯一需要以外，我们的其他一切需要只是由习惯（在未变成习惯以前，这些需要并不成其为需要）或者由我们的欲望产生，而我们对于还不认识的东西是不会有任何欲望的。[18]

不过，即便是卢梭这样多元的思想家也没有轻德行重肉欲。他也没有鼓吹回到原初的自然状态，回到无须依赖他人、靠自己快速解决性需求的野蛮状态。他谴责对肉体渴望的中伤，不过也绝不赞同我们可以单纯从性关系中得到满足。

由此，卢梭的观点与悠久的柏拉图传统更相契合。他敦促人类追求道德上的完美，把性能量提升到精神满足的高度，因为这非但不会排除，反而将指引肉体之情。不过与柏拉图主义不同，卢梭相信完美的精神将反过来强化肉体的快乐。性的欲望和快感都是健康的，抑制它无异于违背由上帝所赋予的人性的犯罪行为。如何让性撇开轻浮的“解放”或滥交，找到一种新的纯真和张力，这将是一个挑战。卢梭认为性行为和性高潮具有特别的令人快乐的价值，因为人们是从自己认为真善美的对象身上获得此种快乐。他对于人类从爱当中获得满足的想象已经成为现代人图景中的一部分。

换句话说，要与所爱之人获得精神上的融合，不仅仅是将对他/她的肉体欲望转化为精神之恋，而且反过来肉欲也强化了精神渴望。事实上，身体契合是一夫一妻制最好的保障，其效果远远超过世界上各种对不忠行为的禁令。[19]

※ ※ ※

“浪漫主义”常被认为是对冲动与本能的推崇，如爱慕那些率性地表露情感的人、瞬间坠入情网的人、面对人生重大决定时随性而为的人。

但是，卢梭认为如果要探索更高层次的爱的可能性，则我们必须避免冲动的毛病。在他那本当时甚为流行的小说《新爱洛伊丝》（1761）中，女主角朱丽为了遵从父亲对社会等级的看法，竭力抵御来自前家庭教师圣普乐的热烈追求。即便在知道父亲将她许配给了俄国贵族德·沃尔玛之后，她也没有屈从于圣普乐的诱惑，而是斩断情丝。出于对约定与习俗的深切责任感，她选择了与德·沃尔玛的婚姻。在卢梭看来，婚姻能丰富一个人与生俱来的善。（愧疚感是朱丽选择婚姻的一个理由，因为她的母亲受不了她与圣普乐相爱的打击，一病不起。）另一方面，她又不能停止对精神伴侣圣普乐的思念，因此在离开世界前不久，她向圣普乐承认自己仍深深爱着他。

这部小说似乎试图传递一个信息，那就是个体之间的肉体之恋永远是不完整并无法让人满足的。朱丽与圣普乐之间饱满的激情固然不乏德行与高尚，但更符合德行的是朱丽为了丈夫与孩子，将这种激情与更高的道德与精神规范痛苦地合而为一，去遵从上帝创造的自然的秩序，朱丽祈祷自己的行为顺应这样的秩序：

> 我祈愿万事听从自然中建立的秩序，听从理性给我的规则……让我所有的行为获得永恒的确认，不再让一时的错误攫取整个生命的选择。[20]

这充分证明了浪漫主义如何借用启蒙主义的词汇来表达自己：情感如何与理性原则一致；源自性冲动的爱如何摆脱自发性的控制，成为相爱的个体对符合自然的深层秩序和精神上完美的追求。正如卢梭在《爱弥儿》中所说，善与正义“是经过理性启发的真正的爱”，是“人类原始情感的循序发展”[21]。

但是，这部作品整体贯穿了卢梭的这样一个观点，那就是如果我们要坦然面对本性，如果为此我们需要培养一种单纯的意志，那绝对不是一时之为。如同在其他事情中一样，我们需要在爱情中发现和拓展自己的能量。用今天的话来说，我们从有关生命的真相和不安全的性关系等方面得到的教训永远也不够多。

卢梭说，需要为性教育设定一个更大胆的时间表，将爱的肉体和精神两方面都包括进去。青春期的人应该学会如何甄别值得自己爱的品质和对象；如何将欲望与责任的矛盾减至最小；如何获得恒久的关系和稳定的家庭生活；如何平复各种相互矛盾的冲突，如新奇感与稳定性、嫉妒与对抗，以及冲突所带来的毁灭性焦虑。[22]

与此同时，对肉体欲望的控制也不该被忽视。例如，必须不惜一切代价杜绝自慰行为，因为它耗费身体与心灵的活力，让人陷入疏离的状态。卢梭在《爱弥儿》中呼吁不能给年轻男子任何沉溺于自慰中的机会。

> 因此，你要十分注意观察青年的行动。他能够保护自己不受别人的伤害，但是你要保护他不受他自己的危害。你无论白天或黑夜都不要离开他，无论如何你要睡在他的房间里。他不困乏到极点，你就不让他上床；他一醒来，你就叫他离开床铺。……当你的学生受着本能的驱使而滥用他的感官，从而想寻找机会去满足它的时候，那就非常危险了。只要他曾经有过一次这种危险的机会，他就被完全葬送了，他的身体和心灵从此就要时常受到摧残。在一个青年人可能沾染的习惯中，这个习惯是最恶劣的，而他将把这个习惯的不良后果一直带进坟墓里。[23]

卢梭在《忏悔录》中曾经承认说，自己受到过这种“对于怕羞和胆小的人非常方便”的邪恶的诱惑，他这种前后不一的说法看上去似乎是“照我说的去做，别照我做的去做”[24]。尽管卢梭抱怨说自慰行为让他萎靡不振，但他认为这不失为一种可取的方式，因为它可以将我们在现实中找到的对象想象得更美好。[25]他说自慰可以将我们在所爱之人身上无法兑现的期望消耗掉。[26]（尽管他认为相比于独自一人的快乐，这种乐趣仅仅是二流的享受。）

有趣的是，卢梭坚持认为爱的教育的核心是培养我们的同情心，他把这视为人类与生俱来的情感。青年人觉醒的性意识拓展了他/她的情感，从全神贯注于自己的享受到想象与其他人在情感和生命中的同化。良好的性教育让人对现实保持强烈的敏锐度，认识到坏运气随时会降临在每个人身上，从而形成一个受伤害者的群体。同时他意识到在自尊的压力下，当给予同情的一方体会到对接受同情一方的控制权时，这种同情心会摧毁人与人之间的亲密感。这种控制包括对接受同情者的操控或污辱，以及给予者为了确认自己的重要性和功绩而让接受者持续处于不开心的状态。接受者的痛苦让给予者感到安全，因为除非接受者被痛苦攫住，否则给予者无法施加影响。具有讽刺意味的是，接受者又以受苦人的身份，利用给予者的同情心来削弱和控制对方。

卢梭在这里再次表明，教育的目的是为了警示我们要规范自己的情感，留心即便在最高尚的价值与品质中都固有的危险。我们要学会如何用同情心去缓解他人的痛苦，同时让我们自己受益，并从中获得适度的自尊。这样便可达到公正与仁慈，从而在彼此的关心和尊敬中建立起共同的信任，而这正是所有爱的核心。[27]

※ ※ ※

同情心让我们看穿与所爱之人的合二为一原来是种想象，更广义地来说，爱让我们看清了所爱之人的完美也是一种想象。某种程度上，我们自己塑造，甚至创造了所爱之人：

> 因为真正的爱情如果不是虚构和梦想的，它本身又有什么意义呢？我们想象中的人总是比我们实际追求的对象更可爱。[28]
>
> 我承认爱情是空幻的，只有情感才是真实的，是情感在促使我们去追求使我们产生爱情的真正的美。有人说，这种美在我们所爱的对象身上是不存在的，它是因我们的错觉而产生的。啊，这有什么关系呢？[29]

换言之，我们在想象中创造出一个理想的男人/女人，相信他/她就是命中注定的那个理想对象。我们将他/她的真实需要和欲望视为自己的目标并乐意为之献身。一方面，爱使得我们将虚幻的品质赋予所爱之人，他/她成为我们所期盼的那个样子；另一方面，爱也启发了我们的同情心，让我们看到所爱之人的真实需要，并且怀着对个体自由的尊重来对待他/她。

可见，想象力是需要教育和长期培养的能力，它不仅仅是奇思怪想或是灵感乍现。在有教养的想象力的协助下，我们对所爱之人的设定来自于自己的真实想法，而非社会习俗的产物。我们可以随心所欲却不会逾越自己定下的规则，我们通过想象力实现了个体的完整。

至于或许开始于性愉悦的爱，它的教育打开了我们对富有持久吸引力的品格的想象力。这种想象力帮助我们在所爱之人的身上找到完美，而在这一过程中，他/她无须屈从于我们的幻想；它鼓励我们去关心所爱之人，而不是把关心变为争夺权力的破坏性对抗；它通过把肉体满足提升为精神契合的努力，强化了我们享受产生爱的性愉悦的能力。

没有人比卢梭更理解善与恶在爱之中的争斗，特别是爱如何可能很轻易地被自尊和虚荣所控制。他想用爱来探索人类内在的冲动，去支撑把人类结合在一起的一种更广泛的自然秩序，而婚姻正是这种结合的核心。他要我们聆听自己通过个人独立所培养起来的良知的指令，同时引导良知去创建一个完整的社会生活。他是促使现代人痴迷于真诚与激情的关键人物，推崇真实、热情地表达我们的情感，并且把这种表达看作是一种道德上的成就。不过，倘若卢梭看到激情与真诚在今天的社会受到如此礼遇，以至于有时候它们会显得虚伪，或是二者仅仅被看作为一时发泄的即兴行为，他一定会大惊失色。在他看来，最难的事情莫过于让文明人回归自然，让我们能真实地认识和表达自己。

※ ※ ※

以卢梭为代表的18世纪末期的浪漫主义标志着我在本书第1章提出的西方爱的观念第三次重大转变。这场发轫于18世纪的转变认为，无论是独立个体还是普遍的人性，其中都蕴含着最伟大的善，值得付出以往预留给上帝的爱。

我在这里对三次转变作个回顾。

第一次转变的主题是以最高的德行作为爱，时间跨度从《申命记》到公元5世纪中期奥古斯丁那个时代。

第二次转变从公元4世纪延续到16世纪，始于奥古斯丁，经由明谷修道院的伯纳德和托马斯·阿奎纳，甚至超越了马丁·路德。它把人推到了前所未有的、近乎神圣的高度，认为人在上帝的恩典下具有了爱的能力，不过这种人类之爱当然是要以上帝为目标。

第三次转变探讨了爱的对象，赋予人类因为自身所具有的善而被爱的权利。这是以卢梭作为精神领袖所带动的浪漫主义的核心，它为第四次转变奠定了基础。

我们此刻仍身处其中的这场转变关注的是爱者本身：他/她在爱中获得真实的自我；他/她不再是忘我的，而是自我的；他/她没有失去自己，反而找到了自己；他/她努力超越引导自己的本性，同时也实现自己的本性。总之，善与恶并非是情感之外的争斗，而是情感的不断探索。

确实，爱者成为关注的焦点，以至于被爱者处于从爱的图景中消失的危险之中。在这个范围内，爱的对象是爱本身，它作为终极之善，最终填补了曾经由上帝占据的位置。

注释

1. Jean-Jacques Rousseau，*The Reveries of the Solitary Walker*，in The Reveries of

the Solitary Walker, *Botanical Writings and Letter to Franquières*, trans. Charles Butterworth (Hanover, NH, 2000), pp. 89-90.

2. Jean-Jacques Rousseau, *Emile, or On Education*, trans. Allan Bloom (New York, 1979), p. 433.

3. Rousseau, *The Reveries of the Solitary Walker*, p. 89-90.

4. Rousseau, 'Discourse on the Origins of Inequality' in *Discourse on the Origins of Inequality (Second Discourse), Polemics, and Political Economy*, trans. Judith R. Bush and Roger D. Masters (Hanover, NH, 1992), p. 38.

5. Rousseau, 'Discourse', p. 36.

6. Rousseau, 'Discourse', p. 42.

7. Rousseau, *Emile*, pp. 212-13.

8. Rousseau, *Emile*, p. 213.

9. Rousseau, 'Discourse', p. 76.

10. Rousseau, 'Discourse', p. 91.

11. Rousseau, 'Discourse', p. 63.

12. Rousseau, 'Discourse', p. 36.

13. Rousseau, 'Discourse', p. 36 (added in the 1782 edition).

14. 感谢尼古拉斯·丹特在我们的私下交流中指出这一点。

15. Rousseau, 'Discourse', p. 36.

16. Rousseau, 'Discourse', pp. 38-9.

17. François de la Rochefoucauld (1613-1680), *Maxims*, trans. Leonard Tancock (Harmondsworth, 1982), p. 54.

18. Rousseau, 'Discourse', p. 86.

19. 这一观点要感谢哈罗德·布鲁姆的著作《爱与友情》。

20. Jean-Jacques Rousseau, *Julie, or the New Héloise*, trans. Philip Stewart and Jean Vaché (Hanover, NH, 1997), p. 294.

21. Rousseau, *Emile*, p. 235.

22. Bloom, *Love and Friendship*, p. 46. 尤其 44-46，56-47 和 61 页对此一整段多有裨益。

23. Rousseau, *Emile*, pp. 333-4.

24. Rousseau, *Confessions*, in *The Confessions and Correspondence, Including the Letters to Malesherbes*, trans. Christopher Kelly (Hanover, NH, 1995). p. 91.

25. Bloom, *Love and Friendship*, p. 47.

26. Bloom, *Love and Friendship*, p. 47.

27. 我对卢梭的评论和同情深受布鲁姆的《爱与友情》的影响。

28. Rousseau, *Emile*, p. 329, 另见 Bloom, *Love and Friendship*, p. 91.

29. Rousseau, *Emile*, p. 391, 另见 Bloom, *Love and Friendship*, pp. 112-13.

第 12 章　施莱格尔和诺瓦利斯：作为宗教的爱

19 世纪转折之期，正是西方的世界观以前所未有之速度与范围经历重大变革的时候。自 1500 至 1800 年的三百年间，人们的认识发生了翻天覆地的变化：我们生活的世界是圆的而不是方的；地球不再是宇宙中心，而是围绕着太阳旋转；人类可自我决定，不再受制于固定的社会角色和单一教会的宗教戒律；政治以追求自由、平等和人权作为目标，而不是维护政府的专制。除去这些变化本身，我们对人类的思考，摒弃了人类是被创造的概念；我们认识到人类是不断进化的产物，孤单地存在于这个没有生命的宇宙之中。

所有这些变化引发的动荡让爱成为更加重要的源泉和保护者，去护卫这些变化将要摧毁的种种：人在宇宙中的价值；人所需要的安全感；人对神圣感以及坚不可摧的价值与意义的追寻；人对永恒的希冀；人对从丧失、痛苦和终极死亡中获得救赎的不可遏制的需要。所有这些过去由上帝肩负的责任，正随着每一次动荡，更多地成为爱要承担的期待。

这一点在卢梭的后继者身上尤其明显。他们公开将浪漫之爱视为一种宗教，为基督教的上帝形象加分或减分。其中绝大多数是德国人。这并非巧合，因为在现代世界中，没有人比他们更关注如何从平凡中重新发现神圣，没有人有同他们一般的意志（和能力），去培养眼看得到、耳听得清的朴实灵性和支配着日常生活与万事万物绝对性的心智。没有人比他们痛彻心扉地感受上帝之死的痛苦，也没有人比他们更呕心沥血地为一个失去上帝指引的世界而再度痴迷。这种灵性的情绪既炽热如火又忧郁似海，既让人忘情投入，又总带着惆怅地疏离。

如同对绝对的诸多渴望一样，对失落的完整性的怀旧贯穿于这种灵性之中。不过，它最深切的渴望，是通过欲望，特别是肉欲的释放、陶醉与升华，完成人的复兴。它景仰过去，是为了珍爱未来。

在弗里德里希·施莱格尔（1772—1829）看来，无论是对人、对自然，抑或是对所有存在的根基，爱是一股伟大的集合与救赎的力量。施莱格尔思想中的基督教神秘主义传统如同其他众多的德国浪漫主义者一样，至少可以回溯至梅斯特·埃克哈特（1260—1337）。不过，他把性推至一个前所未有的地位，认为性不仅仅是创造家庭、维系婚姻的手段，最重要的是性自身的升华与圣洁化。施莱格尔说："在恋人们孤独的拥抱中，感官愉悦再一次呈现它最根本的意义：自然最神圣的奇迹。"[1]

感官和精神唯有通过对方才可以得到高潮。在施莱格尔的小说《卢琴德》（描述他与一位已婚女性、德国著名哲学家摩西·门德尔松的女儿多莱西雅的情感纠缠）中，他借一位恋人之口作出这样的表白：

> 从最放纵的欲望到最沉静的亲密，这样两个极端并存于我身……你是我人性体验每一个阶段的旁观者，从最激烈的情欲到最灵性的精神。[2]

性爱所具有的凝聚力富有争议性地超越了男性与女性之间的差异，恢复雌雄合一，这正是人类被分为男人与女人之前的初始状态。性曾经与伊甸园的放逐相关，在阿里斯托芬的神话中，性产生于宙斯对人类的报复，他把人一分为二。施莱格尔认为性是弥合男女之间的分裂、让人类重返天堂的中介。

因为随着用情日深，恋爱中的男女双方会打破性别的限制，最大限度地拓展个人的可能性，从而成为更加完整的人：

> 只有温柔的男性和独立的女性，才是恰当、真实和美的。如确实如此，则人绝不需更加夸大性别特征，因为那不过是内在与自然的决

定，反而应该用力抵消其影响，这样每个人才能发现无拘无束的空间与整个人类存在中行动的自由。[3]

这种语言虽然晦涩，却成为性关系中角色扮演的准则。如果要打破男女之间的障碍，则男性应该体验女性的性格特征，反之亦然：

> 我们互换角色，用孩童般高涨的情绪去比赛谁能更像地模仿谁。是你能更逼真地表现出男人内在的自我保护，还是我更能传递出女人的献身精神？但是你要明白，这甜蜜的游戏对我来说，还有个比它本身更大的吸引力…… 我在其中看到了意义深刻的寓意，让男女共同达到完整的和谐。[4]

施莱格尔说，实验性必须从一开始就成为我们爱情生活的一部分。如果不尝试不同的对象，则我们不可能找到最适合自己的人选。这点特别适用于男性，因为通常在强烈的男性自我主义的影响下，男性很难忘记自己的身份，去体会女性性格。绝大多数婚姻都是人们在成熟前的产物，结果是几乎所有的婚姻要么是性关系，要么是搭伙过日子，或是临时的实验，远远达不到婚姻的真正实质。[5]

当终于找到“就是他/她”的感觉，我们从之前各种尝试中获得的经验不仅能丰富与所爱之人的关系，而且能将我们对旧爱与新欢的感情整合在一起。我们绝不会以“都是过去的事情”为由而把以前的爱人抛在脑后，或仅仅把他/她当成是教会我们喜欢什么、避开什么的过去式，如施莱格尔所说，所有过往的经验构成了当下存在的机理，使得我们获得作为个体，也作为爱人的“完整与和谐”[6]。

事实上，这种开放的心态也能让婚姻获益。考虑到婚姻的本质是“一群各自不同的人在一个人身上的凝聚”，因此尽量尝试新的和更可能成功的实验都有机会使婚姻成功。[7] 施莱格尔认为，好的爱情是将尽可能多的爱的不同经历整合后集中在一个人身上，就好比要深刻地体会一件事，就需要从尽可能多的角度用尽可能多的方法来体会它。

这些尝试听上去可能无理，但指导思想只有一个，那就是爱如同上帝一样只有一个，因此真爱的目标就是最大限度地实现人与这个世界的统一。爱不是把我们屏蔽在世界之外，而是鼓励我们向世界敞开心扉；爱也不是让我们忘记所身处的世界和自己的过去，而是让我们思考如何更好地融入这个世界。《卢琴德》中的恋人说："我在自然状态中的公民身份由神圣之爱给予。"[8] 如果一个人能用独一无二的爱去爱另一个人，那么他/她必须拥有爱这个世界的能力：

> 如果你在爱人身上没有找到和世界的呼应，那么你真的爱他/她吗？为了能在爱人身上找到这些，你必须具备把握与爱这个世界的能力，至少你要具备一种感知它、爱它的潜质……你越能完整地爱某个个体，你就必能从世界中找寻到更多的和谐。[9]

施莱格尔以更加深刻的表达揭示了爱这种人类关系的伟大之处："我们从前爱过的，我们此刻更热切地爱着，因为此刻我们明白了对这个世界的感情。"[10]

※ ※ ※

充斥着混乱的多愁善感情绪的施莱格尔的散文被席勒苛责为"杂乱无章与矫揉造作"[11]的顶峰之作，不过我们不必纠结于此。施莱格尔的贡献在于他完美地表达了浪漫主义观点：性爱的力量让人类超越自我，朝向无限，从而完成生命的伟大救赎。人性在爱之中返回到最初的神性[12]，朝向绝对与永恒的结合：

> 我们人类同爱一样，都是不朽的……我不再说你的爱或是我的爱，这是婚姻，在其中所有人的爱都是相同的，爱把我们的精神联合在一起，形成超越时间的整体。我们也不能简单地说这是一个世界或那是一个死亡之外的世界，只有一个真实的、看不到的、无法命名

的、没有尽头的世界，为我们人类整体的永恒生命和存在而存在。[13]

这里应稍作停顿，回顾一下迄今我们谈及的西方思想中爱的众多关键元素。这些元素从正统基督教传统的衰落中获得了解放，并且以一种新的方式重新组合起来。

一种肇始于柏拉图的观点认为，爱是对永恒和绝对的渴望。或者是阿里斯托芬神话中反复出现的主题在现代的回响：爱让人类超越性别与缺憾，回到纯洁和完整的原初状态。

基督教推动的爱的观念着重于对神圣之路的探寻：爱让人成为神，爱让人回到被逐出伊甸园之前的天堂。基督教神秘主义让我们认识到，如何在朝向神的旅途中抛除作为人的局限和短暂的存在。

蒙田开启的新柏拉图主义则认为，上帝将自己的存在注入自然之中，爱亦是如此。

斯宾诺莎则认为自然是神圣的，爱是与作为整体的自然的统一，因此爱即是对我们个体生命作为整体的一种确认。

卢梭倡导每个人通过爱成为自己想要成为的人——只有迷失于他人，才能找回自己。他特别肯定作为爱背后推动力的肉欲，通过感官欲望的满足，两个相爱之人在灵性上合二为一。

遵循着以上传统的施莱格尔把爱的价值推至极致。然而他怀着推动的意向倾力投入的神秘浪漫主义，却经他人之手演绎成为一个最终与主流犹太教和基督教分道扬镳的异教徒结论：人类之爱就是上帝。爱不仅仅是通向上帝，或最高的善，或万物源泉，或存在本身的路径，而且爱就是所有的一切。上帝曾经是爱，而现在爱就是上帝[14]，它是最高的善，万物的创造者，绝对的、不朽的、真实的、无法命名的存在。

如施莱格尔所言，我们身处“爱的宗教”[15]之中。尽管如同多数浪漫主义（包括启蒙主义）思想者一样，他保持着基督徒的身份，一边宣称相信传统上帝所代表的至高地位，一边将人类置于追逐神性的过程中，而这神性的核心是爱，如同上帝之于基督教的核心。这是朝圣者的旅程，身处其中的恋人们则是这爱的宗教的布道者，主持包括忏悔和圆满的仪式。它为一种奇怪的现代现象打好了基础，那就是爱不仅爱上爱的对象，也爱上爱的本身；它打量、尊重、景仰和培育着自己，就像对待所爱之人一样。

这个重大又可疑的观念将以这世界上万事万物都是值得去爱的结论而告终。在这种爱的民主中，贵族将与奴仆和解，乡村少女会嫁给王子，动物会得到与人类一样平等的爱，所有生物的痛苦和感受都将得到同情。随之瓦解的是爱的根深蒂固的等级制度。它不仅反映社会阶层的世俗权力，也代表以上帝为最高领袖的更大的宇宙的“存在秩序”。随之瓦解的还有自柏拉图以来，包括亚里士多德、奥古斯丁、托马斯·阿奎纳在内的众多思想家，以及大部分基督教传统都倡导的一个观点，即值得爱的是善与美的客观品格。这些品格并非源于爱人之间爱的行为，而是完全独立于相爱双方和他们之间的爱。取而代之的是用“化学反应”和“选择性亲和”等在今天听来仍暧昧不明的词语来解释人们之间的吸引力。爱逐渐摆脱对客观品德的需要，超越自我与其他本我，或世界上其他事物之间的分离，回到原初的合一状态。这个合一是最高的现实，也是爱最神圣的理想。[16]

※ ※ ※

但万物皆有黑暗面。当爱以自我作为目的、成为自己迷恋的对象时，它很快催生了非人性的种子。被爱者成为爱的工具，而不是爱的目标。除了为自己，爱的规范不再服务于善这个高于一切的目标，也不再关注甚至在意作为爱的对象的实在的个体。一种最人性的情感变得最无人性，因为无论爱者是谁都不重要，重要的是爱这种情感本身，是追求爱的勇气和韧性，而爱者独特的本性和品格在爱的故事中只扮演微不足道的角色。

事实上，较之与普通人的关系，恋人之间相互联系的方式也许更无人性。他人的个体性只有成为爱情故事的障碍，需要理解和处理时，才得到应有的关注。然而，相爱中双方的个体性在限制的情况下根本无关紧要。

更糟糕的是，因为个体性阻碍他们相互结合的渴望，结果导致他/她的自我与他们所栖身的这个有时间与空间、有收获与失去的世界成了他们轻视的对象。于是他们更加憧憬一个超越当下世界、打破个体性奴役的世界。

我们在本书中不止一次地看到，这种对脱离个体性的世界的渴求根植于古老的血缘本能，而非 19 世纪浪漫主义的产物。

在柏拉图看来，这个脱离个体性的世界是一个光的世界，它可以被描绘为太阳照亮个体的日常世界。

在基督教中，这是上帝的世界，是所有光和生命的起点，而上帝是人类无法感知和言说的存在；用“否定论”的观点来说，自《圣经》开始，人类言说的只是他的行为和判断。

但随着 17 世纪上帝的逐步退出，这个在“典雅爱情”中已初露端倪、超越个体与其时间存在的世界，其性质越来越晦涩难解。

自康德开始，这个世界被定性为是一个只可言说却无从知晓的世界，而它曾经被认为是一个由美德预设的自由世界。康德的众多追随者意识到，这是光亮逐渐熄灭，最终被黑暗替代的世界。

但丁为死去的比阿特丽斯嗟叹，赞颂她是神圣的精神力量，他将《神曲》献给了充满着光的天堂里那些耀眼的精灵。与但丁相反，德国浪漫诗人诺瓦利斯[17]（1772—1801）哀悼和颂扬索菲亚·冯·库恩，一位诗人曾经倾心爱恋却最终失去的 15 岁少女。在他那首著名的献给黑夜的诗《夜颂》(1799—1800）中，他说：

> 在我眼中，白昼是如此幼稚而微不足道，它的离去令人欣慰……黑夜打开我们无限的眼睛，看到比闪亮的星星更神圣的天空。没有光亮，却能洞穿爱的心灵，我的内心充满着无法言说的喜悦。[18]

这首诗取材于作者拜谒索菲亚的墓地时的瑰丽想象，他认为人们只能在黑暗、幽寂和模糊中获得最极致的亲密。爱是暗夜的孩子，“只有在黑夜中，我私已的心灵才能安然，不带保留地奉献给夜的女儿，那令人启发的爱”[19]。

诺瓦利斯认为，绝望与希望、痛与乐是不可分割的统一体。这并不出奇，我们不需要浪漫主义来提醒，这些看似对立的概念其实不可分离，它们之间的争斗也永无结果。诺瓦利斯的出奇之处在于将这种观点推向极致，并且描绘出黑夜滋养它们的画面。

黑暗中迸发出新的光亮，永恒的夜中孕育着新的生命。

> 死亡是甜美的爱，是恋人的祭礼，是充满甜蜜的暗境。[20]多么令人喜悦啊，你所给我的愉悦，但它能超越死亡的狂喜吗？难道披着夜的外衣的死亡不让我们着迷吗？她孕育了我们，难道我们不应该把所有的荣耀都归于她吗？我们将消散在自我之中，在无尽的空间中化为灰尘，难道不是她拖住我们，拢住我们，给我们温暖和光亮，给这个世界带来生命吗？[21]

生命是通向死亡的过程，这是20世纪海德格尔思想的先声。由此，人类得以更强烈地体验生命的现实，或者说更精神性地认识生命。死亡不意味着生命的衰败，用美国女诗人艾米莉·狄金森那意味深长的名句："生命是漫长的死亡，而死亡是生命的铰链。"[22]

※ ※ ※

这当然不是说生命本身毫无价值，对于传统的基督教来说更非如此。诺瓦利斯也没有否定爱在这个世界中的可能性。与之相反，我们身处的这个了不起的世界值得我们好好去爱。（诺瓦利斯本人就是对科学极感兴趣的热诚的自然研究者。）白昼自有其美丽和神迹，代表着上帝在自然中的显现；生命的感官享乐与婚姻的圣洁值得赞颂；人类共同体，甚至政治本身都应该是爱的领地。诺瓦利斯预言，将有一个"永恒平静之时"，彼时"我们人类全体如爱人一般欢聚一堂"[23]。

对他人之爱与对己之爱并无矛盾。实际上，在爱他人中，我们爱着这个世界。我们在爱人身上看到世界，在世界里看到爱人。

> 在爱中的人时时处处看到相似性。爱得越深，对世界的相似性看得就越深、越丰富。我的爱人是世界的小宇宙，世界是我的爱人的大宇宙。[24]

然而，尽管白昼光照着世间万物，从事业和目标到情感和思想，但与黑夜相比，它却是如此贫乏，因为只有在黑夜之中，人们才可体验生命的深度与边界；只有在黑夜中，上帝才能救赎死亡，使得人类染上神性。黑夜是圣母玛利亚的领地，是诺瓦利斯在情人索菲亚的墓地前渴望与情人融为一体的想象：

> 赞颂那世间的女王吧！赞颂她是神圣世界的最高先驱，幸福之爱的涵养者！她将爱人送到我身边，我那温柔的爱人，暗夜中的太阳。我在此刻醒来，因为我是我，我是你，只有这黑夜让我感到作为人的存在。我的身体与精神之火轻灵地、强烈地结合，好让我与你，我的爱人，在那新婚之夜可称为永远。[25]

诺瓦利斯如此不耐烦地等待白昼逝去，好让爱回到它本应该归属的永恒：

> 难道一定要白昼重返？难道世俗之物的力量永无止歇吗？不洁的行为消耗了黑夜那神圣的血统。爱的神秘的祭品绝不会无穷尽地燃烧下去，光明的职责是世间，而无穷和无尽正是夜的领地。[26]

弗里德里希·施莱格尔也表达了本质上与此接近的想法：

> 噢，无尽的呼唤！白夜最终将会消失，只有伟大的夜留下永恒的平静。[27]

我们在这里感受的是“爱之死”的世界，一个瓦格纳在其歌剧《特里斯坦与伊索尔德》中描述的世界。它代表着典型的特别是德国式的浪漫主义，表现在对死亡所蕴含的完满的形而上的追求，对唯一能揭示深刻性的黑暗之渴望，对自我实现的障碍一种狂欢式的确认以及那种华丽的忧郁、幽微的精妙与竭尽所能的夸张。然而，从根本上来说，这个爱的世界并非来自于德国神话或民间传统，它的实质也算不上是“典雅爱情”在19世纪的复兴，反而更接近希腊思想中有关爱的观念的最终发展成果，特别是柏拉图的爱洛斯之爱，包括爱所赞颂的无可逃避的矛盾性：恋人们以自己的毁灭来追求绝对的永恒和完美。实际上，当爱的渴望被推到神一样的高度时，爱这种最强大的生命力便成为走向死亡的推动力。

在《特里斯坦与伊索尔德》中，瓦格纳沉浸于狂喜中，咏唱着彰显生命的爱的意志。考虑到爱的矛盾性，意志要进行下去，包括生命本身要进行下去，最极端的方式就是鼓起勇气接受意志的结果：死亡。个体表达自己生命力的方式不是保全自己，而是准备随时牺牲自己。

从这个意义上来说，向生的意志就是向死的意志，而这种意志能为生命带来非凡的能量。这种观念如果用政治语言来表达，必定惹人憎恶，因为政治作为一种集体行为很容易被失控的实用主义利益与混杂的底层思想所绑架，纳粹意识形态就是一个很明显的例证。但如果用个人和精神准则来表达，或者艺术语言，则它蕴含着无可比拟的生命活力与意义。

《爱之死》标志着生与死之间张力的顶点，不必等到18世纪，我们即可在柏拉图传统的许多人物身上，如哀绿绮思与亚伯拉德、圣十字若望和圣女大德兰中找到这个思想的种子。不过，二者之间有一个本质区别：爱既不再需要上帝的启发，也不再将上帝作为最终目标，爱成为自己存在的理由。

这种将对人类之爱的关注从与上帝的关系中剥离的做法发端于公元1100年左右，当时著名的行吟诗人基廉以其革命性的诗歌启发了“典雅之爱”。随后13世纪的德国诗人戈特弗里德·冯·斯特拉斯堡在他那首饱受争议，直到20世纪仍被斥为亵渎神圣与不道德的《特里斯坦》中，清晰地表达了同样观点。不过，当瓦格纳于19世纪创作歌剧《特里斯坦与伊索尔德》时，人类的渴望已经被推崇至神一般的地位；更重要的是，人类此时寻求的是与另一个道德个体的融合，而上帝被隔绝在外。

这是晚期浪漫主义恋人们对自己爱的能力的自信，在爱情中他们对彼此的承诺具有压倒一切的力量。如果上帝现身，也不过只是婚姻中的三方之一。只要彼此相守，自足与孤独都令人温暖；他们忘却了上帝，尽管仍怀有对上帝的敬畏。因为深深相信彼此的结合，所以他们与其说是怀着恐惧，不如说是迎接自己投身而入的无知的虚空。这是西方爱的历史上标志着勇气与自豪的崭新时刻。

我们今天仍身处这样的时刻，而且几乎所有西方世界中“激情澎湃的关系”，甚至超越于此的其他人类关系，无不笼罩在这个时刻的光环之下。那些抛开超越生命不可知的观点的人，当他们说“爱救赎我们”或“肉体死亡后，爱依然长存”时，或者爱被用来证明是对婚姻的摧毁、家庭的背弃，或是对我们珍视的其他任何事物的背叛时，我们仍然是施莱格尔、诺瓦利斯的浪漫主义，以及用更极端方式呈现的瓦格纳的浪漫主义的孩子。尽管他们总结出的一套有关爱的观念可追溯到柏拉图，但这种浪漫主义很难被定义或是归纳为任何一种信条。而由他们在思想上作好准备，并且必然在逻辑上作出的一个结论是：借由爱和在爱之中，人类最终成为上帝。这个结论直到今天仍被视为大逆不道。

如同我在第 1 章所阐述的，大量将人类神圣化的行为发生在 19 和 20 世纪：自由、理性、共产主义、帝国主义、政治才能、艺术、技术以及其他任何形式的创意行为，都是不同时代高扬人类的工具，但无一能如同爱一般以如此精准、民主的方式模拟基督教上帝的特质。也部分因为此，尚未有任何一种力量能如同爱一般持续作用。

注释

1. Friedrich Schlegel，*Lucinde*，in *Lucinde and the Fragments*，trans. Peter Firchow (Minneapolis，1971)，p. 113. 另见 Singer (*The Nature of Love*，vol. Ⅱ，p. 387). 辛格的《爱之本性》对本章的观点和引文的选择多有帮助。

2. Schlegel，*Lucinde*，p. 47.

3. Friedrich Schlegel，‘On Philosophy：To Dorothea’，in *Theory as Practice*：*A*

Critical Anthology of Early German Romantic Writings, ed. J. Schulte-Sasse et al. (Minneapolis, 1991), pp. 423-4.

4. Schlegel, *Lucinde*, p. 48.

5. Friedrich Schlegel, 'Athenaeum Fragments', in *Lucinde and the Fragments*, trans. Peter Firchow (Minneapolis, 1971) . no. 34, p. 165,

6. Schlegel, *Lucinde*, p. 44.

7. Schlegel, 'Athenaeum Fragments', no. 34, pp. 165-6.

8. Schlegel, *Lucinde*, p. 108.

9. Schlegel, 'On Philosophy: To Dorothea', p. 427.

10. Schlegel, *Lucinde*, p. 113.

11. Schiller, letter to Goethe, 19 July 1799, *Friedrich Schiller: Werke und Briefe*, *Band* 12, *Briefe* Ⅱ: *1795-1805*, ed. N. Oellers (Frankfurt: Deutscher Klassiker Verlag, 2002), p. 467.

12. Schlegel, *Lucinde*, p. 113. 见 Singer, *The Nature of Love*, vol. Ⅱ, p. 386.

13. Schlegel, *Lucinde*, p. 48. 见 Thomas Mann, *Pro and Contra Wagner*, trans. Allan Blunden (London, 1985), p. 124.

14. Schlegel, *Lucinde*, p. 48.

15. Singer, *Lucinde*, p. 48.

16. Novalis, *Hymns to the Night*, in *Hymns to the Night and Other Selected Writings*, trans. Charles E. Passage (Indianapolis, 1960) . p. 4.

17. 诺瓦利斯是弗雷德里克·冯·哈登博格的笔名。1794 年 12 月他与索菲亚·冯·库恩初次见面，当时他 22 岁，她 12 岁。第二年二人订婚，但索菲亚在 15 岁生日两天后病逝。诗人也于 29 岁死于肺结核病。

18. Novalis, *Hymns to the Night*, in *Hymns to the Night and Other Selected Writings*, trans. Charles E. Passage (Indianapolis, 1960), p. 4.

19. Novalis, *Hymns to the Night*, pp. 6-7.

20. Novalis quoted in *Mann*, *Pro and Contra Wagner*, p. 124. 这句话出自诺瓦利斯 1797 年日记的德文版，不过并未包括在英文版中。这本日记的英译本后被收录在 *The Birth of Novalis: Friedrich von Hardenberg's Journal of 1797, with Selected Letters*

and Documents, trans. Bruce Donehower (Albany, NY, 2007), pp. 79-97.

21. Novalis, *Hymns to the Night*, pp. 6-7.

22. Emily Dickinson, letter to Louise and Frances Norcross, late May 1863. In *The Letters of Emily Dickinson*, ed. Thomas H. Johnson (Cambridge, MA, 1997), p. 425.

23. Novalis, 'Faith and Love', sect. 16, p. 39, in *The Early Political Writings of the German Romantics*, ed. and trans. Frederick Beiser (Cambridge, 1996). 'Faith and Love', published in July 1798.《信与爱》是为弗雷德里克·威尔海姆三世及其妻子鲁伊斯的加冕礼所写的一篇短文。

24. Novalis, 'Faith and Love', sect. 4, pp. 35-6.

25. Novalis, *Hymns to the Night*, p. 4.

26. Novalis, *Hymns to the Night*, p. 4.

27. Schlegel, *Lucinde*, p. 127, cited in *Mann*, *Pro and Contra Wagner*, p. 125. 托马斯·曼的著作使人们关注到这些字眼与瓦格纳《特里斯坦与伊索尔德》中所用词语之间惊人的相似，我也从中多有获益。

第 13 章　叔本华：为了人类繁衍冲动的爱

晚期德国浪漫主义极度推崇人类之间的肉体之爱，认为在肉体的结合中才能看到救赎和不朽，而这以前只有在接近上帝时才可能获得。在这一点上，它既强有力地挑战了自己的基督教传统，同时也仍然保持着与传统的紧密关联。“为上帝”已经被遗忘或边缘化，“爱邻里”的戒律同发生在两个人之间的强烈情感亦无甚交集。即便被提及，也好比谈到痛苦时不得不提到同情一样。好人撒玛利亚在特里斯坦与伊索尔德的世界中，看上去好像一个逗人发笑的小丑。

浪漫主义的这种观点为最具灵活度的基督教理念注入了新的动力：如果人类的痛苦将得到救赎，那么爱的方式必须是遍游四方；爱的磨炼和失败是获得最高精神成就的核心。

无神论既没有也无意于为基督教的这些理念提供保证。绝大多数无神论者似乎并没有认清自己不过是身穿更厚法衣的基督徒。包括弗洛伊德和普鲁斯特在内的许多人认为，爱之中蕴含着自然甚至残酷的动力，推动人们去寻找符合自我利益的满足。这种观点最终走向对救赎的探讨，因而在形式上与基督教思想并无二致。

事实上，在阐释基督教有关爱的本质思想方面，没有一位思想家能超越个性乖戾的无神论哲学家叔本华。他以多元视角来思考爱：爱是对无限的渴求；爱是为了他人无私的付出；爱是对万物，包括动物的悲悯之心；爱是以繁衍和自我满足为目的的冷酷动力。

叔本华的关键推动是恢复了由奥古斯丁提出，随后深刻影响基督教神学的欲爱和圣爱之间的本质区别，并赋予其以崭新的意义。他遵从自己的新教传统，从与性爱和圣爱二者相对立的角度来说明它们之间的差别。他认为渴慕、美化、占有和谋求肉体结合的自私之爱（即欲爱），仅仅关注从个人的世界中获得满足，因此永远不可能获得最终的快乐。而只有无私的、纯洁的圣爱才能拒绝全部欲望，甘心情愿地顺从。叔本华将这样的爱称为悲悯和给予，也就是基督教中好人撒玛利亚所展现的“爱邻里”的信念。

无神论的叔本华并没有把这种区分看作是天与地、上帝与人之间的区分。他不认为圣爱来自任何神圣的源泉或灵感，也不需要通过上帝的恩赐或者其他更高形式的力量来激活。恰恰相反，它仅仅指人类怜悯与同情的能力。它的前提是，在作为个体的自我与他人之间并不存在本质的差别：我的本质存在通过他人体现，他/她的关切与痛苦正是我的关切与痛苦。个体性最终不过是种幻象。

在叔本华看来，没有功利心的、自我牺牲的圣爱与自私的肉体之爱是截然对立的两极。然而，叔本华所说的圣爱和我们之前谈到的浪漫主义中肉体之爱的目标完全一致：战胜自我与他人之间的（想象的）差别，朝向彼此的结合。唯有如此，圣爱才能将我们从个体必然产生的持续的痛苦中解救出来。个体生命中固有的欲望是痛苦之源，无论是否获得满足，痛苦都将持续。

叔本华将圣爱人性化的做法，很显然是用无神论者的语言来重复基督教的类似主题。因此可以说，他对爱的诠释无甚新意。但是，他对肉体之爱——更普遍地来说，对基督教所称的世俗之爱的描述，却体现出惊人的原创性。实际上，自从卢克莱修之后，甚至可以说自基督教思想诞生之后，没有任何一个人能像叔本华一般把肉体之爱如此彻底地拉下神坛。

※ ※ ※

叔本华以远比卢克莱修更激进与挑衅的方式，将对他人的肉体之欲，甚至肉体之外的、所有受欲望摆布的行为，视为性欲驱策的结果。他比弗洛伊德更早地提出“性是所有行为和动机背后的中心点”[1]。他说：“所有两情相悦的感觉，无论表现得多么超凡脱俗，都根源于性冲动。”[2]它是战争与和平、智慧与粗俗背后的力量，它制造了对肉体之爱的美化，当然也包括对它的虚幻与狂热。从这个角度来说，倘若叔本华看到当下处处可见的以性为卖点的广告，也不会感到任何惊诧。

他解释说，性欲不仅仅是人类所有欲望中最强烈的，它更构成人的特有本性。[3] 因为

> 性冲动是生命意志的核心，是所有意愿的集中体现……实际上人就是性冲动的具体化，他/她源自性行为，他/她渴求的欲望也是性行为。[4]

总而言之，性器官是意志的焦点。没有其他冲动敢于挑战性冲动并确信自己的胜利，也没有任何快感能够弥补性冲动没有得到满足时的失落。它像一个蛮横的暴君，如驱策动物一般驱策我们，让我们为了满足它的欲望而承受任何冒险和争斗。[5] 为了它，世间男女情愿放弃他们珍视的所有：荣誉、财产、家庭、友情，甚至终生的成就。欲望

> 是所有人类行为的最终目的；即便最重要的事情也会受到它的不利影响，最严肃的工作每隔一个小时也会受到它的干扰……它懂得如何把情书和姑娘的卷发塞进政府文件或哲学手稿中。为了扰乱最值得珍视的关系、毁坏最紧密的纽带，它每日酝酿和策划各种最卑鄙、最复杂的口角和争端。它有时候需要牺牲生命或健康、财富、地位和幸福。事实上，它要掠去曾经骄傲和正直的人们的良心，把他们变成忠诚与信任的背叛者。[6]

这种行为对于个体来说也许是一场灾难。一州之长、享誉世界的运动员或是跨国公司总裁，他们完美如广告画面的家庭和小心翼翼维护的道德良心，在这样的事情面前可能毁于一旦。但对于人类整体而言，这是非常

合理的选择。为了物种，个体宁愿弃职业、收入、名望和道德于不顾，只为了与妓女或有夫之妇共度一晚。因为没有子孙后代，何谈社会秩序、精神之爱、艺术、信仰和工业。

当然，我们可能认为思慕某人是为了得到他/她的肉体，或为了出轨的刺激，或为了巨大热情所带来的崇高感，或为了无法满足的对善的渴望。对于拥有财富和名望的人来说，这可能是人生给予自己的奖赏。我们也可能认为自己追求的是精神伴侣，他/她将成为我们躲避这个世界的安谧的避风港，或者给予我们渴望的亲密感。我们也许以为自己的爱是对灵性的探求，或者它背后的动力是金钱与地位。总之，强烈的欲望从不会羞于自我解释。

叔本华从没有否定这些论断。真实的欲望在人类中影响力巨大，因此它是诗歌、戏剧，包括悲剧和喜剧永恒的主题。至于拉·罗什富科的“真爱如鬼魅，众口相传，而目击者，鲜矣”的嘲讽，在叔本华看来大错特错。[7] 叔本华认为，性欲和热情以及它所激发的理想是为了一个完全不同的目标：孕育和抚养后代。

既然繁衍后代是爱情的唯一目的，那么男人在获得性满足后抛下眼前的女人去寻找下一个目标就成为再自然不过的事情。[8] 而女人也很自然地做出相反的行为：性关系只会增加她对这个男人的依恋，而她只想吸引这个男人成为她孩子的父亲。性满足让男人试图逃离，却让女人愿意停留：

> 男人从获得性满足的那一刻起，他的激情就下降了，几乎其他任何女人都比他已经占有的这个女人吸引他，因为他渴望变化。相比之下，女人的恩爱之情从那一刻开始日趋增加……因为本性驱使她要努力留住未来孩子的养育者和保护者。[9]

与此类似，两性之间强烈的吸引力不是来自于让彼此满足的能力——是否风趣、聪明、健康、感性和善于沟通，而在于对方是否具备维持物种繁衍的形体美。当你无可救药地爱上某个人，或许甚至是某个让你不开心的人，“为什么是他/她?”你的问题只有一个答案：他/她是成为你孩子的父亲/母亲的合适人选。（叔本华使用的语言同现代的进化生理学如出一辙。）为了这个目的，我们寻寻觅觅，等待命运的机缘巧合让我们找到那个“对的”人。

※ ※ ※

因此，当你在社交网站上贴出对理想伴侣的描述时，按照叔本华的说法，你其实使用了两套语言。一套语言描述的是潜意识里繁衍本能所需要的特质和刺激，也即你感觉到“在爱中”的直接的、本能的吸引力；另一套则描述了自觉的价值观，如文化修养、道德涵养、财富等可以在你所属的文化中得到肯定的品质。[10]但其实这些价值观并不决定你是否与最终碰到的对象瞬间产生化学反应，尽管你想象吸引自己的正是这些品质：我欣赏那种愿意付出的人；他/她要能让我开心；他/她是个懂得关心别人的感性的人；自信，同时有良好的现实感；我希望我们有共同的价值观，他/她要有幽默感、事业成功，最要紧的是要有热情；每段感情都应该让我更坚守我的信念，成为自己想要真正成为的人。

这样一份张贴在互联网上的“心愿清单”能传递出很多信息，有些是字面已经表达的，更多的则在文字背后。至少在这张清单上找不到出于人类繁衍本能所考虑的绝大多数特质。部分原因在于它们是属于潜意识的，部分原因可能是心高气傲的求偶者希望用这份“清单”给潜在对象留下好印象。（这可以从浪漫主义的两个核心概念“充满激情”和“在爱中成为想要成为的人”在清单上的优先位置获得证明。）

然而，当进入真正的约会时情况会大不相同。男人会在意对方的年龄（是否处在受孕和生育的最佳时段）、健康状况（急性病可以接受，慢性病则令人讨厌）、身材是否匀称（身体的骨架结构）、富有肉感、面容姣好。而谈到“精神”特质，则男人关心的是智力而非性格。

为什么是智力呢？叔本华对此的解释不同于传统观念，他认为智力是女性特有的品质。女性的头脑是用来认知的，而情感、理解力和意志力则是男性的强项。通常我们会被自己所不拥有的品质吸引，以确保我们的后代能从父母双方获得尽可能多的（相互协调的）品质，于是就会经常出现男人娶悍妇为妻的情况，比如苏格拉底娶了脾气暴躁但智力超群的赞西佩。反而是拥有智力并且多数情况下有着形式美的女性，总体上对男人的这些外在品质不太在意。

不过现实是，智力可能让女人烦恼，天赋也会与她作对。“我们经常看到一个粗野、丑陋和愚蠢的家伙比聪明、有文化修养、亲切可爱的人更能获得女性的欢心。”[11]女人要将智力素质遗传给下一代，在这一点上并不需要男人，所以婚姻的目的：

> 不是出于卖弄才智的消遣，而是为了生儿育女；婚姻是两颗心而不是两个头脑的结合。当女人说爱上了男人的头脑时，那真是空洞的荒谬之辞。[12]

与之相反，吸引女人的是男人的品格，特别是坚毅的意志、决断力、勇气，也许还有诚实与仁慈之心。[13]特别是当女人看到男人勇敢地展现出这些品格时，甚至是用来反对她时（如果一个男人惧怕失去一个女人，他这样做不失为一种胆量），她会更为动心。

这里我不妨提出一个反叔本华的思路：女人可能并非为了美本身而看中男人的外表美，而是因为她看到这种美在繁衍下一代方面的价值。或者换个角度来说，女人将她体验到的美的肉体特征等同为良好的生育潜力。

※ ※ ※

我们暂时不必再耗费精力去罗列叔本华提出的让男女互相吸引的品格，叔本华的重要之处在于他开创性地将爱的真正目的从以往对真、善、美之人的渴望、对和谐与完整的追求，扭转为生物学意义上的优化和心理学上的结合：

> 我们对对方身材骨架的比例甚为敏感，例如跛脚、短腿……还有一瘸一拐的姿态——如果这不是因为意外造成的话。相比之下，绝佳身材让我们着迷，能弥补所有不足。这里也包括大家对小脚的珍视，因为小脚是人类的种族特征，没有其他动物像人类有这样小的踝骨和跖骨……[14]

叔本华提出的这种扭转改变了爱洛斯/欲爱的目的，也揭示了叔本华在性与爱之间划出的一条清晰的分界线。二者都受性欲驱策，但性的目的是为了与富有魅力的人交媾；爱则是听从本能的召唤，与“对的”人生儿育女。叔本华的天才在于，他既从浪漫之爱中看出了纯粹生物学的意义——孕育和抚养下一代，同时也肯定了“在爱中”的人们为所爱之人情愿牺牲所有的体验。

爱所衍生的诸多幻想看上去或许疯狂和带有破坏性，但它们满足了人类繁衍的目的。爱是受到上帝祝福的最高道德价值的精神纽带，爱让我们找到真正的自己，这些有关爱的故事鼓励着我们，无论付出多大代价，也要找到属于自己的另一半。而当适合的真命天子出现时，我们相信这是命运或上帝的安排，比生命中的其他一切都重要，这促使我们下定决心要把心爱的人长久留在身边。为此，我们作出组建和维护家庭的重要承诺，而它证明为了维护这种关系所承受的所有冲突和付出的任何代价都是值得的。

为了繁衍的目的，人类被诱导着赋予了爱最匪夷所思的意义。

只是，谁诱导了我们？什么诱导了我们？

叔本华说，这背后的力量是意志，在很大程度上是无意识的“生命意志”[15]。它是种族所特有的，只不过无论是如你我一般的人类，还是动物，单独的个体存在对这种意志都无所察觉，充其量不过是这种意志的显现。这种意志首要的关注是人的性冲动和性满足，因为我们每个人（可以理解为“个人化的生命意志”）都是通过性器官的出口来到这个世界。[16]每一次我们想念心爱的人，为他/她写一首诗，或认定他/她正是真命天子/女，这时我们只不过是在下意识的本能的驱动下，通过不断的试验和纠错去找到那个“对的”他/她。而作为这种本能的结果，我们把事实上完全是非人性的、非灵性的动机，想象成最个性化的动机。

这就是叔本华那令人沮丧的结论：一切不过是“在维护种属的意义上”[17]的努力，实际上是孩子选择了自己的父母。叔本华甚至说，在选择自己的家庭方面，我们有着比选择朋友更大的自由度。

> 这是因为将来一代及其全部的个性特质都要经由这些努力和操劳才得以实现。事实上，早在我们为满足性冲动而作出深谋远虑的选择时，将来的一代已经蠢蠢欲动了。两个恋人之间逐渐升温的爱慕正是一个新个体的生命意志，而这个新个体就是两个恋人想要孕育的。[18]

在最终的分析中，我们的意识认为，我们在爱中所做的一切其实是不相关的。为了种族的繁衍，将我们的真实动机维持在潜意识状态可能是有帮助的。

※ ※ ※

这可称得上是人类思想史上的重大时刻，因为潜意识自此开始浮出水面，成为支配人类本能和动力的核心概念。但对于叔本华来说，潜意识不仅仅是我们感知和思考的源泉，更决定了包括身体在内的人的整体。“生命体是意志本身，是显现的意志。”[19]而智力不过是为意志服务的工具[20]，它已经被排除在预先的决定之外了。[21]

但是，如果智力没有在这个世界上找到潜意识的意志“命令”它寻找的东西，那将如何？对此，叔本华说，每个恋人都会认识到这背后的真相：潜意识确保用想象中的“童话故事”来满足意志的要求，而且它会美化这些故事，给它们一种现实的逼真感。[22]随后，智力要承担艺人的角色，卖力地调动起意志希望是真实的各种情绪，诸如快乐、伤心、自信、得意等等。

在这个过程中，意志并不在乎“智力必定要粗暴地对待自己的本性，而本性的目的是真相，它身不由己地把既不真实也不可信，而且经常不可能的事情视为真实的，仅仅是为了平复和抚慰那永不安宁、难以驯服的意志，好让它歇息片刻”[23]。如同人生中其他的很多方面一样，潜意识对其在爱中的影响并无任何顾虑；它只接受它正在寻找的证据，而对其他一切都予以否认或干脆置之不理：

> 爱与恨彻底地干扰我们的判断，让我们在敌人身上只看到缺点，在爱人身上只看到美德…… 我们的利益无论是什么，都会暗中影响我们的判断。和我们一致的，就被我们视为公平的、正义的和理性的；和我们相左的，则被十分严重地认为是不公平的和邪恶的…… 一个单方面认定和形成的假设，让我们只看到支持它的论据，而对反对它的观点视而不见。[24]

叔本华指出，潜意识将审查那些与我们如何看待自己或者希望别人如何看待自己相冲突的情感或思想。这一观点为随后弗洛伊德的理念开了先河：

> 我们可能数十年来抱持着一种渴望，自己却没有承认，或者没有让这种渴望成为清晰的意识。智力对此一无所知，因而任何对自己有利的观点不可避免地要遭受磨难。不过，随着渴望获得满足，我们可以从自己所体会到的快乐而非惭愧感中，认识到这正是自己的渴望。[25]

既然生命意志是一种盲目的力量，无法获得最终的平静，而性欲也永远无法被彻底满足，那么从这二者之中就无法产生爱。如同人类的欲望一样，爱注定是一场悲剧，旧的欲望刚刚实现，新的欲望又会产生。[26]人类的本性决定我们永远不会满足，一旦获得了一种快感，又将产生新的欲望。

期望和活着，都意味着受难。当欲望满足（仅仅是短暂地）后，人们马上陷入空虚，但欲望受挫，人们又会被绝望所打击。只有运用技巧、把握运气，我们才能在空虚和绝望中勉强活下去。但是我们仍然必须满足于这个现实，即我们感受到的快乐只不过是对欠缺的满足。欲望代表着欠缺，欠缺带来痛苦。因此这种快乐和满足绝非正面的体验，只不过是消除痛苦之后的解脱。

因此，生命意志好比一架跑步机，一旦开动，你踏出的每一步只是无穷无尽、毫无意义地耗费力气。为此，叔本华才说出那句名言："最好的事情就是从未降生在这个世界上，其次就是死掉。"[27]

对叔本华来说，生命意志反过来证明了一个终极现实：那个唯一和永恒的存在——无论是万物背后的普遍意志、宇宙的推动力，抑或是古老的上帝概念——并不存在于时间与空间之中，也不容易受到轻率的戒律的侵害。这个无人性的意志不同于上帝，它没有整体的目标，也不在乎作为个体的我们的存在。无论是作为人类自身，还是作为一种单独的存在，我们都不重要，我们只是意志的显现，

因此，我们无须惧怕死亡，因为除去对个体性的虚幻想象，我们一无所有。个体死亡，意味着普遍意志在个体身上的独特呈现消失了。但重要的是我们在性欲中体会到的意志本身不会死去，人类存在的真正源头是不可摧毁和不朽的。

任何事物不过是一种根本意志的显现，叔本华在这个观点上的坚持意味着，他认为人类与动物以及自然界全体在本质上是统一的。他将我们从强大的传统中拖离出来，这些传统都默许人类不同于或者优先于其他生物的地位：《圣经》承认人类高于其他任何生物；古希腊传统认为理性与沉思让人类脱离兽性，是属于人类的特权；而 17 世纪后期开始的现代思想则认为自然好比一部机器，完全可以由人类理解和掌控。

这将我们再带回到性这个议题。因为正是性这股力量将个体与万物背后的普遍意志联系在一起。性通过我们每一个人发出种属的生命意志之音，生命意志则反过来显现了作为万物内在本质的宇宙意志。

然而，叔本华对于性的看法不同于很多浪漫主义者。在叔本华看来，

性不是一段神秘旅程的起点，它不能将我们从对某个个体的欲望提升为将自己的内在存在与所有事物的结合。[28]他绝不会认同弗里德里希·施莱格尔的观点，认为肉体之爱能将人带回到原初的神圣状态。相反，他认为性如同其他欲望一样，将阻隔人类获得自我救赎的意识，而正是凭借这种意识，人类才能洞穿个体性的禁锢，从而达到生命的完整。个体性的诱惑和人生无尽的痛苦都来自性欲望的陷阱，只有否定这种冲动，拒绝与之同流，并以超脱性欲的满足来平静自我，人类才可获得解脱。

由此，叔本华总结说，只有拒绝由性欲诱发的生命意志，只有否定个人奋斗，只有不再沉迷于性器官的运动、性欲的满足，甚至是繁衍下一代的冲动，人的存在才具有意义。叔本华认为基督教、婆罗门教、佛教在这一点上是一致的，都认为生命的结束是最终的宿命，而犹太教的观点则显然不同：《旧约》说，上帝看到这个世界并且发现它的善。因此，《旧约》的精神与《新约》截然相反，前者乐观而后者悲观。[29]

※ ※ ※

但是，如果性与浪漫之爱只能带来痛苦而永远无法让我们解脱，那么一定存在着某种形式的爱，能将我们的生命从肉体之欲中救赎出来。实际上，这种形式的爱最终将导向一种让生命意志也臣服于它的神圣状态，那就是我们在本章中已经提及的圣爱。圣爱拥有强大的救赎力量，因为它的源头与本性[30]正是揭穿个体的欺骗性，所谓（作为个体的）“我”与（作为个体的）“你”各不相同的欺骗性，进而认识到我们的自我与意志存在于他人身上，存在于所有生命体身上。

这个洞察消除了我们与他人之间的界限，使得我们对于他人的痛苦感同身受。[31]他们的福祉即是我们的，我们绝不可能侵犯他人，因为那实际上是对自己的侵犯。我们要以敏锐的洞察力，矢志于用圣爱去解除他人的痛苦，并且清醒地认识到由此产生的快乐不过是消除痛苦的结果，而绝非从中创造出的一种积极的快乐。

换言之，圣爱的洞察力仅限于怜悯。叔本华甚至认为圣爱本身即是怜悯。[32]爱的行为是认识到我们的真实自我不仅仅存在于我们自身，更存在于所有的生命体。[33]这种认识不是理性或辩论的结果，而是来自于直觉。我们无从“决定”如何赢得它，或获得它所表达的爱，或使它所引导的意志的臣服，因为这种神圣状态好似天赋一样可遇而不求：

> 意志的自我克制来自于知识，但是知识和洞察力是独立的自由选择。于是对意志的否定，对自由的进入都不是任何动机或者计划的强制结果，而是来自人自身意志与知识之间的关系。它倏忽而来，好似凌空飞入。教堂因此称它是来去无踪的“恩典”。[34]

叔本华的这些观点非常接近自奥古斯丁以来基督教对圣爱的描述。我们即是我们的邻里，无论他/她是谁。无私与忍让是怜悯的基础；世俗快乐只会导致痛苦，对此孜孜以求便是为幻象所纠缠；恩典是激发，甚至是实现人类之爱的关键因素；真理价值如何，在于它最终能否引领人类获得救赎；而精神满足能否实现，有赖于人们能否在合适的认知与合适的意志力之间建立起一种恰当的关系。

在爱的最高理念和人类最强大的冲动背后是性的推动力。对于持这种观点的无神论哲学家叔本华来说，救赎只适用于那些扼制肉体欲望、否定肉体意志的禁欲者、圣徒和神秘主义者。在他所设想的“虚无”，亦即佛教中所描绘的开悟状态“涅槃”中，人类

> 看到高于所有理性的安宁，看到如大海般静谧的灵性，看到深邃的寂静，看到不可动摇的信念与澄明…… 而与其毗邻的，是最清澈的光芒下我们那可怜的、绝望的本性…… 对于仍满怀着意志的人，意志被完全地废弃后，剩下的当然只是虚无；与之相反，对于那些意志已经被否定的人来说，这个有着太阳和银河系的真实世界，更是虚无的。[35]

注释

1. Arthur Schopenhauer，*The World as Will and Representation*（hereafter WWR），trans. E. F. J.

Payne（New York，1966），vol. Ⅱ，p. 513.

2. Schopenhauer，*WWR*，vol. Ⅱ，pp. 512-13.

3. Schopenhauer，*WWR*，vol. Ⅱ，pp. 512-13.

4. Schopenhauer，*WWR*，vol. Ⅱ，pp. 513-14.

5. Schopenhauer，*WWR*，vol. Ⅱ，p. 513.

6. Schopenhauer，*WWR*，vol. Ⅱ，pp. 533-4.

7. Schopenhauer，*WWR*，vol. Ⅱ，p. 531.

8. Schopenhauer，*WWR*，vol. Ⅱ，p. 534.

9. Schopenhauer，*WWR*，vol. Ⅱ，p. 542.

10. Schopenhauer，*WWR*，vol. Ⅱ，p. 545.

11. Schopenhauer，*WWR*，vol. Ⅱ，p. 544.

12. Schopenhauer，*WWR*，vol. Ⅱ，p. 545.

13. Schopenhauer，*WWR*，vol. Ⅱ，p. 544.

14. Schopenhauer，*WWR*，vol. Ⅱ，p. 543.

15. 我将此翻译为“生命意志”而非“生存意志”，因为前者能更好表达个体不仅仅要保存自己，更要将生命延续的渴望。

16. Schopenhauer，*WWR*，vol. Ⅱ，p. 571.

17. Schopenhauer，*WWR*，vol. Ⅱ，p. 542.

18. Schopenhauer，*WWR*，vol. Ⅱ，p. 536.

19. Schopenhauer，*WWR*，vol. Ⅱ，p. 216.

20. Schopenhauer，*WWR*，vol. Ⅱ，p. 205.

21. Schopenhauer，*WWR*，vol. Ⅱ，p. 209.

22. Schopenhauer，*WWR*，vol. Ⅱ，p. 216.

23. Schopenhauer，*WWR*，vol. Ⅱ，pp. 216-17.

24. Schopenhauer，*WWR*，vol. Ⅱ，p. 217.

25. Schopenhauer，*WWR*，vol. Ⅱ，pp. 209-10.
26. Schopenhauer，*WWR*，vol. Ⅱ，p. 573.
27. Schopenhauer，*WWR*，vol. Ⅱ，pp. 507-8.
28. Schopenhauer，*WWR*，vol. Ⅱ，p. 613.
29. Schopenhauer，*WWR*，vol. Ⅱ，p. 621.
30. Schopenhauer，*WWR*，vol. Ⅰ，pp. 373-4.
31. Schopenhauer，*WWR*，vol. Ⅰ，pp. 372，375.
32. Schopenhauer，*WWR*，vol. Ⅰ，p. 374.
33. Schopenhauer，*WWR*，vol. Ⅰ，p. 373.
34. Schopenhauer，*WWR*，vol. Ⅰ，p. 404.
35. Schopenhauer，*WWR*，vol. Ⅰ，pp. 411-12.

第 14 章　尼采：爱是对生命的肯定

西方历史中有关爱的观念在最早的《希伯来圣经》和古希腊哲学源头上都面临一个严重的困境：什么让最高的爱变得更为高尚，是对尘世的肯定，还是否定？爱究竟应该在对当下世界的思慕与追求中，还是在超越当下的彼岸世界中寻求完美？我们生活在痛苦与失败无处可逃的世界，这里没有超越时间的不朽存在；这里只有一个安宁永远不会降临、叔本华笔下的野心终究化为虚幻的世界；这是我们生于此的世界，也是我们唯一懂得的世界。

比方说，上帝要以色列人全心、全意、全力地爱他，这个戒律是否事实上并不适用于对这个世界的爱？或者与之相反，上帝用这个戒律命令以色列人爱其身处的这个世界，尽管它充满不确定性，连家园和和平都无法保证。

柏拉图的爱是对短暂与失败的现世生命的逃离、对永恒与完美的渴慕吗？又或者通过关注在这个世界中以多种方式具体呈现的美与善，从而成为一种占有这个世界的方式？

基督教之爱是对我们自身与邻里之生命的肯定吗？作为上帝的创造物，上帝相信他所创造的生命都是善的。抑或者以天国的名义否定现实世界、彻底拥抱死亡，才是基督教之爱的真谛？

而浪漫主义的爱，特别是施莱格尔和诺瓦利斯代表的浪漫主义，是一种形式上的对爱的绝望，或者对全部的绝望？即是说，它无法在这个有限的、受时间之累的个人世界中得到实现或满足？或者它那搅动天庭的雄心、它那与不朽结合的意欲，都只不过是一种乐观主义的表达，最终都无可避免地体现为对绝望本身的信念吗？

人们很容易忘记的是，这些思想传统在某种程度上都肯定了现实世界的价值：它充满苦痛，却被爱与善所祝福。这当中包括从未设想过彻底放弃这个世界的主流的基督教思想。事实上，基督教曾经成功地打压了将物质世界视为邪恶之地的异端思想，包括公元 2 世纪的诺斯替教派。奥古斯丁也坚持认为，凡是上帝创造的一切皆有尺度、形式与秩序，从这个角度来说都是善的。[1]

无论爱是否提供了宗教性的启示，只有当它寻求一种满足，而现实世界从根本上来说无法提供时，爱才会变得仇视现实世界。这种满足得到永恒与完整，彻底地终结痛苦与失败。自然主义者与非宗教人士对爱的能力充满信心，但在日常生活中它是否有价值这一点上仍充满矛盾。因此斯宾诺莎一方面肯定自然的美和善，希冀爱也能达到这种美和善；另一方面却无法不加保留地肯定世俗生活。因为他仍遵从柏拉图主义的传统，认为最高的爱投射于现世的、变化中的个体之外，从而超越我们身处的这个世界。

爱是否应该信任这个世界？要摆脱这种强迫性的矛盾心态，唯一的方法就是不再认为在我们有限的生命之外存在一个更为美好的世界，而爱是指引我们到达那个世界的唯一路径。

※ ※ ※

扫清我们对这个世界纠结与矛盾的态度是尼采哲学的核心。他终其一生的思索正是为了理解人类力图消灭恶、失败、变动与痛苦的状态，寻找救赎和道德完美的冲动。相比之下，他试图探寻受到另一种相反的冲动控制时人的状态：一种对存在的万物都“接受”的状态——不仅仅是我们作为个体的存在，而且包括那一系列使得我们每个人成为今日之我的存在。

为此，尼采邀请我们想象一种既苦难又欢愉的生活，以及在生命中循环往复的事件与瞬间。他让我们自我拷问对生命的爱是否丰沛到足以“接受”这样的重复。他让我们把自己看成是自然不可剥离的一部分，放弃对真实存在的三心二意和对超然世界不切实际的想象。这即是尼采所说的“爱命运”：

> 人不应希冀事情会换一种样子，它不在前也不在后，而在不朽的全体之中。[2]

尼采在爱的历史中占据非常特殊的地位。他对爱的论述似乎了无新意，却成为观念革命的基石。他抨击了两千多年来作为西方价值观架构的柏拉图—基督教思想，认为这个体系控制了西方对爱的态度，把爱变为对只有永恒没有变化、只有善没有恶、只有精神没有肉体的理想世界的渴求。这种思想在 19 世纪浪漫主义时代达到顶峰，它推崇借由升华的激情之爱和最终的死亡来逃避人生的困境。浪漫主义总是带着极大热情去表达自己，它力图将两种逃避——或遁入心如止水般的平静，或暴风骤雨般的躁动——调和在一起：“要么通过艺术和知识获得深邃、安静的大海般的救赎，要么借助于陶醉的快感、迷惘、暴怒，甚至癫狂来逃避。”[3]

尼采认为是“生命的贫瘠”而非“生命的丰盛”激发了这种浪漫主义的狂热。[4] 在尼采看来，不真诚的浪漫主义值得怀疑，它所追求的平静不过是放弃，它的热情更像是精疲力竭的冲刺，而非勃勃生机的自然流露。尽管多数浪漫主义者宣称自己是反基督教的，但尼采却看到了二者在精神上的一脉相承。基督教认为我们身处的世界一定会被超越，而浪漫主义不过是这种最普及的大众观点的后期显现。

基督教，尼采嘲讽地称之为“为人民的柏拉图主义”[5]，极尽手腕将否定现实世界转化为一种道德责任，并通过诋毁世俗世界、肉体及人的自然能量和力量来强化这种责任。尼采批评基督教使得人类为自私与人性感到愧疚，转而相信与此对立的价值观。它创造出一个上帝，任由他拯救弱者却诅咒强者；它创造出“原罪”的概念，让人类为无法逃避的自我感到自责；它为人类奉上自由意志的“礼物”，让我们去否定本应该属于人的各种欲望。

这样做的结果是让人类成为自己的反对者。我们被刺激着去仇恨真实的存在，包括我们的本性和我们所栖身的这个充满变化和多样性的世界，却转而爱上那个将痛苦与失败隔绝在外、没有时间与变化的不真实的永恒世界。这正是叔本华所描述的“虚无”，或基督教所称的“上帝”。

叔本华将这种对不真实的非存在的渴望称为“朝向虚无的意志”，它是人类绝望的“最终期望”[6]。叔本华认为它不仅仅是两千多年来基督教的根本意志，也是随之而来的世俗世界的基础：

> 我们再也不能够对自己隐瞒这种对人类，更多是动物，甚至更多是物质所表达的仇恨……这种远离各种表象、变化和过程的渴望……让我们放胆想象，这些蕴含着一种朝向虚无的意志，一种对生命的厌弃，一种对生命中最本质的前提的反叛……[7]

但人类为什么会渴望虚无？究竟是怎样的动机让人类放弃自然、真实和秩序井然的世界，而编造一个自我折磨与仇恨的、不真实的内在世界？这个问题看上去似乎与爱无甚关系，其实却息息相关。因为在尼采看来，犹太基督教及其世俗的后继者们正是依靠这朝向虚无的意志，努力在人生中发现意义，而这种意义正是爱的核心。

为什么有人要借助朝向虚无的意志寻找意义呢？答案是出于对痛苦的畏惧。这种畏惧可能变得完全失控，以至于滑向生命本身的对立面。[8] 在历史上它确曾如此，换句话说，它反对整个世界，而痛苦是在这个世界中不可逃避的。这当然意味着它反对唯一的世界。

尼采指出，这种畏惧加强了让我们痛苦的两个理由：软弱与失去。它助长了对拥有力量的人的怨恨，因为他们，我们感觉到自己的软弱；它让我们痛恨失去，因为失去让我们感觉到生命的脆弱，无论失去的是父母、孩子、朋友，还是成就和财产，抑或生命本身。

我们的文化因而获得了一种消灭痛苦的动力，包括痛苦的现实、痛苦的情景，甚至痛苦的理由。这成为统领一切的道德观和价值观，它连同爱本身，一同着魔般地以消灭痛苦为目标。作为一种宗教，它承诺将人类带往一个所有痛苦与世俗的不幸都能得到救赎和解脱的世界；它以将风险与危机减至最小化为科学与伦理、政治与社会的目标；它追求没有任何干扰的存在状态；舒适、便利、可预测是它的口号。

※ ※ ※

这种憎恶痛苦与丧失、怨恨强者与幸运儿的情绪滋养了一种价值观：对痛苦的同情。

也许人们会问：这有什么问题呢？卢梭和叔本华不是说过，只要不被滥用为控制他人的工具，同情是最高尚的价值观和爱的同义词吗？难道它不代表着对我们所在意的他人生命的肯定和保护吗？在如此多的自私与冷漠背后，我们仍然会为他人的痛苦而心感不安，这难道不值得颂扬吗？用实用主义的说法，难道同情不是让我们生命得以充实的本质吗？没有这个基本品质，我们又如何能组合在一起，形成友谊、家庭和社区呢？

尼采坚决否定以上观点。同情并非如它表面所呈现的样子。它看似“善意”，却带有侵略性，以痛苦的景象无法忍受为由，冷酷地要求他人终止痛苦；它似乎“谦卑”，却无礼地假定自己知道对被同情者来说什么是最好的，拒绝承认“其实并不懂得你我内心深处被称为不幸的那种真正的痛苦和纠缠”[9]；它表面上是利他主义的，背后的动机却常常是逃避自己的痛苦与责任；它虽标榜“给予”，却总想着控制。

> 我们欣然利用他人受苦的机会去有所图谋，包括给予对方恩惠和同情，并把这种鼓动我们去获取新东西的欲念称为“爱”。从此中获得的快乐绝不亚于憧憬获得一个新的战利品的快乐。[10]

把隐藏在同情背后的这些目的作为爱的核心是很不合情理的，因为如尼采所说，只有经过痛苦，人类才能获得成熟，只有受难才能让人类升华。[11]多数情况下同情所谋求的没有任何干扰的存在状态只会造就荒诞、可鄙、心胸狭窄和畏首畏尾。[12]逃避折磨、把苦难排除在外的成长，未来无从保障。

无论是消灭痛苦的疯狂念头，抑或设法掩藏失败的痛苦，不仅仅削弱被同情者，也削弱同情者。不幸的是，没有什么比沉浸在对他人的同情中，从而忘记自己的生命更富有诱惑力了，连尼采也承认这种同情足以征服一切：

> 你我之需要恐惧、缺乏、贫穷、冒险、误解，就如同需要与这些相反的东西一样。说得神秘一点，通往个人的天堂之路总是要经过个人的地狱之欲念…… 如果你以同样的宗教情绪对待别人，如果你不愿忍受你的痛苦并想阻止一切可能发生的不幸，如果你把痛苦当作邪恶、可憎而应予消灭的，那么你等于剔除了同情的宗教而代之以另一种自以为舒适的宗教。[13]

这也是“爱邻里”常常肩负的目标之一：你遁入对邻居的同情，逃避自己的烦恼，并从中找到善德的满足。[14]正因为如此，尼采认为怜悯与《圣经》戒律是一对天生的犯罪搭档。尼采说，人们只能相信那些天生的强者和领袖，他们同情的对象是身为弱者的邻居及其试图逃避痛苦的生命本身。他们不会利用同情去逃避自己的命运，或者去削弱自己的邻里。[15]

这是一个带有强迫性的、令人难以接受的信息，然而对尼采来说这绝不是一个孤立的问题。它象征着朝向虚无的意志：“我在这里清楚地看到了对人类的最大危险，那种最崇高的诱惑和吸引力。但其目标何在？为虚无吗？”[16]因此我们发出“同情究竟要承担什么？”的追问，即是以可能最彻底的方式，追问从犹太教与基督教那里继承而来的整个道德体系的价值何在。[17]

※ ※ ※

诞生于这样一个富有道德感的基础的爱，一方面受到对痛苦、失败与软弱的惧怕的控制，另一方面受制于同情的道德感，成为由怨怒与仇恨催生的爱。

爱由恨而生，这是尼采对自犹太教与基督教传统以来爱的观点最惊人的挑战。他并非重复爱与恨相伴而生的陈词滥调，也不认为得不到满足的爱很容易转换为仇恨，或者甚至设想爱的最终结果一定是失望，而是认为仇恨的本质、仇恨的力量以及生命本身才是激发爱的宗教的动力。

> 从那报复的树干中……从那地球上从未有过的最深刻、最极端、能创造理想、转变价值的仇恨中，生长出某种同样无与伦比的东西，一种新的爱，各种爱中最深刻最极端的一种。[18]

尼采确实发出了这样的诘问："还能从哪个树干上长出这样的爱？"[19]如果不是被报复世界的欲望所驱使，作为对激情最大限度的肯定，爱又如何否定这个世界和人类自我丰富的状态？爱的理想根本不是反对报复的欲望，而是成为"树冠"。

> 在最纯洁的亮度和阳光下逐渐伸展开来的树冠，即使在光线和高度的王国里，这树冠也似乎以同样的渴求寻求着那仇恨的目的、胜利、战利品、诱惑……拿撒勒斯的这位耶稣，爱的人格化福音，这位把祝福和胜利带给贫苦人、病患者、罪人的"救世主"，他难道不正是最阴险可怕、最难以抗拒的诱惑吗？[20]

当尼采说基督教的爱情是"最深刻、最高尚的"爱时，他当然带着深深的反讽意味。的确如此，但也未必尽然。身为哲学家，他的敏锐之处正是从缺陷中看到完美，从病态中看到完整。他有一句令人难忘的名言："堕落使人高尚。"[21]一个惧怕现世的痛苦、备受分裂之苦、对自己的无助感到厌恶、憎恶无从逃避的命运的人，可以一边仇恨让他生命丰盈的痛苦与失败，一边渴求这种丰盈本身。他努力创造一个想象的、神奇的、能为自己所把握的世界。带着负罪感和内疚的基督教的自虐，已经成为所有想象与臆测的事件的发源地，而它同时创造大量新奇的美和肯定。[22]的确，正是这本质上的憎恶让人类变得真正有趣起来。[23]

然而，本性无论如何不会消失，只会在各种畸形的伪装下重新出现，好比爱洛斯落入基督教这个与自己不共戴天的仇人之手后的遭遇："基督教给爱洛斯毒药喝，它虽然没有死于毒药，但毁于堕落。"[24]

※ ※ ※

那么，尼采认为什么样的爱才是高尚的？什么样的爱使我们坚强而非软弱？什么样的爱滋养我们的慷慨而非仇恨？又是什么样的爱肯定我们身处的世界，而非否定它的存在？

尼采对此的回答是自爱。不过尼采痛恨自我满足或任性的自我肯定式的自爱，他认为自爱指的是一种严肃的自我敬畏，特别是出于对自己所拥有的高尚品格的尊敬。尼采坚持认为这是我们爱他人以及爱整个世界的先决条件。没有这种敬畏，人便堕入具有破坏力的仇恨之中，滑向"虚无意志"。对此，尼采说："人必须做一件事，那就是达成对自己的满意……任何对自己不满的人随时都在怨恨的情绪中。"[25]

要爱他人，必须先爱自己，这个观点并不激进。激进的是尼采坚持认为，对他人的爱并非出于自爱，而是出于对自己和他人的仇恨。如我们之前看到的，尼采所嘲讽的"无私的"基督教之爱只能从复仇的渴望中产生，因而根本算不上是爱。

尼采另一个同样激进的观点是爱自己，或爱他人、他物，从根本上来说即是爱命运。当他提出每一个人不过是"命运的一部分，个体属于整体，个体不过是整体的一部分"时，他似乎是为了说明以下观点：如果你所爱的人属于一个整体，那么你就不能孤立地爱他/她；既然他/她的个体存在是普遍存在之不可或缺的一部分，则爱作为个体的他/她，即是爱作为整体的存在。"个人的宿命不能不与整体的宿命相纠缠。"[26]

当然，我们体验激情之爱，特别是肉体之爱的方式与此正好相反：爱者只关注所爱之人，对他/她之外的世间万物提不起任何兴趣，因为它们在爱者眼中是冷漠、苍白并且是毫无价值的。爱者随时准备为所爱之人奉献全部，包括不顾一切地扰乱所有秩序，置其他利益于不顾。[27]这并不矛盾：恋人之间强烈的吸引力让他们的眼中只有对方，而将整个世界屏蔽在外；这种排他的关注同时也肯定了相恋双方所归属的整体性。

或许这正是爱最大的迷思之一：从逃离世俗世界中获得爱的满足。或许与此相反，爱自己无处躲藏。强烈的爱肯定了相爱的运气、机遇和必然性，而不是从中寻求保护。

这意味着要爱上某人，不仅仅需要克服“改变”对方的念头，更应克服“改变”他/她所归属的这个世界的念头。如果爱“遗忘”了这个世界，那么它就“遗忘”了自己。

※ ※ ※

浪漫主义的激情与肉体之爱显然不是尼采的兴趣所在。他认为在这个世界上存在着一种更珍贵的爱：“占有双方的渴望让位于一种新的思慕与渴求。在这种渴求中，两个人共同指向更高的目标，即他们高高在上的理想。可是，谁熟悉这种爱情呢？谁经历过这种爱情呢？它正确的名字叫友情。”[28]

尼采在这里似乎赞颂了亚里士多德和蒙田都提到过的经典概念“菲利亚/友爱”。他赞同亚里士多德的观点，认为爱需要反复练习才可精通。爱并非一种率性而为的情感，而是一种习得的技能，包括自爱也是如此。

> 这是我们在音乐中获得的经验：大致说来，我们必须先学习去听，全神贯注地听，然后辨别它的主题或旋律。我们必须使它将自身孤立如同生命一样，再充分发挥我们的意志，以便在它怪异时也能忍受；对于它的步骤和表现必须有耐性，对于它的古怪之处则勿予置评，如此，我们终会有习惯它的时候。当我们渴望它，而它也使我们

知道如果缺少它我们便会思念它时，它便继续运用其魔咒与魅力，且愈来愈甚，直到我们成为它谦卑而狂喜的爱人为止；我们要它，且一味地要它，并认为世上再也没有比它更值得我们渴求的了。

然而，不仅对音乐如此，我们也以同样的态度去学习爱我们所爱的每一样事物。我们对于生疏之事物的体贴、耐心和理性总是要在最后才会得到报答，亦即是，那些生疏的事物会慢慢揭去它的面纱，呈现给我们一种崭新而不可名状的美丽——那是它对我们的殷勤致谢。那些爱自己的人也是借着这种方法才学到的，因为没有第二条路可循。爱也是必须学习的，我如是说。[29]

尼采提醒说，学习爱不仅仅只是接受爱。这个世界的很多方面，包括我们所爱的对象，本身多是直白和丑陋的。所以学习爱他们，即是学习看懂他们的美，并接受他们的命运，因为美能“唤醒意志”[30]。

尼采的“爱命运”在本质上完全不同于基督教的思想。他这样描述自己作为一个爱的肯定者的雄心：

我要像追求美一样去更深刻理解一切事物那不可缺的特性，我要成为美的事物之一，让今后成为我所爱的！我不想去从事丑恶的战争，也不想控诉什么，甚至不控诉控诉者。不要看我，让那成为我个人独自的否定！总而言之，我希望从现在开始，不管在何时何地，只是一个肯定者。[31]

这种观点与柏拉图关于美启发爱的洞察有异曲同工之妙，不同之处在于柏拉图坚持认为爱是有选择地关注本身具有美的事物，而尼采认为爱必须具备美化事物的能力。换言之，爱好比一位艺术家，他/她以自己眼中整体性的美为标准来创造或诠释事物。他/她能看到事物中的这些美——包括其细节——是个人生命中早已注定的组成部分，因而他/她对自己努力的肯定才充满力量。

※ ※ ※

尼采哲学向现代爱的观念提出了一个它尚未直面的挑战：如果爱不再渴望不朽、平静和安全，转而追求其对立面，那么爱将会变成什么样子？爱如何找到一条出路，带我们走出那个它为自己修建的、充满着逃离命运不确定性、偶然性与痛苦的渴望的迷宫？如果爱卸下了从痛苦中将人类拯救出来的重任，还能创造哪些新的可能性？

面对尼采提出的“上帝已死”的观点，这些疑问显得更加迫切与合理。[32]对于尼采来说，“上帝已死”不仅仅意味着再没有一个一神教所崇拜的全知全能的神供人类膜拜，也不存在一个世外天堂去救赎人类的痛苦和罪恶，或有一种惩罚与奖赏的机制去支撑以上理论；更宽泛地来说，“上帝已死”也不仅仅意味着将自由从迷信和宗教权威的黑暗力量中解放出来，或把天赋的个人力量和政治自由愉快地交还给人类。

“上帝已死”在终极意义上蕴含着更深层次的信念：存在着一种不朽的宁静状态值得人类求索；恒定与持久比短暂与流动更富有价值；由幸福、艺术、知识、自由，或者爱本身所激发的更大的、不可破坏的善，证明了人类痛苦的合法性。

尼采从未费心去思考究竟“上帝已死”的终极意义将如何改变爱的本质，但是他对无条件的、永恒的价值与生存状态的抨击使我们无法回避以上问题。如果爱不再相信永恒价值的存在，那么它靠什么来丰富自己？如果爱克服了尼采在西方文明中看到的病态——爱不再沉溺于逃避痛苦与失败，而以舒适为追求目标，它又将何去何从？这些都是尼采付出无数心力向现代社会抛出的挑战，可惜这些挑战仍未得到应有的重视。

注释

1. 见 John Hick，*Evil and the God of Love*（London，1985），p. 51.

2. Friedrich Nietzsche, *Ecce Homo*, in *The Basic Writings of Nietzsche*, trans. W. Kaufmann (New York, 1962), p. 714.

3. Friedrich Nietzsche, *The Gay Science*, trans. W. Kaufmann (New York, 1974), sect. 370, p. 328.

4. Nietzsche, *The Gay Science*, sect. 370, p. 328.

5. Nietzsche, *Beyond Good and Evil*, p. 193.

6. Nietzsche, *On the Genealogy of Morals*, Essay Ⅲ, sect. 14, p. 558.

7. Nietzsche, *On the Genealogy of Morals*, Essay Ⅲ, sect. 28, pp. 598-9.

8. Nietzsche, *On the Genealogy of Morals*, Preface, sect. 5, p. 455.

9. Nietzsche, *The Gay Science*, sect. 338, p. 269.

10. Nietzsche, *The Gay Science*, sect. 14, p. 88.

11. Nietzsche, *Beyond Good and Evil*, sect. 225, p. 344.

12. Friedrich Nietzsche, *Twilight of the Idols*, in *The Portable Nietzsche*, trans. W. Kaufmann, (New York, 1954), p. 562 ('What I owe to the Ancients', sect. 4).

13. Nietzsche, *The Gay Science*, sect. 338, p. 270.

14. Nietzsche, *Thus Spoke Zarathustra*, Part Ⅰ, sect. 16, in *The Portable Nietzsche*, trans. W. Kaufmann, (New York, 1954), p. 172.

15. Nietzsche, *Beyond Good and Evil*, sect. 293, pp. 420-1.

16. Nietzsche, *On the Genealogy of Morals*, Preface, sect. 5, p. 455.

17. Nietzsche, *On the Genealogy of Morals*, Preface, sect. 6, p. 456.

18. Nietzsche, *On the Genealogy of Morals*, Essay Ⅰ, sect. 8, p. 470.

19. Nietzsche, *On the Genealogy of Morals*, Essay Ⅰ, sect. 8, p. 470.

20. Nietzsche, *On the Genealogy of Morals*, Essay Ⅰ, sect. 8, p. 471.

21. Friedrich Nietzsche, *Human All Too Human*, trans. R. J. Hollingdale (Cambridge, 1986), vol. Ⅰ, sect. 224, p. 107.

22. Nietzsche, *On the Genealogy of Morals*, Essay Ⅱ, sect. 18, pp. 523-4.

23. Nietzsche, *On the Genealogy of Morals*, Essay Ⅰ, sect. 6, pp. 468-9.

24. Nietzsche, *Beyond Good and Evil*, sect. 168, p. 282.

25. Nietzsche, *The Gay Science*, sect. 290, p. 233.

26. Nietzsche, *Twilight of the Idols*, p. 500 ('The Four Great Errors', sect. 8).

27. Nietzsche, *The Gay Science*, sect. 14, p. 89.

28. Nietzsche, *The Gay Science*, sect. 14, p. 89.

29. Nietzsche, *The Gay Science*, sect. 334, pp. 262-3.

30. Nietzsche, *On the Genealogy of Morals*, Essay Ⅲ, sect. 6, p. 541.

31. Nietzsche, *The Gay Science*, sect. 276, p. 223.

32. Nietzsche, *The Gay Science*, sect. 125, pp. 181-2.

第 15 章　弗洛伊德：爱是一部欠缺的历史

尼采将心理学誉为“科学之女王”、“通向诸根本问题之途”[1]，其意是指要理解我们现代人究竟是谁，究竟什么是我们每个人注定的美好生活，关键在于发觉我们最深层次的动机、本能和欲望，而这些通常是潜意识的。因此，首要之事在于以一种肯定生命与命运的方式来驾驭潜意识复杂的权力冲动。

唯有以这种心理学的深度，我们才能决定究竟何种目标、价值观、道德品行能让我们获得生命的丰盈。人类只有深入到潜意识层面，才可理解我们为什么“选择”某种价值观，它们究竟在日常生活中扮演着何种角色，哪种价值观可能更适合我们，而不是仅仅发出道德的追问，例如什么是对的，如何最大化快乐，哪些是对满足生殖目标有利的特征，宗教或其他意识形态究竟给出了什么样的指令。

当晚年的尼采为精神状况不佳所煎熬时，有两位作家正处于其持续终身的写作生涯的早期阶段。他们以令人瞠目的形式对前述问题所作的预演，事实上宣告了对自犹太教《圣经》和柏拉图，到基督教与浪漫主义以来西方爱的观念的一场战争。这两位作家是西格蒙德·弗洛伊德和马塞尔·普鲁斯特。

这两位诗人型思想家都具有犹太血统，而且颇具个人魅力，然而他们的理论并不那么合乎潮流。因为两人都大胆地主张少数派观点，即驱动爱的是一种粗陋的本能，这种本能永远不可能获得持续的满足，或消灭它潜在的破坏力。这种观点认为人类的亲密关系使人迷惑，从很多方面来说甚至是邪恶的，它同时从世俗世界的图景中彻底抹去了上帝的身影。

弗洛伊德与普鲁斯特都否定人类能够克服自身的分裂，也不认为人类会真的关心或肯定他人的存在。在他们看来，爱之中不存在纯粹的善与和谐，也不会弱化或者补偿生命的诸多磨难。这种观点之前已由卢克莱修先声夺人，再经叔本华重新演绎，认为浪漫之爱不过是性欲的不懈表达。在对心理学细节的探寻上，弗洛伊德与普鲁斯特二者都超越了卢克莱修和叔本华。他们用大量笔墨描述人类以不断受挫、近乎暴力的方式去探求爱的满足，这种肉体之恋甚至可追溯到我们在孩童时期对于温暖和安全感的极大需要，而它最初必须从母亲那里得到满足。他们尤其拒绝接受一种安慰的论调，认为爱能超越人本性中的自私。

但是，这种自私的性质究竟为何？

在其早期思想[2]中，弗洛伊德认为所有的爱都是性能量的体现，这种性能量渴望得到释放和满足。他把这种性能量称为“力比多”，认为它是一种推动人类存在的心理能量，它最初以触觉刺激为核心目的，当到达一定年龄后就集中在对性交的渴望上。

他直截了当地宣称：“爱的核心是性爱，以性结合为目的的性爱。”在此，他明确提到其中包括自爱，亦包括父母与子女的爱，友谊与对普遍人性的爱，也包括对具体对象和抽象观念的爱。[3]

弗洛伊德认为，性欲如同人类的其他欲望一样是与生俱来且贪得无厌的：它既不需要外部刺激来挑动，也不能因为得到满足而达到彻底的平静。它的满足既带来快感，也催生失望的煎熬。在这个框架中，快感与痛苦是掌控人类行为的一对孪生子。实际上，正是看到力比多既给人类生命带来能量，又在实现它的过程中制造了无数障碍，弗洛伊德认为力比多是造成人类心理焦虑与痛苦的主要诱因。

当遇到让自己满足的客体时，力比多倾向于与之产生关联，弗洛伊德将之称为“投注”。他认为这种满足常常伴随着最强烈的身体快感，那就是性器官的满足。意识到这一点后，我们所有的满足都会模仿性满足，性成为生命的核心推动力：

> 性爱使我们非常深刻地体会到一种强烈的快感，以至于让人意识到我们应该沿着性关系的道路去寻找幸福，而且应该让性器官的兴奋成为生活的中心。[4]

这是怎么一回事呢？如果我们宣称渴望与我们自己、与一幅风景，甚至与普遍的人性发生性关系，这岂不是太荒唐了。至于认为性关系应该是我们对父母和亲属的爱的核心的观点，其荒唐程度也少不到哪里去。

然而弗洛伊德并不认为这种观点一定是无稽之谈。他认为所有的爱无论多么模糊不清，都必然展现出性的核心欲望，即对结合的渴望与自我牺牲的倾向。在力比多得不到释放的多数情况下，如父母与子女之间被禁止的性亲密关系，或完全无法具象化的对自然和抽象概念的爱，力比多必须从最初朴素的性器官结合转化成一种非性关系的出口。弗洛伊德称这是一种“目标被抑制的”爱，而它的表现是原初性能量的升华。换句话说，这是爱的能量更向上、更富有创造力、更高尚的目标，如艺术和思想、政治与社会机构的流动。对于弗洛伊德（包括他之前的尼采）来说，这种升华是推动文明的重要动力。人类最伟大的成就背后，动力来自于抑制肉体之欲的绝对需要。

目标被抑制的爱最早发生在儿童时期。因为力比多动力可能引起他人的不满，而这些人的爱和保护是我们所依赖的：最初是母亲，随后是父母、儿童时期的其他照顾者，以及更广泛意义上的社会。所以我们必须要审视这种关乎我们生存的力量。弗洛伊德的早期观点认为人生是一场冷冰冰的对抗，一端是受他所称的“自我本能”所推动的自我保存，另一端是为了性满足而持续的力比多需求。

※ ※ ※

然而，从潜意识来看，任何一种爱的关系都无法掩饰它的性目标。力比多固然可以通过禁忌、自我保存、升华等受到限制或保全，但也依赖于此：目标被抑制的爱事实上最初就是完全的肉欲之爱，它隐藏在人的潜意识中。[5] 如果把这些爱交给自然之力，则我们人类的所有相爱关系，无论是以父母、朋友、子女还是以其他人为对象，都将以追逐性满足为目的。

在弗洛伊德的思想体系，至少在他的早期思想中，性占据着非常核心的位置，如果没有这个核心观念，则他的婴幼儿性心理理论就无法成形。他认为在所有性关系之中[6]，婴幼儿与母亲的乳房之间的关系是最先开始，也是最值得关注的关系。随着婴幼儿逐渐脱离婴儿期开始和外人接触，他们开始接触保护并满足他们爱的需要的外人，而他们与这些外人的关系，不过是与给他们哺乳的母亲的关系的模仿和延续。[7] 弗洛伊德称幼儿从负责照顾他/她的人身上获得了源源不断的性兴奋和性器官区的满足，特别是照顾他/她的人——通常一开始是孩子的母亲——“总是以源于自己性生活的感情对待孩子：抚摸他/她，亲吻他/她，摇晃他/她，十分明显地将孩子作为性对象一个完整的替代品”[8]。

弗洛伊德的这个说法并不意味着婴幼儿真的渴望与自己的母亲发生性关系。在早期阶段，婴幼儿还没有形成从某个人身上获取什么的意图和目的性。婴幼儿的快感更多地是在触觉的刺激上，这种刺激最初集中在口腔与肛门区域，因为这两个区域对刺激特别敏感，随后延展到全身。弗洛伊德认为对婴幼儿时期非性器官亲密关系的关注标志着人类发展中的一个特定阶段。而如同所有阶段一样，这一阶段将延续到成人时期。（不过弗洛伊德推测说，恋物癖者因为用对某物的固着取代了对性器官亲密的需求，因而妨碍其发展出完整的性关系。）

然而这种无限度强调性欲在解释人类情感关系中的重要性好像并无什么根据，也存在诸多不足，甚至弗洛伊德本人也承认他对想用力比多理论来说明什么不是很明确。首先，他不能解释为什么要从性，而非更宽泛地从愉快的亲密关系的角度解释婴幼儿从温暖和营养中获得的满足，或者为什么母亲会从性关系角度去体会与婴幼儿之间包括身体上的各种联系。其次，这种角度也无法阐释清楚为什么婴幼儿成年后的爱来自于对自己与母亲乳房的原始关系的回想，而不是婴幼儿与母亲之间的整体关系。事实上，多种形式的抚摸、观看、聆听、保护、沟通、养育等都必然是体验和象征婴幼儿与父母之间关系的重要方式。

这种观点也不适用于成年人关系。力比多能量不能解释如此多样的人类现象，从朋友间的亲近，到对人性或抽象对象的普遍的爱，它也无法涵盖信任与嫉妒等种种复杂的现象。人类对亲近、善意和群体的需要不能被简化为力比多这种来自性器官满足的自然动机。把所有的爱视为“目标被抑制的”爱或者“目标不被抑制的”爱，对我们在爱的历史上所看到的动机丰富的人类关系都有失公允。

※ ※ ※

不过，弗洛伊德对于人类性心理发展的论述提供了有力的支持，帮助我们理解爱和欠缺如何塑造人类的自我感觉，如何认识自己作为个体区别于他人存在的独特性。[9]

弗洛伊德认为婴幼儿在最初阶段尚未形成自我感觉。尽管他们在母亲的怀抱里感到性满足和情感上的舒适，但他们还没有意识到这种感觉来自于母亲和母亲的乳房，或者他们是这种感觉的接收者。他们仍处在“本源性自恋”[10]的状态中，不懂得将自身存在与外部世界区分开来。用现代的流行说法，如果婴幼儿从母亲那里获得足够好的照顾，他们会认为尽管母亲在其他方面与自己分离，但本质上处于自己无所不能的控制中。

而第一次产生自我感觉，换句话说，第一次感受到自己是自我体验的对象，来自于每一个人都遭受过的创伤：婴幼儿发现不能随时得到母亲的爱。于是他们逐渐意识到无论是母亲的乳房所传递的身体满足，还是母亲对自己需求的回应，都不在自己的控制中，因此他们必须把自己的欲望分离出去：

> 当哺乳期的婴儿接受到感官刺激时，他还不会将他的自我与外部世界区分开来。在各种因素的驱动下，他逐渐学会了区分。他一定对以下的事实留下了非常强烈的印象，即某些刺激源（他日后会认识到，这些刺激源就是他自己的身体器官）可以随时为他提供感官刺激，但他的刺激源不时躲避着他。在这些刺激源中，他最想得到的就是母亲的乳房……于是，在自我的对面，第一次出现了一个“对象”，这个对象以外部事物的形式存在，而且只有特别行动才能迫使它出现。[11]

不久，另外一个断裂再次强化了婴幼儿在此习得的教训：他们认识到在与母亲的关系中原来还有一个竞争对手，那就是自己的父亲。于是他们对父亲形成了深层次的矛盾情感，他们对父亲既崇拜又敬畏。[12]（根据弗洛伊德的观点，这种敬畏终将累积为弑父的“俄狄浦斯情结”。）随后到差不多五岁时，幼儿开始明白从他/她投射了大量力比多能量的父母身上无法获得自己渴望的所有满足。

这种断裂强迫我们接受一个事实：存在着一个外部世界，它并不会完全呼应我们的需要，于是我们要在自己的周围构筑一个边界：

> 最初自我包括一切事物，后来它从自身分离出一个外部世界。因此，我们当前的自我感觉仅仅是先前更为广泛的——确切地说，一个包罗万象的感觉的残余，而这种感觉对应着自我与外部世界之间更为紧密的联系。[13]

自此，我们通过为了所爱之人——最初是母亲，之后是父亲——的不断抗争而成为个体（虽然通常以失望告终）。他们的失败或权力让我们恐惧，而我们最终将让步于他们独立的存在，他们实质上的自我。

※ ※ ※

不过，这只是某种程度上的让步。尽管受到这些重要个体的失败或者权力的无情威胁，我们以另一种方式继续控制着他们的抗争，那就是将他们内化，用将他们精神性地内化于我们，将他们纳为我们一部分的方式来驯服他们。

弗洛伊德把这个过程称为“认同”，他解释说这是“吞噬式并入另一个人”的情景。[14]它代表着一种强大的权力，因为吃掉一个人象征着暴力和炫耀式的占有。它开始于人类发展阶段的“口腔期”，在这个时期，我们与外部世界的关系——换言之与母亲的关系——主要通过嘴部完成，所谓口欲式吞食的特征期。

这个观点很显然不会摧毁我们所爱之人，反而会为了我们而保护他们。当然，柏拉图早已把爱看作是对善的渴望与拥有。但是弗洛伊德明白，无论我们爱的客体如何回报我们，这个目标也永远无法实现。因为爱的本质就是不幸。我们永远也不能拥有我们渴求和相信的大德大善，这是爱的悲剧性。.

爱如果拒绝接受这样的不幸，必将导致暴力。即便有一些明智的成年人可能愿意接受这个现实，婴幼儿（或幼稚的成年人）也不愿面对。他们饱受无力感的折磨，对所爱的对象极尽温柔，对自己的欲望却异常苛刻。无论对方是否回馈以同样的爱，他们都肯定对方的存在，而当他们感受不到爱的时候，又很容易转入报复心态。

当然，报复不必一定指向痛苦的最初诱因。我们的日常经验也肯定了弗洛伊德的论断：报复行为可能针对错的人，因为惩罚必须施行，即便它没有落到有罪者的头上。[15]弗洛伊德在这里暗示，如果爱注定令人失望，那么它总要找个替罪羊。

※ ※ ※

我们对爱的原初对象这种矛盾的情感本身并非“病态的”。对凌驾于我们之上的强者的占有欲；对他们既顺从又带着复仇心的复杂感觉；对他们既让我们满意，又使我们失望的现状的认同；既蚕食他们的权力，又将他们奉为内在上帝与主宰的对立行为……这统统属于爱。

这也是个体的形成过程。当认识到父母与我们不同时，我们将他们内化为自己，自此开始形成自我的概念。更具体地说，当我们对父母的价值观和养育我们的方式的认同达到一定程度时，我们会以此为参照，形成自己内在的道德感和禁忌标准。这就是弗洛伊德所称的“超我”。由此，我们爱自己身上的品质，即是爱父母身上的品质；我们责怪自己的理由，也正是责怪他们的理由。如果将此颠倒至更具进攻性的程度，则可以说，我们责备自己的理由，正是我们的父母责备我们的理由。弗洛伊德对此的评论是：“铸就一个人自我的身份认同，指的是寻求被认定为模板的那个人的样式。”[16]（通常的说法是“占有即是被占有”。）

换言之，对父母的认同塑造了我们的价值观基础和自我判断与自我关联的方式。弗洛伊德认为这种认同发挥了决定作用，帮助我们建立起一个统领的、供自我衡量和模仿的自我典范，而自我也努力实现这个典范所追求的更彻底的完美。毫无疑问，这个典范是父母之前的追求的沉淀，是孩子认为应该归功于父母的崇尚完美的表现。[17]

我们的身份与自尊即源于此。而当我们无法达到那个压倒一切的典范时，负罪感与自我惩罚也源于此。弗洛伊德曾在他的精彩旁白中谈到，自我惩罚不仅令人感到痛苦，同时也感受到某种快感，从严厉的、戒备心很重的父亲身上获得某种快感。它守在一个陌生的受虐狂的世界的门槛上，享受着作为暴力和羞辱对象的快感。弗洛伊德认为这种心理与性虐待狂一样，都与性本能密不可分。[18]因此，自我惩罚带着对快感的期待与性本能结为一体，使得“如果不是为了力比多的满足，即使是对自己的伤害都不可能发生”[19]。

这样，在父母之外还有一个世界，一个有其价值观与禁忌的社会。弗洛伊德认为，我们与这个社会的关系和我们与父母之间的关系非常类似：把他们看作是对我们的生存至关重要的权威；在超我（或道德心）的随时监视下，将他们的价值观和严肃性内化为我们的品质。这个内在执法者对我们的监管可能比社会更加严厉，不仅行为本身，我们的任何动机和欲望也都要经过它无情的审查，它也潜在地激起了同样无情的罪恶感。[20]

我们为此要付出很高的代价。超我在多大程度上爱上而非仇恨我们的自我，决定我们能否体会到安全感和真正意义上活着的感觉。“对于自我来说，生存与被爱、被超我所爱，是同一个意义。”[21]如果自我没有获得足够的爱，它可能会放弃生存意志，陷入忧郁之中，最终被对死亡的恐惧所击垮。弗洛伊德在这个问题上的探讨令人深思，尽管他颇为专业的语言常让他的描述变得过分含糊：

> 忧郁症中的死亡恐惧只能有一个解释：自我放弃自己，因为它觉得自己不是被超我所爱，而是被超我所憎恨和迫害…… 超我执行着保护和拯救的功能，早期这个功能由父亲担当，之后由天意或命运来完成。但是，当自我发现自己处于它认为单凭自己是无力克服的真正危险中，同时被所有的保护力量所抛弃时，它只好一死了之。这里再次出现人类在诞生时所遭遇的第一次严重的焦虑状态——婴儿由于将与保护他的母亲分离而产生的焦虑。[22]

在谈到认同作用与内化我们赖以生存的社会规范方面，弗洛伊德用心理分析术语表达了一个古老的洞见：爱与秩序是牢不可破的统一体。如我们在《旧约》中所看到的，包括耶稣本人也表达过的、不同于世人对《新约》的普遍观点，爱的源头也是秩序的源头。“你们若爱我，就必遵守我的命令。”（《约翰福音》（14：15））保护和认同与戒律和良心，它们原本就是一枚硬币的两面。

简而言之，在发育和成长的过程中，我们的生命中累积了一系列所爱的对象。在他们身上我们体会到失去的滋味，至少他们时时带给我们会失去的可能性。（还记得柏拉图的名言吗？“爱渴望拥有，因此没有失去就不可能有爱。”）

这种爱与失去的体验为我们的个体性提供了养分。通过内化这种体验，我们越来越体会到自己作为行动与责任的中心的存在。这是构筑正在形成中的自我的关键：我们的自我关注、道德感和推动力。弗洛伊德指出："我们自我的特征是被我们所抛弃的物件的沉淀……它包含着我们对这些物件选择的历史。"[23]在很大程度上，"我"就是以往经历过的所有的爱——最重要的是其中那些让人失望的爱——的历史的集合。

※ ※ ※

这把我们带入弗洛伊德最有影响力的观点之一：我们最初的爱为未来的爱提供了模板。已经进入成人阶段的我们仍顽固地忠实于对父母亲的认同。如何去爱？爱什么人？曾经沿袭自父母的标准塑造了我们对于这些问题的看法。

那些迄今仍无法企及的标准对我们的影响更甚。"为何是他/她?"因为他/她是父母的翻版？相比之下，弗洛伊德的回答更加敏锐：

> 他/她满足了我们自己一个没有实现的自我理想。我们爱（我们爱的客体），因为他/她让我们实现我们尽力达到的自我的完美，以及应该动用各种方式来满足的怀旧感。[24]

我们试图通过所爱的对象达到父母尚未实现的理想。当然，我们很少意识到这样做的结果，即导致我们无法了解所爱对象的真实内在。我们过于完美地内化了父母，以至于忽视了这种需要。实际上，在发展出一个可以识别的"我"之前，我们就开始模仿父母的行为，因此从来没有一个自我能够摆脱父母在场的控制。

因此，不论我们在进入成人阶段后如何独立和个体化，一旦坠入爱河，我们便退化到最原初的、让我们感到舒服的熟悉的源头里。

弗洛伊德这里所说的"退化"，不是指我们的发育就此松懈下来，或是指成年人的特性被消解回到某种原始状态，例如回到自我意识形成之前。根据弗洛伊德的观点，在头脑中，人类发育的所有早期阶段与其最终形态是并存的。[25]心智和本能的保守程度令人惊奇，它们遵循一种已经建立起来的“强制重复”的模式。[26]因此，爱情的突然降临很可能激活早期的、较少差异的阶段，而留下后期更为有序的、原封不动的阶段。弗洛伊德认为在心理活动中，任何事物一旦形成，就永远不会消失。它们都被完好地保存下来，在适当的情形下（例如当退回到足够远的地方时）将会再次出现。[27]

弗洛伊德举例说没有什么比爱情更能解释这种“退化”的感觉。坠入爱河的恋人们体会到如痴如醉的亲密感，他们被一种与宇宙合为一体的大海般的感觉彻底地俘获了，感觉自己与恋人之间的界限即将被彻底融化。时间静止了，结合成为永恒，恋人们对世界宣告：“除了爱，一切已不再重要。”在弗洛伊德看来，恋人们之所以有如此体会，是因为他们停留在一个无差别的心理世界，而在这个世界里除了爱其他一切都不重要。在他们“退化”的这个状态中，“我”尚未形成，因此无法作为个体去体验区别于外部世界的存在。

这种摆脱束缚，因此成为不朽的感觉不同于宗教或者神秘感觉，在后二者中，我们似乎超越了日常受到限制的存在模式。不过，弗洛伊德并没有将爱情带来的“退化”贬为如同宗教一样的病态，因为这只是自我与外部世界之间界限的“暂时”模糊。在这个阶段，人们把显然源于自我、本应该得到自我承认的事情认定为外部世界。[28]而在宗教信仰中，这样的退化不仅仅是阶段性的，而且就是一种生活的方式。

然而，很难说发生在爱情中的退化预示着甜蜜和美好。相反，它把恋人们带回到婴儿时期。处在婴儿期的人们无法将所爱对方看作为单独的个体，也无法体会他/她的需要。恋人们似乎愿意为了对方的幸福而献身，但在弗洛伊德看来，他们每个人本质上不过是在寻找一种怀旧感的满足。因此，每个人都冷冰冰地将对方作为让自己满足的工具，每个人都拼命地消解失去对方的焦虑。更糟糕的是，因为他们已经退化到一种原初的婴儿状态，他们并不清楚自己行为的暴戾，他们也无法体会这种行为可能给对方带来情感上的伤害。这用冷酷而完美的方式重新诠释了爱的结合的意义。数世纪以来它标志着献身于所爱之人的最高境界，如我们听滥了的那句话：把“身体和灵魂”都献给他/她，这是人类所能付出的最彻底的精神结合。

一切都是幻象。弗洛伊德对此根本不以为然。他说：只有它的反面，才是现实本身。

※ ※ ※

不过，别忘了爱的两面性：它一面朝前，一面向后。它非但刺激人们退化回到没有个性化的心理状态，从而导致心理的失调，它更刺激性本能融合更多的生命体，最终形成一个更大的统一体。[29]弗洛伊德在其后期的思想中认为，这样做的主要目的是“组合与融合”[30]。

这说明弗洛伊德更多地从推动人的结合，而非性满足的角度来思考爱。在爱的推动下，我们对“在那里”的客体产生了日益复杂的认同感，这种认同感同时整合了我们的内在生活。我们的力比多将价值投注于外部世界和它的客体，让它们在细节上更丰富，在结构上更完整，因而变得真实和富有价值。

这个整合过程的关键是我们宣称并肯定的驱动我们的本能和价值观。如果我们顺利地成长，则本能不会被那个分离的超我卡住，成为它的一部分，在它严厉的道德审查下感觉自己的罪孽。我们的生命也不会被源自于混乱、无意识的本能世界和由着性子横冲直撞的力比多动力所绑架。弗洛伊德称这种本能世界为“本我”。相反，本能和价值观应该被置于统一的、差异化的范围内，即“自我”的框架下，以获得肯定和行使其作为主人的主权责任，而非奴仆的强制责任的能力。[31]

这种完整性正是心理分析的目标。弗洛伊德在他宣言式的论述“本我所在之处，自我也应在场”中暗示了这一点。[32]换言之，尽管本我被各有各的目标、无视对方、充满矛盾的两种力量弄得千疮百孔，自我则试图通过放弃一种本能或冲动以支持另一方（包括让二者升华或重新引导它们）的方法来解决这种冲突。简而言之，自我以一种完整的等级体系来组织力比多动力。

只有当自我的这种努力取得成功，它才具备自爱的能力。[33]在高级别的心理结构中，各种动力之间以和睦代替对抗，使得个体有可能对自身产生一种崭新的情感依恋，并且在有限的程度上成为给自己带来满足感的自给自足的源泉。[34]由此，爱自己，意味着获得这种自我依恋。

※ ※ ※

如果说有一条主线贯穿弗洛伊德爱的思想的始终，那就是恋人们在本质上的矛盾性。我爱他/她，爱其带给我的满足；我恨他/她，恨其无法保证能带给我满足。我认同他/她是独立的个体，确信这是与其发展关系的前提条件，而正因为存在于个体身上的这些不可靠性，我又恨上了他/她。既然永远无法彻底满足爱的占有欲，欲望之下永远潜藏着愤恨与破坏欲的暗流。更有甚者，爱之深则恨之切。

弗洛伊德在其晚期著作中极大地扩展了这种矛盾性的范围，使之成为一种宇宙原则。他认为所有生命都被结合与破坏这两种力量所统治。结合的力量把个体联系在一起，成为伴侣、家庭、国家、种族，并最终汇聚为我们所称的“人类”全体。破坏力则对抗这种联合，为的是释放统一中的内在张力，把世界拉回到无机状态。

他不再用“力比多”来命名这种统一的力量，而代之以“爱洛斯”（这里弗洛伊德错误地理解了柏拉图对这个词的解释。[35]）他将与此相对应的动力称为“死亡本能”：

> 只有通过并存的，或是欲望和冲动完全背道而驰的两个原始本能，生命本能与死亡本能，只能通过二者，绝非单独任何一方，我们

才能解释清楚生命现象的丰富和多样性。[36]

弗洛伊德认为死亡本能表达了人类在精神生活，或许普遍意义上的紧张生活中的一种趋向：减少、缓解或者消除内在的紧张和挣扎，只有在死亡中，才能完全解除紧张。[37]所有的生命目标都是死亡。[38]

为什么弗洛伊德感到有必要引入“死亡本能”这个概念呢？根本原因在于弗洛伊德逐渐认识到，单凭他给出的若干原则，包括快乐与自我保护、退化与整合，尽管可以解释绝大多数的人类行为，但却无法解释一个重要现实：人类的破坏性。而任何尝试解释爱的努力，无论是为自己还是为他人，都必须面对这个现实。

弗洛伊德注意到无法用最大程度追求快乐和自我保护的理由来解释人类的某些行为方式。他们可能不由自主地重复痛苦的创伤，一遍又一遍地回到最初恐怖的场景。“总有一些人在他们的生活中一直重复同样的、未加纠正的、给他们自己带来伤害的反应。”[39]更不要说人们故意破坏自己获得的成功与丰富的多种方式。这个过程带来了失败与自我惩罚的双重痛苦。

而对他人的破坏冲动更是比比皆是。人类历史几乎就是一部完整的暴力史，从屠杀和战争到较少为人所见的灭绝。在这种冲动的激发下，人们剥削、羞辱、虐待、杀戮邻居的行为随处可见。当对残暴的限制失效时，弗洛伊德说：“残暴即刻显现出人类的兽性，而兽性的人不会做出任何关心同类的行为。”

> 想一想种族迁徙或匈奴人的暴行，或成吉思汗和铁木真统治下的蒙古人的暴行，或虔诚的十字军对耶路撒冷的浩劫，甚至确切地说还有最近一次世界大战的恐怖——任何回想起这些事情的人都不得不谦顺地接受这一观点的真理性。[40]

我们必须慎重地思考是否需要用“死亡本能”来解释普遍意义上的人类进攻性，或者是那些违背快乐原则的针对自己的特定行为。然而，更重要的是，从这个角度来看，弗洛伊德提出的爱与仇恨和破坏之间无法摆脱的关系再次得到了确认。他以精神分析的新语言和古老的解释结构，多次明确阐述了一个神话，一个在拜火教（公元前 6 世纪由伊朗先知查拉斯图特拉创建）中出现的神话：人类生活在一个不朽的宇宙中，其中代表着善与统一的上帝和代表着破坏与分裂的恶一直处于永恒的争斗之中；一个在古希腊思想家恩培多克勒的宇宙观中出现的神话：整个宇宙被爱与恨统治，它们二者的对抗推动自然处于不断的流变之中。[41]一个在主流基督教思想中出现的上帝与撒旦势不两立的神话（本身深受拜火教影响），一个在摩尼教中出现的神话，它饱受弗洛伊德的嘲讽。（摩尼教兴起于公元前 3 世纪，许多教义类似拜火教。奥古斯丁在成为基督徒前即是摩尼教徒。）

※ ※ ※

弗洛伊德对人类精神图景的描绘存在一个更广泛的问题：他过分强调用性欲来解释爱（也包括更广泛意义上的人类对世界的兴趣），他本人最终承认这样的解释并不令人满意。同样令人置疑的，还包括他对动机如何以性欲的方式起作用的反复强调，或寻求以本能的满足来解释人类对丰富情感的入迷程度。这里还不包括我忽略的许多方面，例如，用温和一些的说法，他那值得质疑的父权偏见。

这些问题，包括其一连串冗长的、无法令人满意的结论，招致无数批评，其中不乏真知灼见，准确指出弗洛伊德错误地宣称自己的研究具有科学准确性，尤其是当心理分析理论可能开始获得如物理、化学和生物等学科一样的严密性时，显然难有什么方法去检验它的准确性。

然而我们关注的不是科学准确性。若是如此，我们则可以完全忽视几乎整个西方爱的历史，无论是将爱作为上帝对人类戒律之首的犹太教，还是以爱探求绝对之美的柏拉图，或是基督教之爱，或是从文艺复兴延续到浪漫主义时期的爱的神秘主义，以及把性作为伟大的道德之旅起点的各种理论，这些统统应该被视为未经证实的荒言谬语而置之不理。我们更关注的是西方历史上关于爱的各种观念是如何逐渐成形的。我们想弄清楚这些充满了杂乱与荒谬的理念如何强有力地攫住了我们的思想，以至于几乎所有现代关系都无法摆脱它们的影响。它们究竟能否通过强烈的亲密关系的形式，赋予我们本体论意义上的存在感？这是我在本书中讨论的爱的最深层目的的所在。

在这个问题上，弗洛伊德绝对是绕不过的人物。事实上，他对于我们这个时代的认识，其影响力度超越了与他同时代的其他心理学家，甚至可能超越了过去一百年间的任何一位思想家。压抑、退化、重复、升华、投射、内化、力比多，这一连串来自弗洛伊德的新名词充斥了我们的语言，影响着我们对自我以及自我与这个世界之间关系的思考结构。儿童时代的经验，特别是爱的体验，塑造了未来在我们生活中反复出现的行为模式，这是个空洞的陈词滥调。

弗洛伊德还具有另一种重要性：他提供了深刻的可能性，让我们认识到个人是如何由爱的历史，包括获得与失去的历史构成的；在这个历史的不同阶段中，我们可能会经历怎样的往复；成熟的爱如何将我们从婴儿时期的行为模式中解放出来，而这种模式只会使得亲密关系沦为被失去爱的恐惧所绑架的人质；性欲或其他欲望在受挫时如何导向毫不相关的行为；亲密的、正常的性渴望如何变得不正常；过往的反常如何构成我们内在机理的一部分；仇恨与愤懑何以仅仅因为蕴含了失望与无助，就成为爱发展的核心，而且主导了爱的关系，还将它囚禁在本质的矛盾之中；爱作为最了不起的观念的源泉，如何同时维持其完全不辨是非的幼稚本质；我们对所爱之人的占有和给予，最终将如何蚕食他/她的心理，以及最终意义上的，我们如何把对爱的依赖安放在纯真的丧失而非获得之上。

这些可怕的想法导致了有关爱的悲观论调：爱最终将破坏它最渴望的一切。作为爱人，我们渴慕与所爱之人的结合，而他/她却是我们亲手创造出来（将从我们父母身上提取的特质投射到他们身上）、不断让我们感到失望的。为了他们，我们任由退化状态下的原始冲动所驱策，因为亲近他们而产生的欲望最终让我们无可避免地陷入人类破坏性的巨大力量中。因此，“几乎每一种产生于人类二者之间的、持续一段时间的亲密情感的关系，如婚姻、友谊、父母与子女之情，都是一种厌恶和敌意的情感的沉积物，而这些情感因为受到压抑，故而未被我们感知。”[42]

尽管弗洛伊德的思想在卢克莱修和叔本华的作品中已经预演，并且在悲剧作家如从索福克勒斯、莎士比亚到拉辛和左拉等的作品中初露端倪，但没有一位作家以弗洛伊德的深度洞察到爱的无力感：爱人不仅无法打造一个能将残忍的人性冲动隔绝在外的安全的爱巢，而且不可避免地会在亲密关系的范围内助长一种恐惧。因为这种恐惧既属于普遍意义上的生命本质，也属于特殊意义上的亲密关系。更糟糕的是，在大多数情况下，这种恐惧被不为人知地纳入爱所包含的最令人陶醉的结合中。

弗洛伊德在这里对怡然自得，甚至在很多方面有点沾沾自喜的爱的乐观主义提出了必要的挑战。这种乐观主义至少自早期基督教思想以来就盛极一时，它无视爱在达到顶峰的路途中所需承受的困难，只看到标志着顶点的完美、极乐、平静、包容、合作、恩惠、坦荡与纯真。

耶稣曾经说过：“你们若不回转，变成小孩子的样式，断不得进天国。”（《马太福音》（18：3））既然天国被尊为爱的天国，则古往今来这句话被理解为只有变成孩子，我们才能爱得最纯粹。的确，耶稣曾经谈论过谦卑的必要性，并赞颂孩子在这方面的能力。[43]不管他的思想被信众如何理解或误解，他认为只有孩子的爱才是最纯粹、最无私、最无保留的付出，而丧失这种童真只会伤害，而非促进我们爱的能力。这种观点已经成为西方世界有关爱的主流观念。这也正是弗洛伊德倾尽全力，以超越任何一位思想家的想象力、细节和论据，强烈蔑视、决然反对的观点。

注释

1. Nietzsche，*Beyond Good and Evil*，sect. 23.

2. 本章的观点和对引文的选择均深受 Jonathan Lear's *Love and Its Place in Nature* (New York, 1990) 影响，同时与 Sebastian Gardner, Ken Gemes, and Bernard Reginster 的私人交流亦对我多有裨益。

3. Sigmund Freud, *Group Psychology and the Analysis of the Ego*, vol. XVIII (1955), p. 90. *Standard Edition of the Complete Psychological Works of Sigmund Freud*, trans. and ed. James Strachey, vols. I-XXIV (London, 1953-74 [hereafter SE]).

4. Sigmund Freud, *Civilization and Its Discontents*, *SE*, vol. XXI (1961), p. 101.

5. Freud, *Civilisation and Its Discontents*, pp. 102-3.

6. Sigmund Freud, *Three Essays on Sexuality*, *SE*, vol. VII (1953), p. 222.

7. Freud, *Three Essays on Sexuality*, pp. 222-3.

8. Freud, *Three Essays on Sexuality*, p. 222.

9. 见 Lear, *Love and Its place in Nature*, e. g. pp. 160-3.

10. “本源性自恋”观点一直受到早期儿童心理学中实证研究的极大质疑。

11. Freud, *Civilization and Its Discontents*, pp. 66-7.

12. Sigmund Freud, *The Future of an Illusion*, *SE*, vol. XXI (1961), p. 24.

13. Freud, *Civilization and Its Discontents*, p. 68.

14. Sigmund Freud, *New Introductory Lectures on Psycho-Analysis*, lecture 31, *SE*, vol. XXII (1964), p. 63.

15. Sigmund Freud, *The Ego and the Id*, *SE*, vol. XIX (1961), p. 45.

16. Freud, *Group Psychology*, p. 106.

17. Freud, *New Introductory Lectures*, lecture 31, p. 65.

18. Freud, *Civilization and Its Discontents*, p. 120.

19. Sigmund Freud, *The Economic Problem of Masochism*, *SE*, vol. XIX (1961), p. 170.

20. Freud, *Civilization and Its Discontents*, pp. 126-8. 这个观点在尼采的《道德的谱系》中有令人吃惊的预演，其中第二篇文章对意识行程的解释所使用的术语都几乎一致。

21. Freud, *The Ego and the Id*, p. 58.

22. Freud, *The Ego and the Id*, p. 58，另见 Lear, *Love and Its place in Nature*,

pp. 154-5.

23. Freud，*The Ego and the Id*，p. 29，另见 Lear，*Love and Its Place in Nature*，p. 164，n. 24.

24. Freud，*Group Psychology*，pp. 112-13.

25. Freud，*Civilization and Its Discontents*，pp. 71-2.

26. Freud，*Civilization and Its Discontents*，p. 118. 另见 Freud，*New Introductory Lectures*，p. 106.

27. Freud，*Civilization and Its Discontents*，p. 69.

28. Freud，*Civilization and Its Discontents*，p. 66.

29. Freud，*New Introductory Lectures*，p. 107.

30. Freud，*The Ego and the Id*，p. 45.

31. 见 Lear，*Love and Its Place in Nature*，p. 176.

32. Freud，*New Introductory Lectures*，lecture 31，p. 80；cf. Freud，*The Ego and the Id*，p. 56.

33. 见 Lear，*Love and Its Place in Nature*，pp. 164-72.

34. 与伯纳德·雷金斯特的私下交流。

35. 柏拉图的“爱洛斯”与弗洛伊德的“爱洛斯”显然存在巨大差异。例如，弗洛伊德从不相信性本能推动人们去探求永恒、不朽的善，因此他认为“从起源、功能及与性爱的关系方面，哲学家柏拉图的‘爱洛斯’同心理分析的力比多力量是同一的……”（《集体心理学》）这显然有夸大之嫌。

36. Sigmund Freud，*Analysis Terminable and Interminable*，*SE*，vol. XXIII（1964），p. 243；cf. Freud，*New Introductory Lectures*，p. 107.

37. Sigmund Freud，*Beyond the Pleasure Principle*，*SE*，vol. XVIII（1955），p. 55.

38. Freud，*Beyond the Pleasure Principle*，p. 38.

39. Freud，*New Introductory Lectures*，pp. 106-7.

40. Freud，*Civilization and Its Discontents*，p. 112.

41. 见 chapter 3.

42. Freud，*Group Psychology*，p. 101. 弗洛伊德《集体心理学》，他认为只有母亲

对儿子的关系是这个规则的唯一例外。

43. 其他福音书中的类似经文也没有明确指明儿童具有特别的爱的能力。《马可福音》(10：15) 中说："若不像小孩子，断不能进去。"但未解释清楚究竟上帝嘉许的"像小孩子"究竟为何，甚至连谦逊也未提及。

第 16 章　普鲁斯特：冗长与乏味的爱

马赛尔·普鲁斯特向我们展示了西方传统中一个对爱独一无二的解剖案例：爱不过是为了获得那个令人不可捉摸，又欲火中烧的他/她的一场旷日持久的挣扎。爱既被绮丽的幻觉、想象与回忆困扰，又浸淫其中，成为渴求与失望、期待与厌烦、雀跃与忧虑的矛盾结合体，并最终消散于某种稳定的情感中。若只能如此，那么它必将消融在对所爱之人最终的失去中。

对孤独与无助的恐惧构成了爱，并赋予它强烈的迫切性。爱于恐惧中生，于恐惧中存活，有时甚至死于恐惧。它狂热地追逐可能的目标，以各种方式将一个陌生人武断地认定为那个神圣的“唯一”，渴求占有他/她，罔顾他/她可能根本不匹配自己的事实。爱让我们认定对方为生命提供了一个新的停泊处，一心扑向这个幻想，即便它仅仅是一个海市蜃楼，即便意志常常被自己的冷酷与困惑所阻挠。

如果我们仍然试图与这个“唯一”和睦地生活在一起，与其说是我们认同他/她的美德，或我们彼此之间的诚恳与开放的结果，毋宁说是另外一些东西：与生俱来的习惯。多数情况下，在我们让自己陷入的状况中，总是习惯给我们带来平衡与佑护。

事实上，他/她对我们是否诚实与开放极少影响到我们对他/她的爱：“为了被爱，言语不必真诚，甚至机智。在此，我将爱情称为一种相互的折磨。”[1]在普鲁斯特里程碑式的著作《追忆似水年华》中，故事的讲述者马赛尔在描述与自己思慕、嫌弃、渴望、怀疑、爱慕、鄙视和误解的阿尔贝蒂娜的关系时，作出了如此表白。

然而，如同之前几乎所有的西方传统一样，讲述者无法抵御以爱救赎生命的极大诱惑。阅读普鲁斯特的作品不仅仅是一场体验爱之不朽、强大与丰富的旅程，更是一个亲历爱被痛苦塑造、被谎言驱使、被空虚麻醉的过程，目睹一幅前所未有的充满着折磨、嫉妒、残酷、冷漠和自恋的爱的景象。它再次提醒我们，为了让痛苦的生命在最高的善当中获得解脱的渴望，西方历史上曾经为此付出了无法衡量的巨大努力。在这个案例中，这本三千多页的传世之作所要体现和证明的，正是讲述者所描述的爱的折磨，而如果没有这样的折磨，这部作品也就无从诞生。

由此，一个带着艺术家气质的悲观主义的讲述者，一个与把爱作为追求和谐、安全、永恒和无条件肯定的西方传统对抗的人，反过来以另一种方式证明了这个传统的不朽。

※ ※ ※

折磨也许终将被救赎，问题是在此之前的漫长时间里，即便讲述者反复说明阿尔贝蒂娜不过是一个不负责任、会耍手段的小骗子，他又如何保持了对阿尔贝蒂娜的持久兴趣？究竟是怎样的希望给予爱如此惊人的忍耐力？

答案无甚出奇，无非是从另外一个人、从大自然，或者从普遍性上，我们得以发现和收获绝对的存在感，进而感到自我存在的完整性。[2]“处在痛苦的焦虑中就如处在幸福的渴求中一样。是非要整个得到才罢休的。”它源自孤单那蚀人的痛苦，必须用所爱一方的绝对存在才可对抗。如果说每一个人类个体都有爱与被爱的冲动，那是因为每一个人都深陷于孤单和无助的深渊中。

爱最疯狂的渴望是彻底占有所爱之人，由此消灭所有的脆弱。为了这个梦想，不惜穷尽各种手段：诱惑、恩惠、哄骗、劝说、操纵、虐待、妄想，以及为了结合所作出的最重要的努力：性行为。

然而占有他人的期望注定是美梦一场。任何人抑或任何事物，真的拥有任何值得我们占有的真实吗？即便他们确实有这样的真实，我们也能把握这种真实吗？难道我们真的能占有那反复无常、只顾自己、暧昧不清的他人吗？他们也许会对我们的爱给予回报，但他们依然过着自己的生活，并且时不时地从我们的生活中消失，对此我们无从预测，更无力控制。

※ ※ ※

普鲁斯特如同弗洛伊德一样，将人类对基本安全感的需要和它最终无法实现的不可避免性追溯到婴儿时期我们对母亲带着焦虑的渴望。这种需要在婴儿阶段的母亲之爱中得到过最初的实现。在一个注意力无法持久的个体世界，人们的来来往往都无迹可寻。

讲述者回忆起他在童年时代总是渴望母亲在临睡前的亲吻。他满怀期待地在卧室里等着母亲上楼；在他的渴望得到满足之前，他已经开始担心母亲的离开和那种感觉的结束。

> 我上楼去睡，唯一的安慰是等我上床之后妈妈会来吻我。可是她来说声晚安的时间过于短促，很快就转身走了，所以当我听到她上楼的脚步声……我只感到阵阵的痛苦。这一时刻预告着下一个时刻妈妈就会离开我，转身下楼，其结果我竟然盼望我满心喜欢的那声晚安来得越晚越好，但愿妈妈即将上来而还没有上来的那段空白的时间越长越好。

在随后的章节中，作者用儿童时代母亲以敷衍的亲吻向他道晚安时他所体会的痛苦，来比喻当两人吵嘴后阿尔贝蒂娜以同样的方式对待他时他所遭受的挣扎的痛苦。每当这种场合，阿尔贝蒂娜好像当年他的母亲一样，表现出让人害怕的冷淡，即便她吻了作者，也是心不在焉。但是，已经长大成人的作者无法像当年索要母亲的吻那样要求阿尔贝蒂娜以同样的方式来平息自己心中的烦恼。

> 那些夜晚，我在阿尔贝蒂娜身边感受到的不再是我母亲在贡布雷的吻带来的那种宁静，相反，我只感受到我母亲因为生我的气或者被客人留住时勉强向我道晚安，甚至不到楼上我的房间里来的那些夜晚所带来的那种焦虑。这种焦虑……正如在我的童年时期那样…… 我之所以感受到我童年的焦虑，那是因为使我感到焦虑的人发生的变化，那个人使我产生的情感差异，我的性格转变本身使我不可能如同从前向我母亲那样向阿尔贝蒂娜索取这种宁静。我再也不会说：我感到悲伤…… 如同那些旧日时光，我就像从前在贡布雷我母亲没有用她的吻安慰我就离开我的时候那样，我想冲出去追上阿尔贝蒂娜，我感到自己在重新见到她之前心里不会安宁。

成年人不会完全重复儿童时期的模式，成年人更野心勃勃，因而也更不稳定。他们以儿童不可能采取的方式追逐所爱之人的本质，并希望通过与其本质的结合达到最终的完整。他们试图认识和理解所爱之人的行为，却被对方的晦涩费解恼火地隔绝在外，四处碰壁。占有的渴望和极端就好比性欲的贪餍与满足，反复纠缠：前一分钟贪恋的对象，后一分钟已经抛在一旁；想要释放焦虑，又紧抓住不放；在欲望和嫌弃之间，占有欲好像秋千一般前后摇摆。[3]

因此，成年人不再期待能获得如母爱一般清晰的爱，爱对他们而言的满足感将不及儿童阶段。尽管他们获得确认的来源可能更多，例如，至少从理论上来说，有各种类型的恋人供他们选择，包括从非人类之爱中，如对自然、学问和工作等的爱中来选择。爱洛斯是这种爱的复杂性与变动性背后令人错愕的推动力，它既反复无常，又深刻有力。

讲述者并不认为为了满足成年人的欲望，人需要退化回到婴儿时期对母亲的需要，进而回到身体结构更加原始的生命阶段。他从未试图将我们对这个世界的关切归因于我们在其中投放了性能量。[4]（尽管他的确在艺术和智力活动中为欲望保留了一席之地[5]，性意象也在他对有形物体的描述中占据显著地位。[6]）普鲁斯特并非重复弗洛伊德的观点。在他看来，婴儿对母亲的欲望仅仅是人类普遍渴望安全感的最初始，或许是最强有力的表达。

※※※

阅读普鲁斯特的作品总让我们感觉到在与人类生命相关的所有伟大工程中，没有哪一个好似爱一样，被目的与手段——雄心勃勃的抱负与实现它的混乱、笨拙的方式之间存在着如此巨大的鸿沟所困扰。

爱要成功，特别是浪漫之爱要成功，最初的障碍是人们在选择上的草率。我们莫名其妙地偶遇某人，于是将所有的希望投注在他/她的身上，直到"去魅"后转向下一个目标。为什么我们不能在选择之前，在我们对他/她产生最微弱的感觉之前，就弄清楚彼此是否"适合"呢？

讲述者在巴尔贝克的海滩上偶遇了一群少女："她们仿佛是希腊神话中的处女。"她们行走时，"身体完全放松，对其余的人发自内心的蔑视使她们动作自如，毫不犹豫，也不僵硬，准确地做出她们想做的动作，四肢的每一部分对其他部分而言都完全独立自主，而身体的大部分保持不动。"她们"是风雅、灵活、体态优美的组合"。起初，他被这群美丽的女神所摧毁，仿佛她们从一个神奇的、无忧无虑的世界来到他所处的这个世界。她们一个跟着一个，好比一个整体，不能分开。

随后，他注意到其中一个推着自行车的姑娘。"她双眸明亮，含着笑，颧骨很高……她说话时使用短小的行话俚语，那么粗野，叫嚷的嗓门那么大……"而当他经过她时，"有一瞬间，我的目光与她那斜睨的笑盈盈的目光相遇。这目光来自将这个小部落的生活封闭其中的非人世界的深处，而那个世界是无法接近的未知数。"

尽管讲述者意识到这个姑娘不过是个普通的、幼稚的、缺少教养的人，完全不适合他高雅的品位，他觉得他永远不可能被这样的姑娘理解，似乎他不可能和她或者这群姑娘中的任何一位产生精神的契合，然而，就如同但丁与贝雅特丽齐的相遇，这惊鸿一瞥正是他此刻需要的全部，让他坠入爱河，对拥有她和她全部的人生产生无尽的渴望：

> 我知道，如果我不能占有她目光中的东西，我就不能占有这个骑自行车的少女。因此，使我产生欲望的，是她整个的生命。痛苦 的欲望，因为我感到这是无法实现的，也是令人心醉的欲望；此刻我的生命已骤然停止，已不再是我的整个生命，而是成了我面前这块空间的一小部分，我迫不及待地要将这空间占据，这空间乃由这些少女的生命组成”。

如果讲述者能够解释究竟是什么原因让他对这个素不相识的姑娘（正是阿尔贝蒂娜）如此动心，他会明白其实是她所代表的那个神秘世界，那个充满着讲述者所没有的种种的世界：自信、笑颜、差异、青春，在他本已经饱和的世界中唤起一种新的饥渴：“我心中才刚刚用对某种生活的渴求代替了心满意足。如干渴的大地那样干渴，迄今为止，我的心灵从未得到过一滴这样的甘露，它会更加贪婪地大口地吮吸。”她让他感到从熟悉的生活中脱离出来的自由。

但意识到这个理由没过多久，他回想起自己本来的理想是爱上一个红头发女人，而眼前这个姑娘是黑头发的。但是他那个奇怪的念头从何而来？不是出于对红头发的喜欢，而是因为他一直思慕的一个名叫希尔贝特的女孩正是一头红发。而希尔贝特是一位名叫贝戈特的作家的朋友，讲述者非常尊敬贝戈特，一直想进入贝戈特的文学世界。因为尊重贝戈特，他爱上了希尔贝特，而因为希尔贝特，红头发成为他的理想目标。

但他为何又爱上了阿尔贝蒂娜？因为她是第一个向讲述者投来目光的女孩，而这一瞥让他心醉，并非因为她身上有什么特殊的气质，而是因为他觉得这代表着他能借助这个女孩接触其他所有的女孩，并最终与其中的一位成为朋友。他的热情并非全在阿尔贝蒂娜身上，而在于她所带来的那种让人陶醉的可能性。也许，他对贝戈特和希尔贝特的爱也出于同样理由。讲述者对此作出了精准的分析：

> 为了产生爱情，必须有许多条件，其中最必不可少也最不费周折的，就是相信爱情能使我们进入一种陌生的生活。

因此，我们对爱的选择是偶然性与必然性的结合。必然的——至少不草率的——是我们希望进入一个“未知的生命”，偶然的是我们究竟选择谁作我们的领路人。

普鲁斯特认为，我们的固有性格决定我们最终选择爱上的对象，我们通常会选择那些性格和我们截然对立或者互补的人。最重要的是，“相互冲突的元素的结合是生命的法则；依据这个法则，我们讨厌类似自己的人。”[7]因此，有教养的会迷恋粗野的，敏感的喜欢驽钝的，神经兮兮的欣赏冷静沉着的。我们渴望着那个能赋予自我延伸、自我扩展的存在，这样的感觉就是幸福。

※ ※ ※

于是，我们开始也许漫长的等待，等待那个来自未知世界，想象中可以给我们确认、让我们喜悦的唯一。随后某个人出现了，似乎正是那个他/她。好像讲述者在巴尔贝克海滩上邂逅的那些姑娘一般，他/她的可遇而不可求更激起了我们的好奇心和占有欲。可是他/她那魅惑的世界将我们完全隔绝在外，他/她的内心世界好像一个谜城，谁也难以相信这样一个精灵般的存在只对我们感兴趣。

> 我们不认识的人……具有一种转瞬即逝性。这种转瞬即逝性使我们处于一种追逐的状态中，再没有任何东西阻挡我们的想象。将我们的快乐剥去想象这层皮，等于将快乐压缩至其本身，这样就空无一物了。

此时，我们绝望地想到此生也许永无机会亲近这样美好的存在，而被迫要从“那些并非自己有欲望追求的女人身上获得快乐，结果是一直到生命结束，也不知道另一种快乐是什么滋味”。而我们所爱之人，那个未知的、不可知的、体现了我们“对美的渴望中最神秘的一切的存在”，激发了我们头脑中一连串的想象，也许只是欲望的投影，但向我们允诺了最高级的快乐。

因此可以说，我们绝不会有机会看清楚他/她的真实自我。“我们总不把所爱的人和我们自己分别开来，他们仅仅是一个广阔无垠的处所，是我们表露爱情的处所。”因为在他/她身上“找到了”我们一直渴望的东西，我们对他/她的爱似乎是注定的。否则，怎么会在千万人中不早不晚地遇上他/她呢？尽管如讲述者随后反思自己对阿尔贝蒂娜的爱时所认识到的，“这一切并非注定，更不是他长久盼望和不得不相信的绝对必要和事先注定。”

可是，假如我们指望能让我们满足的那个他/她没有出现，一切又将如何？无论多久，我们都愿意等待。问题是：之后呢？

很简单，让我们来创造一个他/她吧。换句话说，让我们爱上一个只存在于我们想象中的人吧。讲述者回忆起孩提时代，他常沿着一条叫作梅塞格里斯的乡间小路散步。他陶醉于路上的景物，却发现当他试图用语言来表达自己的心情时，只能依靠一些不能达意的手势。“阳光使池水如镜子一样反照出池边的景物，小屋的屋顶在水面上形成一块桃红色的斑纹，过去我还从未注意到有这样一块斑纹。我发现水面和墙面泛起苍白的微笑，同天空的微笑遥相呼应；我不禁激动万分，举起我已经收好的雨伞，发出啧啧的赞叹声。”面对美景他却笨嘴拙舌，这让他觉得异常绝望：“这些喊叫只是一些模糊的感触，还没有在光明中找到归宿，它们等不及得到缓慢而困难的澄清，宁可找一条立即宣泄的捷径。我们对内心的感情所作的所谓的表白，其实大多不过使我们借以解脱，让我们的感受以一种模糊的形式从内心释放出来，而模糊的形式根本不能使我们认识到感受的真谛。”

摆脱这种绝望的最直接的方法，莫过于一下子找到一个能把讲述者和大自然联系在一起的女性，而不需要劳烦他去重新发现自己和自然的关系。既然身边没有人选，他适时地想象出一个乡村姑娘，盼望着将自己的全部存在投射在她身上。有了她，眼前的风景有了生命，让他心神摇荡，让他觉得这是专属于她的美景，而只有她才能解开这背后的神秘。“徜徉在鲁森维尔的森林中，却碰不到一位可以拥抱的农家姑娘，那就无法认识森林隐秘的宝藏，无法认识它深层的美。”他更向自己确认说，她赐予他的这种大自然的魅力，丰富了少女那过于局促的妩媚。[8]

※ ※ ※

“少女过于局促的妩媚”道出了普鲁斯特所理解的爱的关键。讲述者在担忧乡村姑娘给自己带来束缚之前，头脑中并无对她的具体想象。为了让牢牢地抓住她这个瞬间之前还炽热的欲望变得可以忍受，她必须指向某种更宏大的现实——在这里是周遭壮观的自然——并且被这个现实所丰富。讲述者暗示占有的冲动被它自身的成功削弱了。

这正是真实世界中讲述者对阿尔贝蒂娜的感觉。当最终得到阿尔贝蒂娜之时，他即刻陷入了无聊的折磨。原因很简单，因为爱情就如它起初由欲念所引发的那样，后来唯有靠痛苦的焦虑才能维系。只有当有些部分还没被征服时，爱情才会产生和持续。我们所爱的总是我们还没有全部占有的。爱情，处在痛苦的焦虑中就如同处在幸福的渴求中一样，是非要整个得到才罢休的，还是那句老话——“爱情不是为了猎物，而是为了追逐。”它解释了为什么生活中无数男男女女总是为不该动心的人（对方已经结婚或根本无动于衷）而动心，而一旦对方唾手可得，则立即索然无味。

然而，爱上某人并不意味着我们会真实地看待他/她。与之相反，一系列幻象只是被另一系列幻象所取代，我们更可能高估而非低估他/她。我们对他/她的体验不会完美，相反却觉得乏味至极。我们不庆幸自己的好运气，却觉得不公平地被厄运缠身；不觉得他/她只为我们而生，却觉得他/她好似一个异类。好比普鲁斯特小说中另一位情场高手斯万所感慨的："我浪掷了好几年光阴，甚至恨不得去死，这都是为了把最伟大的爱情给了一个我并不喜欢，也跟我并不一路的女人！"这同讲述者在阿尔贝蒂娜到手之后的态度如出一辙。

于是，逃避和无聊成为爱的双生主人，成为可恶的爱的双重奏背后的推动力量，它遥远地呼应了柏拉图认为爱洛斯的根源是"贫乏之神"与"丰盈之神"（这也是欲望和施虐狂的诱因）的观点。这二者导致了绝望的爱情：逃避引发占有，熟稔催生冷漠。

更糟糕的是，占有和冷漠可随时互相转换：不顾一切的渴望可能即刻让位给不顾一切的逃避。讲述者一度坚信自己对阿尔贝蒂娜的爱已经烟消云散。他扪心自问，细细审视自己的情感，得出再明确不过的结论：她既乏味又无趣，是时候转向下一个女人了。可是，几分钟之后，当得知阿尔贝蒂娜走了之后，离开她的决心立即被爱她的确定性所取代。可见一个人对自己的认知是多么肤浅，要一个恋人读懂自己的内心更是多么困难。

> 片刻之前，在作自我剖析时，我还以为这次不再重逢的分离正是我所企望的，我在把阿尔贝蒂娜给予我的平平淡淡的快乐同她使我未能实现的绚丽多彩的欲求加以比较时……我满以为自己明察秋毫，断定我再也不愿见到她，我已经不爱她了。然而"阿尔贝蒂娜小姐走了"这几个字适才却在我心里引起了那样大的痛苦，我感到我再也挺不住了，我必须立即终止这种痛苦。[9]

坚贞作为爱的黄金标准，却俯首于最剧烈的游移，只有对所爱之人求之不得的痛苦才能维持它的存在，但是拥有他/她之后的无聊之苦折磨人更甚。二者都令人痛苦，因为痛苦正是爱的宿命。讲述者因此总结为："或者终止痛苦，或者终止爱情。"

※ ※ ※

也许只有当我们不能彻底占有时，我们才能爱；然而，我们真的能宣布自己“占有了”某人吗？“不”似乎是唯一清晰的答案。

问题之一在于，如果我们所爱之人“仅仅是一个广阔无垠的处所，是我们表露爱情的处所”，则我们试图拥有的存在就不在他/她身上，而在我们的想象之中。追逐他/她便是追逐自己的倒影，他/她的真实性几乎难以进入其中。

更深层次的问题在于，“拥有”这个概念依赖于另一个观念，即认为人类的自我好比一个浓缩的物体，有着稳定的内核，好让我们至少在字面上可以“把握”它。人们有一个假设，认为即便自己无法完全理解所爱之人，或者对方是不可预测的，但总有办法可以让我们把握他/她所拥有的稳定内核。讲述者将阿尔贝蒂娜作为自己的所属物，即是出于同样的信念。

但是，如果我们所爱的对方（至少当我们爱着对方时）的存在是“散落在空间和时间里……一连串我们无法弄清真相的事件，一连串我们无法解决的问题，是那吞噬了一切的大海，我们还荒唐地想如同薛西斯那样鞭笞它、惩罚它”，那么“拥有”从何而来？我们真的认为自己能抓住那些散落在时间和空间里的事件吗？即便我们可以做到，在时间和空间里新事件、新散点又很快在我们无法预测的地方聚落成形。“拥有”变成对所爱之人存在的方方面面的追逐，而“从整体上拥有生命”成为原则上不可能的事情。

同样不可能实现的是作为爱情的神圣美德的真诚。“真诚”的前提是我们拥有一个统一、稳定、可以被准确表述的自我，而且这是一个我们希望认知、能够认知的自我，否则如何确定我们表达的是“真实的”感情呢？

然而，如果我们好像散落在时间和空间里的流动的点，没有固定的，甚至界定的维度，又何来统一的自我？或者，用另一个形象来说明，如果我们只是一系列来来往往的自我，没有可辨识的逻辑，那么“真诚”难道不是某种出于虔诚的杜撰，以遮掩我们对生存和爱的掌控的无力？更有甚者，假设我们能略微捕捉和理解这些转瞬即逝的自我，我们又真的想要如此吗？因为我们既是，更是竭力做自己的陌生人，这个陌生人必须承受我们最多的谎言，因为它的轻视将给予我们最深刻的痛楚。

对于真诚或许还存在着另外一种更明显的阻力。即便在我们能够并且愿意了解我们情感的那些罕有时刻，要准确地表达这些情感也极为困难。当回忆起沿着梅塞格里斯小径散步的时候，讲述者意识到：

> 我们对内心的感情所作的所谓的表白，其实大多不过是使我们借以解脱，让我们的感受以一种模糊的形式从内心释放出来，而模糊的形式根本不能使我们认识到感受的真谛。当我试图总结一下我在梅塞格里斯那边究竟有何所得，我从意外的景色或者起码引起我兴奋的景物之中究竟有多少细小的新发现时，我不禁想起那年秋天，当我散步走到蒙舒凡后面那片灌木丛生的山坡附近时，第一次惊讶地发现我们的印象和我们习惯的表白之间有多不协调。

性又如何？作为整体的人也许难以捉摸，但我们能否说性是让我们拥有所爱之人的方式之一呢？

对此，答案仍然是“不”。性的亲密纵然使得我们可以流连在另外一个人的肉体上，却几乎无法找到一个了解他/她的入口。做爱或许是体验拥有彼此的一个瞬间，然而在现实中，讲述者认为我们根本无法拥有任何东西。亲吻作为肉体关系的第一步，显然已经说明了这种矛盾：我们的嘴唇一旦凑近爱人，即遭遇阻碍，这提醒我们无法探知他们的内心：

> 嘴唇的功用在于把具有诱惑力的东西的滋味带给味觉器官，因此，只能满足于在表层徘徊，无法进入它们渴望进入的脸蛋中去，但

它们并没意识到错误，也不承认失望。

讲述者以急停的方式来终止亲吻的冒险颇为滑稽。[10]他表达得很清楚，任何试图掌控另外一个人终极存在的希望最终都会被无情地扑灭，因为恋人们的自我主义与绝望、幻想与贪婪、恐惧与对抗，必定像摧毁爱一样，将性同时摧毁。

施虐狂也是破坏力之一。当回忆起在鲁森维尔附近的一次散步时，讲述者记录自己躺在树荫下凑巧看到一位年轻女士凡德伊的情景，当时她的同性恋人正在肆无忌惮地亵渎凡德伊刚过世的父亲的肖像。这可怜的老人为了女儿显然几乎牺牲了所有，而她，身为他的回忆的监护人，本应该哀悼他的离去，却允许甚至纵容她那“邪恶的”朋友做出种种对他的不敬行为。

> “让它待着吧！反正他不能再讨咱们的嫌了。你以为那老东西看到你在这儿，看到窗户敞着，还会哭哭咧咧地来给你披上外衣么？”凡德伊小姐答道：“得了，得了。”这句稍有谴责之意的答话倒证明了她天性的宽厚。她这么说并不是因为人家用那种口吻谈论她的父亲她听了生气（显然，不知出于什么奇奇怪怪的逻辑，每逢这样的时候总有一种感情她是习惯于埋在心里而不予表露的），而是因为这么说等于给自己一个约束。她的女友在想方设法给她提供快乐，她为了不显得只顾自己就有意给自己来点约束。然而，这种对亵渎言行的温和的折中，这种娇声娇气的假怪嗔，对于她坦诚的天性来说，显得特别卑鄙，简直像男盗女娼之流的甜言蜜语；她偏偏想精通这类无耻之道，但无法抗拒快乐的诱惑；有人对她温柔倍加，她感到由衷地高兴，偏偏这人对无力自卫的死者如此刻薄。她跳起来坐到她女友的腿上，天真地把头伸过去给她吻，好像她是女友的女儿似的；同时她心花怒放地感到，她们俩这下子要狠心到底，一起到凡德伊先生的坟墓里去盗走他的父爱了。

这个情景以凡德伊小姐怂恿恋人朝父亲的肖像吐口水而达到不敬的极致。

这一幕说明了什么？这是一个将善与温柔抛在一边、本质上“内心邪恶”的少女自觉地享受作恶的过程吗？（残忍通常是人际关系中一个不被觉察的主题，不过在性关系中，它很容易被想象成一种游戏。）又或者，与之相反，讲述者对少女是否尚未认清自己的行为，包括品德、对逝者的尊重和孝顺父母等的疑问是恰当的吗？如讲述者自己所说，在引发的痛苦中，冷漠是最可怕的残忍，也是最持久的方式。事实上，正如我在本书第11章探讨卢梭时所揭示的，人在对待自己所导致的伤害时，往往最缺乏同情心。

还有其他力量，其他我们尚未提及的力量吗？那种朝亲人吐口水的渴望，那种使得个人尽可能多元实现自我，也尽可能幸福的渴望。那种渴望让人变得脆弱，有时甚至极容易受到伤害，特别是来自那些呼应那种渴望的人的伤害。或许凡德伊小姐乐意看到父亲的肖像被人吐口水，于是她让恋人代替她来行亵渎之事。不过，这并非因为她不去理会那个可怜的老人对她的怜爱和为她所作出的奉献，而是恰恰因为这一点才导致了她的不敬：摧毁有关他的记忆，就摧毁了她对他的依赖，摧毁了她在情感上对他的承担，摧毁了她因为爱他而感受到的痛苦。这解释了她为什么向恋人送出贞洁的额头，期冀对方好像亲吻女儿一般地亲吻自己。她用这种方式来表示对作为女儿的需要的藐视，表达她对真正渴求却再也得不到的安全感的麻木，而这种安全感只有从父母那里才能得到。

※ ※ ※

这种选择的草率性，这种占有他人生命的无力感，这种爱的不确定性，是否都在暗示，其实我们在选择爱的对象时可能犯错，更可能无法确认我们是否真的爱对方或者对方真的爱我们。

看上去确实如此。讲述者选择阿尔贝蒂娜的理由是与她眼神交会的那个瞬间，如此琐碎的理由并没有从本质上解释阿尔贝蒂娜是否具有需要他用爱回应的“善”，而只是出自纯粹肉体的形式，一个神秘的笑靥。他明白自己根本搞不懂她的内心世界，她对他亦是如此：恋人之间彼此是不可知的（也是不自知的）。他对她的思慕远非出于清晰的认识，而是被记忆与想象中不断变动的画面、嫉妒与分离的折磨所驱使的盲动。他渴求进入一个人的本质中，而这个人甚至不是他喜欢的类型。他是否把她作为自己所渴望的更原初的对象的替身？例如他的母亲，或者一种看不见的力量，或者深邃幽微的神性等，他在孤独无助中摸索着这些给自己命名的力量。他试图接触这些对象，而所爱之人好比避雷针，把他带入与客体的关联中，或者与象征着完整性的其他关联中。

只有无法得到一个女人而体会到的长久的怀疑，才能延续我们对她的爱。这个结论看上去好像过分简单化，但正是普鲁斯特经常提到的观点：在描述恋人之间那百转千回的嫉妒心理方面，没有人如他一般入骨。嫉妒好比探照灯一样，引领我们在他人生命的幽暗国度里入迷地探索。即便爱的需求得到暂时的满足，嫉妒总先行一步，警示我们即将发生的错误，而我们甚至毫无感知。讲述者谈到他从对恋人生活的想象中感受到的痛苦：

> 我们想到了她的生活中那段不为我们所知的阴暗的往事，想到了那些我们无从知晓的地方，她曾经在那儿生活过，也许现在当我们不在身边时还去那儿——即使她并不打算真的就在那儿生活下去，在那儿她远离我们，不属于我们，比跟我们在一起时更快活。

这正是讲述者在不知道所爱之人的情感与行为时所遭受的折磨。为此，他说男人更愿意妻子或情人同他认识的人约会，这样总可以免去猜想她究竟是为谁而撒谎的煎熬。

因此，嫉妒是一种祛除不走的魔鬼，它不仅以无知为养料，更制造无知，好像走马灯一样转个不停。

> 蒙住双眼的嫉妒心不仅根本无法在包围它的黑暗中发现任何东西，而且还是一种磨难。它的任务就在于不断地重新开始，正如达那伊得斯姊妹的任务和伊克塞翁的任务那样。

这种对所爱之人要做的事情的持久的好奇心，以另一种方式延续了爱的感觉，让我们对所爱之人的所有一切保持着开放的状态。用讲述者的经验来说，这种开放使得他人的情感流入我们的内心，给予我们爱所需要的，填补与他们在一起时的空虚感。

> 我意识到，在我不停地问自己她在做什么、想什么，她每时每刻都在希冀什么，她是否打算回来、是否就要回来时，我最好把爱情在我身上所洞开的沟通大门敞开，去感受另一个女人的生活从已打开的闸门涌入，填满这之后都不再静止的水库。

好奇让我们痛苦，不好奇也让我们痛苦。如果所有的好奇心得到满足，我们又会陷入绝望，因为对方的忠贞是依靠强力获得的，而不是来自爱的承诺。但是，好奇心不可能长期得到满足，如果我们对自己足够诚实，就会明白我们从来不能掌握所爱之人的行为，甚至无法弄清楚他/她究竟是谁。

那友谊又是怎样的呢？它难道不是不同形式的爱吗？在其中不会有那么多的谎言和自私，或我们不会无果地自我逃避、躲入另一个人的世界。难道讲述者不会正是因为这些理由而必定推荐友谊之爱吗？

答案是绝对不会。讲述者斥责友谊为一种“缺乏德行的……自我绑架”，它对于有些人特别危险，例如能创造自己的生命和事业，并且担负着“为自己而活”的责任的艺术家们。

他认为友谊是胆小鬼的体己，它或许可以让我们逃离孤独，但必须付出背弃我们的深层存在及其发展的代价。因此，当一个艺术家拿出一小时的创作时间与朋友交谈时，他知道他牺牲时间是为了某种并不存在的东西。这与一种“朦胧的、感伤的光芒”略有不同，那种光芒作为一个容易得到的支柱，为表面的自我提供了一种能够依靠的力量，从而让我们得到无法从内心得到的舒适与安慰。

然而，我们很容易被友谊的假象迷惑，认为友谊能创造真实、高尚、令人丰富的交流。我们想要相信我们被朋友的话语打动，而且为我们作为人的存在增添了某种价值。我们想象着与朋友的深度交流很珍贵，因为交流使得我们与他人的存在产生关联，从中得到快乐，并且确认了自己的存在。但事实是，“就连作为友谊表现形式的交谈本身，也是非常肤浅的胡言乱语，令我们一无所获。我们可以闲聊上一辈子，什么也不用说，只要无限重复一分钟的空虚即可。”

友谊无法产生一种真正的结合。它不像爱情一样建立在肉欲之上，用讲述者的话，它以一种谎言作为交换，谎言让我们以为自己并不是无可救药地孤独，而不会认识到当与别人交谈的时候，我们不是正在说话的自己，而是按照他人的喜好来让自己塑造自己，而不是表现自己与其不同的地方。

从爱的历史来说，以上观点显然使我们站在了亚里士多德、西塞罗、蒙田甚至尼采（抛开他对孤独的赞美）的对立面。他们无一例外地认为只有在友谊的国度，爱才能实现其最高的可能性，一种亚里士多德传统所建立的可能性：共享美德和品格。这些思想家们推崇友谊，认为朋友之间至少在道德层面上彼此了解，而友人生命之间的对话丰富了彼此作为个体的存在。事实上，蒙田坚持认为向朋友付出的忠诚非但不会损耗，反而会提升我们的自我价值。

普鲁斯特的讲述者对这些假设深恶痛绝。在他看来，人类之间真正的相互关联对尊重、理解、同理心、节制和善意等品德是抱有敌意的，而这些品德是理解友谊的经典标志。他暗示这些品德不是恋人们应该渴望的，而是躲避爱及其争斗的避难所。他让我们思索这样一个问题，去信任一个我们无法探知其本性和目的的人并不是从真正的爱当中短暂抽离。在这个语境中来讨论，信任虽然远远算不上是爱的标志，但也不是爱的异己。

※ ※ ※

我们不难去批评普鲁斯特对爱情的悲观态度，因为他没有承认其实值得爱的客体要远远超过他准许的范围：无论“灵魂的呼应”抑或彼此互为“第二个自我”的体会，两个人之间都可以发展出互惠的、提升双方存在的亲密关系；爱包含着持续地关切所爱之人的幸福，客观并准确地颂扬他/她的价值；让信任去舒缓嫉妒和软弱；与他人的最终分离不一定必然导致焦虑，而可能带来惊喜、快乐，甚至自我确认的感觉。

不过，要聆听一个伟大的声音谈论爱情，如果不是带着对令人耳目一新的观点的期待，而仅仅抱怨在他的思想中，他没有为常规的智慧预留空间，或者要求他以更富有道德和情感的高雅来修饰他的思想，这都低估了伟大思想的意义。如同其他众多了不起的作家一样，普鲁斯特竭力从爱的最后一个藏身之所中去挖掘特殊的真相，即便要付出片面性的痛苦代价。

他冷酷地指出，爱生于痛苦，长于痛苦；住在痛苦之中，徘徊在痛苦之间；并且，如果爱（换句话说，支撑爱的能量）会消亡，那么它也将痛苦而死，并死于痛苦之中。结果是这种痛苦的爱虽然无法使我们看清那令我们敬畏而难以捉摸的所爱之人，却固执地看穿了世界的普遍结构。普鲁斯特说，“爱就是心灵可以感受的时空”，爱并非是从时间中的逃离，爱就是时间的结构本身。

实际上，普鲁斯特的讲述者极端蔑视快乐，认为只有在引发痛苦的层面上，快乐才富有意义。快乐只在一个方面对我们有用，那就是带来不快乐。

但是，谁愿意去面对如此冷酷的现实？特别是当我们拥有了一种超级有效的掩藏工具。

> 习惯呀，你真称得上是一位改造能手！只是行动迟缓，害得我们不免要在临时的格局中让精神忍受几个星期的委屈。不管怎么说吧，

总算从困难中得救了，值得额手称庆，因为倘若没有习惯助这一臂之力，单靠我们自己，恐怕是束手无策的，岂能把房子改造得可以住人？

多亏了习惯维护平庸的天赋，才能引领我们的生命之舟在诡谲多变的命运之海中平稳行驶，不至于被撞翻，甚至被真相等冷冰冰的事实所吞噬。

塞缪尔·贝克特在其《普鲁斯特论》中写道，习惯是“把狗和其令人作呕的习性拴在一起的东西”[11]。他认为生活不是什么新鲜事，而是一连串习惯的延续，因为个体是众多个体的延续。因此，当我们试图从一种个体转变为另一种个体时，我们不再受到这种僵死的神圣性的保护，而是进入了生命中最危险的地带。那里险象环生、令人痛苦，但是神秘而又富有生命力。在这一瞬间，生存的乏味感被活着的痛苦、被每个感官的任意活动所取代。[12]

除了对爱的恐惧，还有什么能培养出比此更富有生命力的转变呢？

※ ※ ※

如果讲述者关于爱或者某种类型的爱那引人入胜的描述到此为止，一定甚是有趣。他已经迫使我们接受了被动的爱，包括看上去很稳定的、基础牢固的、一定能带来快乐的爱。事实上，这种爱试图动用包括利他主义在内的各种权宜之计去安抚和操控爱。当不能达到目的时，这种努力将引起愤怒、嫉妒和忧伤，当目的达到时，爱即刻陷入了乏味与倦怠。我们常常最不情愿容忍最爱的人的现状，更不用说容忍和肯定他/她的一切。我们将敬畏与幻想投射在所爱之人身上，但只有通过我们自己多角度的理想化，才能够看到对方，使得即便对我们毫无吸引力的人，也可能成为我们痴迷的客体。卢克莱修、斯宾诺莎、卢梭和柏拉图等思想家虽然诊断出人类罹患的这种病症，却无人能如普鲁斯特一样，用近乎法医专家的洞察力，揭开被我们习惯和错觉那变化无常的力量所遮蔽的爱那热切欲望的核心。

但是，作为浸淫于柏拉图和基督教思想中的西方人物，普鲁斯特始终无法抵挡为人类的痛苦探索和寻找救赎的诱惑。

最终他几乎找到了。在三千多页的痛苦、希望、误解、幻象、厌恶、愤怒、冷酷、欺骗、哀叹、恐惧、瞬时的喜悦、戏剧化的冲突、温柔、背叛、幽默、向往和漠然之后，普鲁斯特出人意料地将最后一章定名为“重现的时光”（也许称为“挽回的时光”更为贴切）。在这一章中，要挣脱占有另一个体这一几乎不可能实现的渴望，对于极少一部分有意愿也有能力的人是可能的。这种挣脱——或者说复活——要借助一种富有创意的洞察力，用柏拉图的传统来说，就是超越日常生活而达到整体性的真相。在这里，它指的是作为整体的我们的生命及其所揭示的爱的普遍形式。[13]

> 每个曾使我们痛苦的人，都有可能被我们奉若神明，而他们其实只是神性的部分反映和最高阶段；神性（理念），静观之就能即刻赐予我们欢乐，而不是我们承受过的痛苦。生活的全部艺术在于把造成我们痛苦的人只当成能让我们进入他们的神明外形的台阶，从而愉快地使我们的生活充满各种神性。

普鲁斯特深受浪漫主义观念的影响，认为只有通过艺术，特别是对爱情的叙述，才能获得真实和完整。[14]这里我们可以听到尼采思想的回响：要把人生变成文学；将个体的痛苦经验纳入一种终将包容和掌握它的叙述之中；这种叙述将最终给我们带来自由，还有幸福。时间对爱的蹂躏虽然可以被我们所感知，却最终可以以这种方式被克服，用贝克特的话来说，即“时间由于可导致死亡，而成为复活的一个条件。”[15]

叙述的艺术也许是虚构的，但不意味着只需要我们简单的编造。相反，它是预先存在的，逼迫我们从内在自我中将其发掘出来。这个过程并不容易，因为通常我们的内在自我“对我们永远是不可知的”，尽管它对我们来说应该比世界上所有事情都重要。我们无法向内看清楚自己，无法去解读那本用不可知的符号所写就的内心书本，而它则是现实对我们的唯一指令。

我们无法完成这孤零零的任务。破解这本内在之书是一项创造的工作，我们不能指望由他人代劳，或者与他人协作完成。多数情况下我们避开自己，想出许多浮夸的理由来说明这样做是为了要紧的公共事件，比如“重建正义”或是“恢复全民族的道德一致”。但是艺术家并非随意地做着这项工作，他们将自己的生活转向文学。

> 艺术家的这项在物质、经验、词汇下努力挖掘某种不同事物的工作，与当我们违心地生活的时候，自尊、偏见、才智以及习惯每时每刻在我们身上完成的工作恰恰相反，后者在我们的真实印象上积聚起各类术语，积聚起被我们误称为生活的实用目标，以完全掩盖我们的真实印象。总之，这种复杂如斯的艺术正是唯一生气勃勃的艺术。只有它能向其他人表述我们的生活，也使我们看到自己的生活，即无法“观察”到的、对我们所看到的它的表象需要加以解读，并且往往需要逆向阅读而且极难辨识的那种生活。

对于艺术家来说，任何经验，无论是痛苦的还是愉悦的，好的或坏的，高雅的或低俗的，轻浮的或严肃的，勤奋的或懒散的，都是创意库中的灵感。实际上，当我们要从自我经验中提取普遍意义上的解释，而这正是艺术的目的及其富有救赎意味的意图时，则必须尽量多地积累体验和体验痛苦。

然而，在时机成熟之前，我们无从知晓叙述究竟将采用什么样的形式，它和我们的体验究竟如何发生关联。克尔凯郭尔说，对于生活，我们只能向前活着，朝后解释。[16]因此，当讲述者说艺术的唯一手段是重现失去的时光，他才留意到自己过往的体验：

> 在浮浅的欢悦中、在慵懒中、在柔情中、在痛苦中来到，被我积存起来，未及预期它们的归宿，甚至不知道它们能幸存，没想到种子

> 内储存着促使植物成长的各种养料。我就像那种子，一旦植物发育成长，我便会死去，而且我觉得自己无意中就是为它而生存的，没有想到我的生命有一天会同我想撰写的那些书发生关系。过去当我在书桌前坐下时，我竟想不出写些什么好。因此，我的生活既能又不能归结为这个命题：感召。

为了获得这个积存，我们必须将自我从爱中解脱出来，无论这样做多么痛苦。只有这样，我们每个人才能掌握普遍形式上的爱，并把这种爱、这种对爱的理解交托给一种普世的精神，而不是一个接一个我们渴望与之永远结合的人。

柏拉图认为人类的亲密关系必须从对具体个体的渴望，逐渐提升为对普遍性的渴望。任何一种对特定对象的承诺都将触发同样的痛苦。要想从这种渴望中获得满足，简直与

> 想步行到天涯海角同样天真。欲求越大，就越难做到真正的占有。因此如果说一个人可以找到幸福，或至少能做到无痛苦，那么他必须去寻找的不应该是满足，而是逐渐减小并最后消除欲求。

我们认得出来这种柏拉图主义的特别版本，它从叔本华那里提炼而来。叔本华认为要驯服最终无法满足的专制，最明智的回应就是平息我们的欲望。普鲁斯特的讲述者比叔本华这个伟大的禁欲主义者更为悲观，他似乎认为从本质上来说人只能属于自己。人类相互之间并没有其他形式的亲密关系，也不存在叔本华认为的那种当激情之爱缺席时能够抚慰我们的“神爱”或者同情心。原因何在？因为我们和他人之间的联系永远只存在于我们的思想中。

> 随着记忆力逐渐衰退，这种联系会被淡忘。尽管我们自愿接受假象的欺骗，而且为了爱情、友谊、礼貌、尊重和责任，我们又拿这假象去欺骗别人，但归根结底，我们在生活里还是只有自己。人是不能跳出自身圈子的生物，他/她只能在自己身上才能认识别人。如果他/

她说并非如此，那就是在撒谎。

注释

1. Marcel Proust, *Remembrance of Things Past*, vols. 1, 2 and 3, trans. C. K. Scott Moncrieff and Terence Kilmartin (Harmondsworth, 1983), vol. 3 p. 105.

2. 见 Singer, *The Nature of Love*, vol. Ⅲ, p. 162.

3. 见 Malcolm Bowie, *Proust Among the Stars* (London, 1998), p. 262.

4. 见 Lear, *Love and Its Place in Nature*, p. 133.

5. 我要感谢艾莉森·芬奇在我们私下的交流中指出此观点。

6. 这个观点要感谢在《剑桥文学指南：普鲁斯特》中《爱、性与友》的作者艾莉森·芬奇给我的启发。本章从她的观点中获益良多。博伊也强调普鲁斯特的文字机理中彻底的情色风格，不是来自于简单的泛性爱化，而是作者对欲望的复杂性、差异性、张力和脆弱的传神描写与充满欲望的思考。

7. 见 André Maurois, *The Quest for Proust*, trans. Gerard Hopkins (London, 1962), p. 210.

8. 见 Singer, *The Nature of Love*, vol. Ⅲ, pp. 170-1.

9. 玛莎·努斯鲍姆对此有极高明的分析，令我受益良多。See *Love's Knowledge: Essays on Philosophy and Literature* (Oxford and New York, 1990), pp. 261-85.

10. 我要感谢艾莉森·芬奇对普鲁斯特滑稽一面的强调（私人交流），这一点曾被许多评论家，或许特别是哲学家所忽视。

11. Samuel Beckett, *Proust* (London, 1970), p. 19.

12. Beckett, *Proust*, p. 19.

13. 这一段，特别是个体之爱的痛苦通过柏拉图式“升华”得到救赎的部分，见 Martha Nussbaum, *Upheavals of Thought*, especially pp. 511-26。她在 'People as Fictions: Proust and the Ladder of Love', in *Erotikon*, ed. Shadi Bartsch and Thomas Bartscherer (Chicago and London, 2005) 中也有类似论述，especially pp. 229-38。我引用了她的观点，同时也引用了 Finch, 'Love, sexuality and friendship', e. g. p. 169 的观点。

14. Nussbaum, 'People as fictions', p. 229.

15. Beckett, *Proust*, p. 35.

16. Kierkegaard, *Philosophical Fragments*, ed. and trans. Howard V. Hong and Edna H. Hong (Princeton, NJ, 1985), p. 80.

第 17 章　重温爱情

在爱的历史上，多数情况下，爱是对异性沉迷的俘虏：自私自利与无私奉献；占有与顺从；制造幻象与探求真相；有条件与无条件；转瞬即逝与恒久忍耐；沉湎于绮梦与洞悉现实。无论任何一种情形，爱都被视为尚无定论的品质的极致和典范。

对于大多数人来说，特别自马丁·路德以来，爱意味着这两股对抗力量的后者：无私奉献、顺从、探求真相、无条件、恒久忍耐。只有少数人认为爱（如果那些情感可以被称为爱的话）意味着前者。

相比之下，还有一小拨对立者坚持认为，所有真正的爱，特别是带有性指向的爱，不可避免都是自私的、充满占有欲的，甚至是狡黠的。奥维德在《爱的艺术》中歌颂从爱的力量、欢愉和游戏中所获得的喜悦，尼采则以更为夸张的口吻谴责说爱情中的无私是充满仇恨与恐惧的心灵之病。包括弗洛伊德、普鲁斯特等在内的悲观主义者则看到爱注定走向虚幻与毁灭，而且从这个意义上说，绝大多数人认为这将导致痛苦和失望。不过，在一些人，特别是普鲁斯特看来，这可能也是富有喜剧性的愉悦之事，是滋养思想、艺术与自我创造力的能量和养料。他们丝毫不怀疑是人类一边宣称自己如何渴望与他人建立起长久、包容和亲密的关系，一边却亲手摧毁这种关系。

当我们用好与坏、乐观与悲观来看待这个世界时，我们其实正站在意识形态的立场上。根据我带点印象主义的经验，我们的这个时代不仅仅维持着这种历史悠久的意识形态，而且守在马丁·路德及其后继者所搭建的帐篷之外。（在这个帐篷里，快乐但或许并不睿智的宗教信仰者、无神论者、形而上学主义者和自然主义者挤在一起。）特别之处在于，这种意识形态习惯于把爱看作是无条件的、恒久的和无私的，而一旦这种期望落空，则很容易倒向其反面，痛苦地谴责自己曾倾注无限希望的所爱之人，以残忍与无望为理由将爱一笔勾销。

在本书第1章，对于什么是爱、是什么激发与支撑着爱，我提出了自己的理论，目的在于既避免陷入这种被蒙骗的期望之中，又破除一种错误的二分法。作为总结，我将甄选这个理论中的关键要素——其中多数已经交织在书中各章节的行文间。不过，在进入主题之前，最好回顾一下这些期望是如何深刻地嵌入基督教传统，并得到世俗时代的保护甚至强化。

假象一：爱是无条件的。

尽管缺乏必要的经文支持，基督教为爱的观念提供了一条清晰的逻辑，认为人类可以无条件地爱上帝和彼此。（我在第7章已经指出这个逻辑的瑕疵所在。）

（1）从定义来说，上帝是绝对权力。因此没有任何存在能超越上帝，成为上帝爱的行为的前提条件（上帝爱的行为包括创世、与以色列人立约以及化身基督与受难）。

（2）所有人类的真爱依赖于对上帝的模仿（尽管在模仿的方式和程度上存在诸多争议），因此，

（3）所有的人类真爱必须是无条件的。

在基督教各主要思想中都包含了以人类之爱去模仿神圣之爱的渴望。我们在《希伯来圣经》对人类的召唤中看到这种渴望的萌芽：用上帝的方式，“要圣洁，因为你们的神耶和华我是圣洁的”（《利未记》（19：2））。在柏拉图式的将恋人们升华至神一般的沉思状态的描述中我们也可以看到这种萌芽。“神就是爱”的公式更无限强化了这些渴望，因为假如神就是爱，那么效仿神必须围绕着如上帝一样去爱的理念。

更值得注意的是，在完全世俗的脉络中探讨爱情的现代哲学家们也反

复歌咏爱的无条件性。例如，辛格谈到爱是一种“赋予”，是“恋人间即兴的礼物，而非有条件的回应”[1]，也“并非源自恋人的善”。这正是主流基督教传统中描述上帝的仁爱时所使用的那一套话语体系。但如果这套语言从重要的语境中被剥离，则它将趋向于无意义。

因为如同任何人类的事物，爱是有条件的。假设你是一个宗教信仰者，强烈地相信上帝的恩赐能以某种神圣的方式赋予人们爱的能力，那么至少从理论上来说，“无条件的爱”这个概念是可以站得住脚的。然而在现实世界，这个恶作剧一样的陷阱使我们落入对人类关系一种不现实的期望之中，并从根本上背离了人类之爱的真正本质。

假象二：爱是永恒的。

人类之爱以上帝之爱为模板的观念也催生了另外一种假象，即真爱好似上帝一般，其本质必须是恒久的，从某种感觉上来说，甚至是永恒的。按照这种理论，假如人们之间的爱消退了，那说明这种爱从一开始就不是真爱。但人类毕竟不是上帝。

只有当爱人在所爱之人的身上看到至高无上的善时，他/她的爱才能延续下去。托马斯·阿奎纳甚至以人类之爱来评判上帝：如果上帝不具备足够的善，则他就没有理由要求我们的爱。此外，只有当爱人保持对所爱之人的关注时，爱才得以延续。这是爱的基本美德，也是爱继续发展的前提条件。或许我们应该这样说，只有爱人们发展出共同的生活、发展出他们所代表的两种生活方式的对话时，爱才可能持久。正如亚里士多德提醒我们的，能否将爱的潜力现实化是爱可否延续的核心。（亚里士多德是为数不多的清楚表明爱会消亡这一理念的思想家之一。）

可是，对所爱之人的关注常常是脆弱的，不知不觉中就会让位于怠慢的习惯。真爱是个了不起的成就，充其量只有极少数幸运儿能享受它的甜蜜。我们所想象的爱的延续经常不过是一种习惯，塞缪尔·贝克特称之为“对一种乏味主权的保障”。

习惯的妙用在于维持我们对自我欺骗的无知无觉。我们想象着在与爱人的关系中找到了一种亲密的、轻松的和谐：支持并参与彼此的各种事务，却不知我们不过是把自己囚禁在相互依赖之中，指望把相互接受当作是亲密象征、说不出口的原则给自己带来些许安全感。事实上，习惯甚至在关于其本性方面对我们撒了谎，欺骗我们相信它的现实感和实用性。事实上，它是通过一系列的假象把我们束缚在一种迷幻中的，就好像“把狗和其令人作呕的习性拴在一起”。

假象三：爱是无私的。

无私的爱才称得上是最真的爱，持此观点的思想家不仅包括如路德和虞格仁这样的宗教界人士，也包括无神论者叔本华和哈里·法兰克福这样的现代哲学家。法兰克福认为，爱最基本的内涵是无私地关心所爱之人的幸福与丰富。[2] 这是对基督教传统中爱的无私性加以确认的世俗版本，不同之处在于，它否定了澄清爱的无私性概念所需要的理论。[3]

不过，真爱的美德包括对于所爱之人的现实关注，听命于他/她的秩序和召唤，视他/她为另一个自己的献身。要实现这些，我们必须拥有自我、丰富自我、以自我为利益，并自我发展与完善。只有当个体怀着最高的理解与虔诚投入上述任务时，他/她的力量才能成就这些爱的美德。之所以如此是因为作为一种以未来为导向的、持续的人类关系，爱面对着一个不断进化的、很多时候既不可知也无法预测的生命。

即便没有任何利益或者需求的推动，上帝也会给予他的爱。不过，这里我们再次看到以上帝之爱作为人类之爱摹本的荒唐和盲目，特别是人类要模仿的偶像已经从宗教语境中被抽离出来，而这种语境是上帝唯一的归属。

※ ※ ※

以上三种假象所依赖的爱的模式尽管始于宗教思想和实践，不过我在本书中一直解释，因为宗教权威的式微，特别是自启蒙运动后，宗教在解释自然事件、规定和执行价值观、影响政治和教育等方面扮演的角色逐渐弱化，爱的模式被极大地强化，甚而超过了宗教的影响力。宗教衰退的日益加剧使得世间的男男女女愈发期待以爱来填补上帝离开后留下的真空。他们急于将原本保留的爱上帝的力量转移给人的本性，却把宗教传统一直坚持的谦卑与耐心抛在一旁，全然忘记了正是这二者使得“恩典”等概念有了表达的机会。

在人类历史上，不乏为了将这个神圣角色转嫁到社区、民族、国家或者族群而推动的偶像崇拜，这种盲目行为有时候沦落为可怕的实验。组织中的成员以此作为爱的焦点和主要来源，导致包括纳粹的“元首”崇拜在内的灾难。不过，这些盲从行为最终无法摧毁压倒一切的道德价值。这种道德价值强调亲近本性，恢复或者去发现一个未被地位或者社会接受度所侵蚀的真实的个体性。自 18 世纪以来，部分由于卢梭的影响（撇开他思想中的集体主义倾向），在对这种道德价值的探寻中，爱越来越发挥了主角的作用，推动我们人类在破碎的、无法获得精神满足的集体身份中，成长为一种真实的存在。

事实上，每一次个体主义的高扬都提升了爱的影响力。个体身份越是独立于政治、宗教、社群的忠诚度，爱就越发成为个体归属的最终来源和标志。今天人们急切地展示出爱的标志，就如同在以往时代中人们展示自己对教堂或者国家的忠诚一样。爱日益成为一段关乎心灵的世俗旅程，一个为生命带来自由和意义的终极源泉，一种最高标准的价值，一把打开身份问题的钥匙，一个抚慰无根者的乐章，一股既亲近世俗又努力超越它的渴望，一次从痛苦中解脱的救赎和一份对永恒的承诺。抑或，它是这一切的总和。

总而言之，爱承载了太多。

※ ※ ※

可是，神圣并非轻易得来。从标志着西方爱的历史开端的上帝与亚伯拉罕和摩西订立契约开始，上帝命令他的子民尽全力爱他，忍受他偶尔加诸他们身上的恐惧，他与以色列人的关系是动荡的以及《新约》中他以残忍、蒙羞的死亡来牺牲自己儿子，这种种的一切都警示我们，必须怀着最大的耐心去接受标志着最高的爱的考验、自律和损失。这并非出于瑞士作家鲁治蒙的理解“唯有接纳，才会幸福”，认为制造障碍是爱的目标，而是因为爱的目标太令人难以捉摸（在爱的简短历史中，有关它形形色色的定义已让我们对此有所领教），它的企图太过迫切，而通往它的路途又太过危险。如同以色列人从他们与上帝的关系中认识到的，这种企图同时带来恐惧和喜乐，而二者中任何一个都足以摧毁平凡的世人。

平凡的世人，正是留下来的我们这些普通人。爱应该效仿上帝命令人类爱他的方式，而不是上帝爱人类的方式。人类不是上帝，人类所做的任何事情都是有条件的，受时间、利益的限制，依赖于从无常的命运与人性弱点中锻造出来的坚强自我。和“生来”即肩负着明确使命的上帝不同，人类有一种最高需求，就是要同自己存在的根基结合在一起，从生命中体验无法摧毁的安全感、生命力和归属感，从而找到属于自己的家园。这些都是努力表达“存在论意义上的归根感”的方式，也是我在本书中第 1 章就提到的，人类要寻找的爱的终极意义。

定义爱的另一种尝试

爱是我们对人（或者物）的一种迷恋，因为他们能激发我们对本体论意义上的存在感的体验，触发和支撑着对于自我存在与对方存在之间一种生死攸关的联系的长久追寻。我们在他们的存在中体验到落地感，或者仅仅是落地感的希望，因为落地感意味着对被我们视为最本质所在的认同、接纳、附和，并为这种存在提供有力的停靠地。这种本质多数涵盖了我们的出身、力量、软弱、理智以及由这些因素所赋予的命运。而且，它们不单纯是个人性的，还深深地打上了父母、社会和同辈人的烙印。

有时候，我们所爱之人实际上和我们有着相同的出身，但并不一定如此。对我们来说，重要之处在于他们的出现代表或者让我们体会到最初始的安全感，并且和我们建立起一种存在意义上的沟通关系。这种沟通接通了我们对最早期安全感的记忆，给我们的存在注入了生命力和现实感，让我们陷入与死亡一般强烈的爱的感觉。

我们不必吃惊爱的感觉是如此令人迷惑，因为作为它的目标的落地感、存在感和归属感，都难以命名。要搞清楚它们的定义，不一定比搞清楚“美”、“真”、“善”和“完整性”这样的词语更加容易，后者常常被认为是西方历史上有关爱的对象和灵感的主导概念。我们无法确定是否稳定地获得了这种归属感，它可能来自于截然不同的对象，而他/她与我们之间甚少类同。究竟该渴望什么、不渴望什么？当下流行的形象严重影响着我们对爱的期望，使得我们还没来得及搞清楚自己的期望是什么，想象力就开始起作用，赋予那些近在咫尺的、似乎能带来存在感的对象以爱的意义，同时排除那些无法达到此种目标的对象。

这样做的结果是，在辨识能带来存在感的对象方面，我们常常反应迟钝，迟钝到更加滞后地去回应这种无形的力量。虽然在所爱之人赋予存在以意义的信念上，我们从不会被蒙蔽，但我们常被实现它的方式、范围和可靠性所迷惑。当然，这种迷惑还包括我们的爱究竟可否并且以何种方式获取应得的报答。

强烈的依恋算不上是爱

相形之下，任何人如果无法触发存在意义上的归根感，都无法获得我们的爱，无论他/她如何美丽或善良，无论如果成为恋人，我们彼此之间将会如何宽厚、无私、怜惜、慈悲、互相保护或是彼此尊重，无论对如此的生活如何兴趣浓厚，无论我们分享如何一致的价值观。

因为这些品质不能激发爱，尽管一旦点亮了生命，它们就会自然地呼应爱，以快乐、和谐与魅力丰富着爱中彼此分享的生命，但这些都不是爱要追逐的本质。我们可能对给我们带来上述种种满足的人态度冷漠，而对一个丝毫无关的人倾注所有的爱，这正是很多不幸爱情的理由。

※ ※ ※

在激发爱方面，尊严比我们想象的更不重要。我们可能爱上一个对我们冷漠、满不在乎的家伙，或者除了本体论意义上的归根感之外我们毫不尊重的家伙。这样做既不有悖于常理，也不算愚蠢，因为尊严不能让我们找到家的感觉，尽管有时候它提供这种假象，但是它永远无法提供生命所需要的安全感和真实感，所以人们对它的需求总是越发贪餍。

以彼此尊重与珍视的程度来评估爱情关系的力度是危险的做法。这个错误不仅仅导致我们误解彼此之间关系的柔韧度，而且寄望用尊严来提升彼此的关系。当尊严无法奏效时，人们的期望更高，或者再不相信它的真诚性。用尊严来保护爱情，显然是找错了方向。

这意味着爱的第一要义不是评估“人的整体”，或者是以“完整的独特性”来评估所爱之人，包括与他/她相关的所有品质和方面。那句老生常谈“为了他/她是他/她而爱他/她”更是行不通，爱甚至和是否喜欢他/她都没有关系。实际上，我们可能一边强烈地抵触他/她的品质和所作所为，一边又渴望对方，包括他/她的肉体、美貌、艺术气质、兴趣和善等。只要他/她能让我们想象他/她正让我们靠近，或者阻止我们去拥有一种稳定的关系，想象他/她身上具有那说不清道不明的神秘核心，就是以让我们借由他/她的存在去体会本体论意义上的存在感。

美并非爱的理由，而是爱的结果

各种伪装之下的柏拉图思想其力量太过强大，以至于爱来自美的启发的表述成了一个不证自明的公理，无论是身体之美、灵魂之美，或是品格之美。

但事实真的如此吗？

我们显然不会爱上所有我们觉得美的人和物，或者我们自己不具有的一切美好的人和物。柏拉图认为，美是爱的真正客体的概念导致了“爱”这个词的泛滥，以至于在什么是爱的意义、何时能真实地感知到爱这些方面，留下了太多的混沌和困惑。然而，绝大多数情况下，受到启发的是其他形式的亲密关系，包括尊严、奉献、占有和依恋等，可它们都缺乏爱的本体论的关联与动机。

实际上，丑陋也可能成为爱的对象，并非因其丑陋，而是因为它将我们带入与某种原初体验的联系中，某种对我们的现世生命来说非常本质的东西。我们不能将其简单归纳为所谓丑中之美，这好比喜欢阿尔班·贝尔格的《沃采克》一般，并非什么荒诞之举，或者明知理查德·施特劳斯的交响诗无与伦比地动听，却怎么也喜欢不起来一样。残酷、粗粝和堕落中蕴藏的存在的张力是根本不能通过交响诗来传递的。事实上，出于无法解释的理由，交响诗也同样躲避着这些主题。

这说明，需要与柏拉图不同的另一种概念去理解爱与美之间的关系，去发现毋宁说原来作为爱的客体的美或善是爱的理由，不如说是爱的结果。归属感、家园感、落地感所催生的迷恋让我们对带来这些体验的源头产生美和善的印象（实际上，这种迷恋等同于对何为美的判断），但并非我们觉得美的任何人或物都能带来如此承诺。

启发爱与养成爱

当我们讨论说爱包含着一种占有的渴望（如柏拉图和普鲁斯特的观点），或我们将爱的特征总结为容纳、接受、顺从、舍己、仁慈、同理心以及放空自我（来自犹太教、基督教及其世俗继承者的各种传统），或我们把爱看作是对所爱之人的理想化（卢梭、叔本华及不少学者持这种观点），或把他/她等同为“第二个自我”（持这种观点的有亚里士多德与蒙田），我们都需要提醒自己不可操之过急。的确，对本体论意义上的归属感的承诺启发了爱，并催生了上述种种情感，但爱不能被简化为这些情感。

这些情感表达了爱的主要美德，而当爱受到其他动机的干扰时（例如逃脱自己并遁入他人生活的渴望，或者是通过怜悯、顺从，抑或包容的手段去控制他人的冲动），它们就成为爱的主要恶行。一旦我们的内心燃起对所爱之人的火焰，则占有、顺从、舍己、理想化就成为亲密关系的保护和表达。如果得到恰当的实践，当爱人们唤起对牢不可破的归属感的迷恋和希望时，这些情感就成为爱自身与其客体和谐共处的条件。它们代表着爱的不同模式的关注，为了让爱与其客体能成功地结合起来，必须持续地发展这样的关注。的确，从柏拉图、行吟诗人到卢梭的众多革新者都指出，爱的主要美德是需要学习和培养的。

爱为什么不能被工具化

我已经反复论证，区分爱与所有其他强烈的人类关系，只需要一个标准：爱的核心在于本体论意义上的归属感以及相爱双方在存在意义上的相似性。相爱双方之间的对话必须借此发展与深化。

因此，无论爱是浪漫的友情、亲情、父母之情，或者是亚里士多德描述的完美的友爱，或是对自然、艺术、金钱、地位、佳酿的痴迷，抑或其他任何不能满足我们情感的人、事或物，莫不如此。其他效仿这些关系的爱不能算作不同类型的爱，只不过是用不同的方式来表达我们在这个世界上所确认的自我和寻找到的存在的回响。从这个意义来说，无论付出多少、分享多少，没有任何一种情感似乎不会比爱更为人所需，也不会如爱一样如此受制于条件。要否定爱的迫切性和条件性，简直就是否定爱本身（苏格拉底曾饶有趣味地说，爱总是可怜巴巴的和迫切的）。

所有这些听上去似乎令人心寒——所爱之人不过是满足我们深层需要的一个工具。事实非但并不如此，且正好与之相反：我们把他/她当作确定自我存在的归属，当作我们的“家”，前提是我们假设他/她是与我们截然不同的存在。从本质来说，他/她不是我们的延伸，反而因为相互独立而需要彼此照顾。如果一个人没有颠覆上帝的至高无上，就无法作为一个信仰者向上帝寻求本体论的归属感。同样，如果我们邂逅的所爱之人不那么令人难以捉摸，那么我敢说爱从一开始就失去了生命力。因此，从本质来说，深刻地洞悉他人的存在是一种无法被工具化的体验。在这种令人不安的典型的爱情体验中，他/她既是同类又是异己，既熟悉又难以企及。

还有另外一个原因使得爱情不能被工具化。本体论的归属感一旦催生了爱，爱在健康的条件下得到发展，我们就会怀着压倒一切的喜悦、感激与宽容，带着对这种爱的力量的依恋和投入，带着对爱人的需要、对幸福和事业毫不犹豫的关注，带着将我们的生命与他/她的生命交织在一起的渴望，把彼此的关系从各种条件的束缚中彻底解放出来。

爱不仅仅变得超越条件性，而且这个无条件性也不再需要任何其他条件去满足让爱继续下去的需要，而且也不会再有可能扼杀爱情的任何阻碍。无论他/她表现出怎样的破坏性、冷漠、刻薄和恶意，我们的爱都不会改变。与亚里士多德的观点不同，即便分离、不信任，甚至对方在品格上的堕落，也不会削弱这种爱，除非他们不再能唤醒我们心中对家园、对归属感的渴望，只有这一种情况会摧毁我们的爱。

爱的两面性

有关爱对家园的寻找，人们最常用的一个词语是“回到家园”。“回到”指的是重新定义我们是谁，却被我们疏离的源头：上帝、民族、族群、家人、自然、母亲、父亲。爱与虔诚在这个源头上存在着深刻的关联。这也许是即便没有社会压力，人们也很容易与来自相似背景的人坠入爱河的理由之一。[4]

我们也可以在之前缕述过的思想传统的各个关键时刻找到对这个主题强有力的表达。

柏拉图在对话篇《斐德罗篇》中说，灵魂只顾着奔回它的精神源头；

在《会饮篇》中，他让阿里斯托芬复述了爱寻找丢失的另一半的故事。

《创世记》描述了人类最初的天堂，在失落的伊甸园里，人类与自然和上帝是一体的。随后的宗教传统认为，人类要通过爱的救赎超越与上帝的分离，回到原初的一体状态。（“原罪”作为一种对人性的诅咒听起来自然不怎么悦耳，不过它是一种对现实强有力的比喻，那就是我们所有人生来即被隔绝在一种最伟大的善之外，这种善使得我们找到让生命安放的家园，找到让我们的存在之所以与众不同的意义。这是一种值得我们奉献美满生活的善。）

奥古斯丁认为，爱的特质是让灵魂回到精神源头，即上帝那里，因为上帝赋予我们存在的善。恶是善的对立面，是奥古斯丁所称的一种非存在的状态。

圣文德将精神性描述为一条找到最初的造物主的路径，这样人类最后才能回到存在的完整性，即上帝本身。

弗里德里希·施莱格尔认为，人类只有通过爱才可回到最初的神性之中。

弗洛伊德则谈论恋人之间彼此结合的感觉的消退。他认为，成年人的爱是对童年时期性欲满足方式的模仿，甚至是重新发现，而童年时期的性欲主要由给予照顾的一方，通常是由母亲等来满足。他有时候并不确定是否所有的本能都试图回到最原初的状态，用他后期理论的术语，即是否生存本能与死亡本能二者本质上都不是保守的。[5]（事实上，死亡本能的理论尽管受到评论者的嘲笑，却提供了一个准确、有趣的比喻，说明人类有一种压倒一切的回到原点的本能。弗洛伊德描述说，这个原点是在生命体之前就已经存在的非有机体状态。）

回顾对爱的解析，我们发现爱也是一种朝向未来的运动。因此，柏拉图在《会饮篇》中不仅借阿里斯托芬的神话故事清楚地表明爱情要回顾过去的特质，也通过第俄提玛之口说明爱情是朝向对绝对美的沉思的一个提升过程。基督教把神性启发的爱看作是朝向上帝的转型，奥古斯丁也说爱既是对精神源头的回归，也和未来相关，以寻求个人的“自满”，即最大化存在为目标。在斯宾诺莎眼中，爱作为一种与理由关联的享乐行为，总是渴求更大的“完美”，换句话说，为了更充分地存在，或者存在的更充分实现；卢梭和他引导的浪漫主义传统把爱形容为一种以自我发现和个体实现为目标的向内的旅程；尼采“爱命运”的理念不仅说明爱是向后的路径——人是由过往的一系列事件塑造的，并且在这个限制内成为存在的全部历史，而且爱是朝向未来的，因为未来正由当下发生的一系列事件来决定；弗洛伊德认为爱尽管会退化，但也在发展之中——在心理状态的区分与融合中，生存本能融合越来越多的生活质后形成更大的统一体。

因此，爱既观照过去，也观照未来。换句话说：它的精神气质同时是怀旧的、乌托邦的，守旧的、理想主义的。从这个角度来说，重温与发现在爱身上并存，形成了爱的两面性。[6]

爱是非人的

爱意味着同时体验重温过去与发现未来的感受，这道出了爱的一个根本特质：爱蕴含着一种倾向，也许甚至是一种冲动，就是“超越”它当下的客体，不囿于具体的对象，某种意义上甚至是非人性的，而同时又最富有人性。只要对方能带来最强烈的本体论“归属感”，只要所爱之人能让我们最充分地感受到生命的存在与丰富，则我们就会集中关注他/她的独特性。

因为归属感很容易被认为指向，甚至等同于爱所引导的完整性。这种完整性，或者是最高的善有很多分身，例如上帝（犹太教、基督教）、绝对美（柏拉图）、神圣创造（裴奇诺）、自然（斯宾诺莎）、永恒世界（施莱格尔）、所有生命体的结合（叔本华）、命运（尼采）和叙事（普鲁斯特）。当爱试图抓住这种完整性，或者将两人之间的关系想象成这种完整性时，必须承受巨大的风险，因为为了获得这种完整性，我们索取的远远超过对方可能给予的。

不过，我们不应该因为这种索取而批评爱情，强调爱应该放弃对完整性的野心，而专注于所爱之人的独特性。因为爱的实质是通过所爱的某个个体，找到在世界上安身立命的存在感。为了达到这个目标，我们很难不三心二意地去寻寻觅觅。爱一心一意地关注所爱之人的“独特性”（尽管没有用现代理性自负地宣称看到他/她“正是如此”的完整独特性，或是他/她全部的复杂性），并且在这种独特性和它所允诺的本体论归属感的启发下，超越所爱的具体对象，进入一个让爱情中的他/她体味到“在家”感的世界。

即使这听上去颇为神秘，它也必须如此。有关起源和生命支柱的神话能最好地表达本体论意义上的归属感。对人类来说，爱的本质所具有的特殊力量依然是一个谜。真爱蛊惑下的男女双方相互吸引，与这个谜团及其投射的魅影共舞，而不再抱怨“求之不得”。

推翻旧的对立面

我们已经看到，有条件的爱是由一种非常特殊的善激发的，它是爱人们渴求的对存在意义上“归根感”的承诺。以这种方式来看，也许最初爱的对象身上算不上是“善”的一切都对这种承诺无动于衷，甚至有意排斥。有条件的爱并非对爱人所作出的无条件承诺的对立面，而是与爱人的生命和事业建立一种新关系的先决条件。以同样的标准来衡量，自私的、充满占有欲的爱（通常被称为“爱洛斯”（欲爱））是自我奉献的、顺从的爱（通常被称为“阿加比”（神爱））的先决条件，二者之间并非如多数传统思想所坚持的一定是对立关系。事实上，哪里有强烈的神爱，哪里就有强烈的欲爱，神爱为欲爱提供了探索的能量。

如果我们再进一步观察“爱洛斯”与“阿加比”的差别，就会明白其实二者并不代表从欲望到自我奉献的爱的不同阶段。从发展样态来说，它们都是出于相同目标（将对方存在内化为自身存在），持续地关注所爱对象的模式。要掌握这种存在，必须依靠对其固有秩序的持续关注以及满足它所提出的要求，这就好比我们需要集中注意力才能理解和诠释一段音乐。占有爱如同占有音乐一般，真正唯一的方式是将自己彻底地交出来。真正的占有是被所爱之人的存在和秩序彻底虏获，以至于将之完全视为自己的存在和秩序。这和被称为“占有”的行为毫无关系：普鲁斯特和弗洛伊德对这种“占有”都曾经非常清晰地作过阐释，它指的是一种吞噬对方、摧毁对方独立性的企图。

柏拉图借第俄提玛之口谈论的“爱洛斯”清楚地认同了对这种关注的需要。事实上，柏拉图非常明确地阐释了一种更加广泛、更为纯粹的关注，而某些基督教传统，特别是后宗教改革时代思想则认为，“爱洛斯”仅仅是原始的个人主义欲望，并不包含对爱人的宽容和开放。这显然是一种错误的理解。“爱洛斯”要占有爱的渴望绝不是普鲁斯特笔下马赛尔和阿尔贝蒂娜之间的控制或者吞噬，因为第俄提玛从未谈起过这种类型的占有。

也许用“爱洛斯”（欲爱）、“阿加比”（神爱）、“菲利亚”（友爱）这样的词语来命名三种不同模式的爱的关注（也可以说是爱的关注的三个不同发展阶段），而非三种截然不同的爱的类型，对我们更为有利。[7] 我们应该说，我们试图把给自己生命带来存在意义上归属感的人留在生命中的渴望（不包括那种自我否定意义上的原始占有欲），就是“爱洛斯”；与这种渴望的相遇触发了“阿加比”，使得我们无条件地、热切地匍匐在他/她的脚下，完全被其存在和秩序所征服；这种顺从进一步发展出“菲利亚”的品质——对被认定为“第二个自我”的所爱之人敞开的、不可预测的生命的认同及与之建立亲密的而且必然互惠的关系的愿望。（这与亚里士多德不同，认为“菲利亚”不需要针对独特的道德品质或者必须从中发掘。）我们把他/她看作是第二个自我，不仅主要因为他/她与我们拥有相似的品德，而且出于更加宽泛的理由：彼此对事业、财产、情感、过往和起源等的相似理解。[8]

对邻里之爱

不过，一定会有人提出异议：在某个时点上，难道自私与自我奉献不会分道扬镳吗？冒着生命危险去帮助饥饿儿童或者地震幸存者的志愿者们，他们的动机一定是出于单纯的自我牺牲，而不是为自己的生命找到一种归属感吗？

这种利他主义也可以用一种对“归根感”的强烈需要来解释。不过这种情况下，志愿者追求的是与社会，甚而与人性或者自然结为一体的完整感。有关这种完整性，包括亚西西的方济各、斯宾诺莎、叔本华和施莱格尔在内的思想家各有不同的解释。人们认同的“第二个自我”不仅仅指其他个体，作为一种集体存在，社会与普遍意义上的人性也可以成为第二个自我。

既然基督教经文经常被看作是一种普世的无私之爱的理想源头，那么值得回溯一下《新约》中提到的重要一点：原则上，爱的范围指的是信仰者团体，如耶稣所讲“听到上帝的话语并行上帝要求之事”，或者我们在《约翰福音》中读到的，一个由基督徒组成的核心团体，而发现与守卫成员之间的爱是这个团体的重要责任。爱的生命与承诺在这个团体中获得归属感，没有迹象表明它认为个体是无私和虚无的。事实上，它表现出鲜明的利益取向：爱在第一时间要投射给拥有共同信仰的人。基督徒构成爱的对象的最内层，如圣保罗所揭示的：“所以，有了机会，就当向众人行善，向信徒一家的人更当这样。”（《加拉太书》（6：10））

恐惧是爱的构成要素

除了食物、水、栖身之处和情感上的认同，没有什么比感受到生命的存在感更重要的人类需要了。这种对存在感的需要以及由它而来、经它表达的脆弱感，给爱注满了恐惧，使得爱与其他情感依恋和各种形式的给予、顺从、关照和珍视完全区分开来。

为什么这种存在感的关系具有如此可怕的力量？最明显的理由在于我们惧怕失去所爱的对象。他/她的生命对我们来说仍然是一个未解之谜：我们永远无法洞察控制他/她的内在秩序，包括他/她对我们的忠诚。我们忧虑他/她的承诺是否可靠，无论他/她是否向我们明确表达出这种忠诚，或者这种忠诚是否经由我们灌输给他/她的。即便就在身边，我们忧虑他/她有一天会离我们而去，好像普鲁斯特笔下的讲述者在儿童时代对母亲的担心一样。圣十字约翰称，人类对被抛弃的恐惧是“最严苛的折磨”。弗洛伊德认为，这种恐惧可以追溯至最早期的婴儿阶段：从失去母亲的注意力开始，人类通过体会、回应以及预料这种失去的感觉来缓慢地养成爱的体验。

另一个理由是恐惧来自于所爱之人的破坏力。即便他/她的爱让我们获益，我们也永远无法排除对他/她所带来的毁灭的忧虑。《希伯来圣经》中描述了神的震怒，而耶稣有关永恒诅咒的言语也提醒着我们，上帝可能将毁灭和复仇倾倒在他所爱和所创造的人身上。毁灭纵然可怕，尚可以预料，因为它指向那些行为不端的人，但更可怕的惩罚是雅各所经历的一切，那不可预测、无法理解的苦难。

但是，仍然有一种更本质的理由证明，恐惧是爱的构成因素。我们的存在感被某个拥有力量的人所控制，即便他/她激发的敬畏感可能压倒我们，我们也始终相信不会被他/她所遗弃或者毁灭。如同康德“崇高”的概念所揭示的，我们站在“绝对的大”之前，颂扬它，恭顺它。它的壮大使得我们感到无论对渴望所爱之人，还是对让我们感到叶落归根的存在本身，我们既无所不能又无所可能。几乎每一种宗教的神秘主义都目睹了这种煎熬与痛苦。

如果我们对同一个客体的体验不带有爱的因素，我们就能够以平等的姿态去把握或理解它。一旦它触发我们存在意义上的归属感，则存在感的体验越充分，我们无从把握的失落感就越强烈，被它冲垮的危险也就越大。它的力量让我们感到既安全，又可能随时被它摧毁；它的启示既巩固了我们的个体存在，又让我们无处可逃。我们渴求从它那里获得逃离这种撕裂的力量，而现实是越是真正的爱，就越会残忍地揭露我们存在的孤独。

这正是《希伯来圣经》中对上帝与人的关系的描述。从定义来说，上帝是所有存在意义上的归属感的源头。当上帝对摩西说："你不能看见我的面，因为人见我的面不能存活"（《出埃及记》(33：20))，这是摩西的恐惧，是有限的人类个体面对自己最渴望的存在、那无限的上帝时的恐惧，是亚伯拉罕与约伯所遭遇的历练已经充分说明了的恐惧。

爱、畏、恨

除非爱者能真正接受自己在所爱之人面前的软弱，否则恐惧很容易地滑向仇恨。（当没有选择时，我们不愿相信自己的无力感正是愤怒与焦虑的导火索。）

当爱的对象是全知全能的上帝时，我们无法辩解，无权渴求，唯有无可选择地接受。人类与上帝、创造物与全能的造物主、偶然的个体与存在的源头，二者之间的关系包含了绝对的脆弱性。事实上，信仰者自身认同而非抵抗这种脆弱性，因为这种脆弱正是信念的构成部分。人类不会仇恨上帝，即便是上帝没有在最需要时现身而生出短暂的怨恨，也会因没有追索权而缓解。因此，在和上帝的关系中，爱与恨能够共存。

然而，当爱的对象是某个具体的人类个体时，我们绝对不再软弱无力。原则上，我们要操控他/她的爱，如同苏格拉底描述的，爱是一个冷酷无情、心机多端、手段高明的魔术师，"总是像精明的猎人一般玩弄诡计"。如果这种脆弱性是暂时的，如果爱人之间的能量、需要和默契只能达到不稳定的、不清晰的平衡，那么接受这种脆弱性又有何妨？由此说来，对人的爱不同于对上帝的爱。在其中，恐惧很容易导致仇恨，而仇恨最终会遮蔽（尽管永远不会扑灭）爱的火焰。

爱的反面不是仇恨，而是厌恶

然而，仇恨绝对不是爱的反面，因为即使是仇恨也昭示了爱真实的本性：对另一个人的关注。事实上，仇恨常常助长关注，让我们将情感锁定在一个人身上，特别关注他/她能给我们带来最大限度的存在感的那些特质，也即那些能唤起爱的特质。

我们期望爱的反面是一种对他人的感觉完全缺席的状态。这种感觉激发出爱的状态，使得我们和所爱之人之间发展出一种变革性的关系。在这个关系中产生的情感不能如仇恨一样与爱共存。

这种情感就是厌恶。让我们觉得厌恶的人，不可能给予我们任何爱的情感（让我们仇恨的人反而能做到这一点），也就是说让我们感受到存在意义上的归属感。恰恰相反，他/她强化了我们在这方面的不安全感。他/她的存在好似破坏了他/她周围任何我们在意的事物，使它们显得无关紧要、不合情理、不切实际、龌龊污浊并使我们迷失方向。为了护卫存在感，我们必须尽可能地逃离他/她。他/她并不具有什么可怕的力量，也无须做什么或说什么来反对我们。事实上，他/她对我们可能非常和蔼，甚至富有感情，但他/她的出现使得我们脚下的土地似乎会在顷刻之间崩塌。

看上去最微不足道的刺激也可能让厌恶全然爆发，不过是朝着与爱相反的方向。一个手势、一个行为，其本身并无恶意，甚至不是针对我们，挂着口水的嘴巴、无关紧要的小谎言，这些都可能动摇我们存在感的根基。

简而言之，从厌恶的指向来判断，它正是爱的对立面。爱来自存在意义上的归属感的承诺，而厌恶回应的是破坏这种归属感的事物（它们和厌恶一样难以定义）；爱以最大的关注和耐心去呼应对方的承诺，而厌恶以视而不见去回避所有的专注和耐心；爱用占有、顺从、聆听、观看、奉献和悲悯去巩固一段关系，厌恶则以存在意义上“对抗—逃跑”的反应，将一段关系中的任何一方都拒之门外；爱放大人性的理想，厌恶却让人萎靡到底。仇恨、报复或者嫉妒也可能包含对他人生命复杂的，甚至带着迷恋的专注，厌恶却希望他/她从脑中所想，从眼耳所及，从嗅觉、触觉，从一切感官彻底消失，直到无论他/她作为客体还是主体都被完全放逐，再无踪影，而仇恨从未有过这样的野心。

我们必然爱我们的孩子吗

最后，我需要确立一个之前已经提及的观点：即便我们不爱某个人，没有在对方身上找到本体论意义上的“归根感”，我们也依然会投入地为对方的幸福而奉献。

人们经常觉得这不近情理：我们珍视某个人，欣赏他/她的容貌，羡慕他/她的生活，为他/她事业的成功而激动，为他/她的健康和幸福而挂怀。我们为他/她特别的善良，或是帮助和愉悦而心存感激。在这种情感里，感同身受的同理心肯定是不可或缺的。然而，似乎还缺少了某些东西。

这就好比被困在一段并不给我们带来很多快乐的感情里，但我们仍然不会停止爱对方。

也许不能说绝大多数人，不过很多人能够区分爱同其他形式的情感与依恋。他们也会无奈地承认，在与配偶、朋友、亲属、性伙伴，或者是父母的关系中，即存在着以上情况。

但与孩子的关系不属此类。这不同于其他领域，这是一个意识形态的领地，无条件的爱（包括公平的爱）必须被承认，而且作为一种生物学和道德意义的恩赐而被承认。

事实上，将对孩子的爱神圣化的现象直到18世纪才出现。[9] 在那之前，必然存在着如同童年记忆一样不可磨灭的父母对孩子的爱，不过只是到了近代，才把这种关系拔高成真正的爱，特别是无条件的爱的试金石。

尽职的父母自然会平等地，甚而拼尽全力地保护、捍卫和培育所有孩子。从这个意义上来说，父母不可能对某一个孩子表现得比对其他孩子更为慈爱或更富有责任心。但是，对孩子的保护和捍卫，或者对某一个人生命的尊敬和仰慕，与爱的情感是完全不同的。

在现实中，所有的爱都是如此：父母总会将最多的爱给予给自己带来最强烈的存在感的孩子，因为这个孩子让他/她体会到“回家”一般最落地的感觉。这也许是因为出于某种神秘的原因，父母从这个孩子身上看到自己的影子，看到决定自己生命和源头的品质在这个孩子身上的回应。这个孩子可能不值得信任且劣迹斑斑，给父母带来最大的伤痛，但父母对他/她的爱始终无怨无悔。

在《希伯来圣经》和基督教经典中，我们看到更真实的、有关对孩子不公平的爱的令人不快的画面：新旧约中的上帝以不平等的、不恰当的恩赐，选择某些人而放弃另一些人；《马太福音》中婚宴的故事告诉我们：“被召的人多，被选中的人少”；在葡萄园做工的工人在领取报酬时必须忍受“在前的人将要在后，在后的人将要在前”；上帝爱大卫胜过爱扫罗，尽管扫罗在道德上无疑比大卫更高尚；回头的浪子从父亲那里得到更多的祝贺比慷慨、宽厚、忠诚的兄弟得到的更多（如果父母对孩子的爱是平等的，那么他应该和兄弟们得到一样多的祝贺）；上帝将唯一的儿子献给这个世界，却将其他孩子永远囚禁在地狱中；有十二个儿子的雅各独爱约瑟（考虑到雅各身为以色列十二个部落的祖先，他对约瑟的偏袒不容忽视），而反过来雅各是母亲利百加最宠爱的儿子，但在父亲以撒眼中却总是被排在兄弟以扫之后；诸如此类。

※ ※ ※

违背常理地去爱一个如此行为的上帝，或者忠于一种在其创世神话中残酷地描述爱的“不公正性”的宗教，都算不上符合道德原则。从道义上来说，爱不同于照顾、奉献和保护，它的本质不可能是平等的、普世的，或者无条件的。即便是年幼无知的小孩子也能凭借他们敏锐的感受力，懂得辨别关照与爱之间的不同，并竭尽全力去唤醒父母的爱。可如果这种爱不是天然地埋藏在父母心里，那么小孩子得到的只是失望。

这种宗教的创世神话同样警示我们，爱必须学会接受它可能得不到任何回报。要顺利地获得相互之间的爱意，唯一可能是接纳歌德在《少年维特的烦恼》中描述的态度："我爱你，这与你无关！"爱人向所爱之人——父母、挚友、孩子、恋人、上帝——献上所有的爱，不问所求，不要回报，同时清楚地认识到人性之间太过幽微不明，以至于爱的本质与范围都远在我们的理解力之外。

爱与不道德

如果对本体论意义上存在感的渴求如我所描述的那般强烈，则结果再明显不过：爱得越强烈，则意味着对这种归属感的渴望越生动，爱人为其珍视的所爱之人而牺牲所有的信念也越决绝。

这里包含的道德内容解释了爱所具有的宽恕的潜能，或者对不道德的忽视：宽恕与忽视并非出于对嫉妒与占有欲所挑起的暴力的惧怕，亦非源自追逐与迷恋所爱之人的软弱，而是来自爱人自己的顺从。

来自所爱之人的存在意义上的归属感越强烈，则他/她的索取无疑就越有可能冲垮我们以往所执着的道德准则。这足以解释为什么我们向作为最大可能的本体论意义上存在的上帝的顺从，或者向其世俗的继任者们——无论是共产主义、自由、进步，或者是国家——的顺从，都可能意味着向最大的不道德敞开大门。

我在第 2 章已经谈过，爱的最高例证是亚伯拉罕应上帝之索取，献上自己儿子以撒生命的那个时刻。的确，亚伯拉罕爱上帝胜过爱自己的亲生骨肉。但这不是出于任何神秘的理由，而是因为上帝是赋予亚伯拉罕存在意义的基石（同样也是以撒的基石）。因此以撒对上帝要求亚伯拉罕献上自己性命的要求不作任何反抗的行为非但不应该被批评，反而意义重大。

上帝使亚伯拉罕所接受的检验，昭示了爱最核心的特质：敬畏、顺从于那个你认定为是自己生命基石的所在。但是，上帝对于顺从与敬畏不感兴趣，因为它们会导致自我的崩溃，被上帝那种存在意义上的能量击垮的人会困惑。上帝感兴趣的是那些表现出决断力的自我，那些具有足够的自我控制力（勇气只是其中一个要素）的人，因为只有他/她能承担起上帝所要求的责任，甘愿为其牺牲所有一切，包括良知和正义所支配的一切。

亚伯拉罕深解上帝的要求，并且无所畏惧地接受一切安排。上帝的命令对他来说不是外在的需要，而是内心的秩序。对上帝的忠诚，对上帝命令不折不扣地遵从，对亚伯拉罕来说，绝非被动，而是自身的愿望。

由此来说，爱既可以是命令式的，又可以是自由的。一个人可以将自己的身、心、灵和意志全部投入到一段爱的关系中，因为在其中，他/她正在自由地爱着。亚伯拉罕坠入了对上帝这个无限存在的爱之中，而当他被上帝置于那严苛的终极考验中，他便接受了上帝所提出的契约。

※ ※ ※

人类被召唤着全神贯注地爱《希伯来圣经》和基督教上帝，这种专注正是贯穿本书的主题，也是所有爱的模板。全知全能的上帝作为最大化的存在，被认为是所有存在的源头和支柱。因此从定义来说，上帝可以满足爱的唯一条件：人类对本体论意义上的“归根感”的渴望。不过我们不能仅仅只用他来稳固我们的存在，还要发展出和他的关系。为此，我们需要耐心地涵养三种不同模式的关注，即“爱洛斯/欲爱”、“阿拉比/神爱”和“菲利亚/友爱”。

而只有当我们准备好接受不公、残酷与背弃时，我们才能发展与神的关系，而这是为了延续所有亲密关系所必需的准备。敬畏，特别是对成功的敬畏，代表了准备好的状态，因为越接近所爱之人，我们就越容易感受到他/她所拥有的存在的力量，就越可能被这种力量所征服，而不会陷入失去这种力量的忧虑中。我们渴望爱的回报，但即便没有任何回报，我们也早已准备好献身。(当然，上帝并不需要我们，如同柏拉图在《会饮篇》中指出的，上帝作为爱的最高客体和绝对之美，不会给我们任何回报。)为了理解和真的看到所爱之人，我们费尽心力地自我操练，假装能够理解所爱之人“之所以如此”，或“所有的复杂性”，或“他/她之所以为他/她”，全然不顾我们的观点被需要、焦虑、习惯和过往经验所扭曲，被偏见所影响的现实。就这样，为了回应理解他/她存在秩序的渴望和召唤，我们将自己交给所爱之人，任由他们处置。

这正是人类关系的范本。抛去人类之爱是对上帝之爱的模仿这个狂妄的念头(上帝对人类之爱本身也疑点重重)，我们最好审视人类爱上帝的方式。说人类爱上帝，其实是表达人类终生都在寻找强烈的存在归属感的方式。无论这种存在感呈现的形式是宗教的还是世俗的，对充实的生命之终极意义的追求都是永恒的。

注释

1. Singer, *The Nature of Love*, vol. Ⅰ, p. 96.

2. Frankfurt, *The Reasons of Love*, p. 79.

3. 例如，如果你同奥古斯丁一样，认同只有上帝才能真正地爱，而无助的人类之爱总会被自私与邪恶所扭曲，则我们要尽力让自己变得无私，好让上帝之爱掌管我们。但如果我们抛弃此种信念，则不带私心的关注将永远无法提供真爱所要求的激情和投入。

4. 这就是为什么真爱非常保守的原因。

5. Freud, *New Introductory Lectures*, pp. 107-8.

6. 倘若理解准确，依赖与宽恕作为爱的双生品德，亦拥有回报与接续的特质。依赖对于任何爱的关系至关重要，因为它被爱所提供的归属感或家园感所需要：将个体带回到自我，带回到个体存在的本原。这种感觉重新赋予他归根感，让他从过去的背叛中获得新的自由。这背叛包括背叛自己和背叛给予他归属感的真实情感，曾经使得他无法与所爱之人建立关系，并自由地表达自我。

宽恕指所爱之人对这种行为的接纳，并使得亲密关系的接续成为可能。宽恕敞开臂膀接纳爱者回到让其他人成为自己的归属和家园的状态。如同爱自身，宽恕与依赖是一种循环，朝向过去的宽恕正是朝向未来的接纳。因此爱不是一条朝向某个“最高点”的线性路径，而是一个无尽的循环。

7. 换句话说，从关注的模式来看，“爱洛斯”、“阿加比”和“菲利亚”既是共时性的，也是历时性的。

8. 在第 2 章中，我提到可以从路得对拿俄米、约拿单对大卫的情感中体会到三种不同模式的关注。更重要的是，我们在《希伯来圣经》中对上帝之爱中体会到这三者，有时表现为《雅歌》中充满情欲的曲调，有时是为了朋友的善行而乐意为之献身的行为，有时则以对他人意愿毫无保留的服从呈现。

9. 感谢杰伊·贝尔金就童年时期富有启发性的讨论。

致 谢

ACKNOWLEDGMENTS

我从多位哲学家、神学家、中世纪史学家和其他学者的评论中获益良多，他们慷慨拔冗，审读了这本书的初稿。我更要特别感谢以下这些朋友：Keith Ansell-Pearson、Liz Carmichael、Graham Davies、Nicholas Dent、Alison Finch、William Fitzgerald、Sebastian Gardner、Simon Gaunt、Ken Gemes、Lenn Goodman、Edward Harcourt、Philip Hardie、Michael Harris、Robert Jackson、Stephen Jaeger、Susan James、Chris Janaway、Werner Jeanrond、Menachem Kellner、Christopher Kelly、Diana Lipton、Duncan Large、Oliver O'Donovan、George Pattison、Porter、Anthony Price、Bernard Reginster 和 Gudrun von Tevenar。在研究与引文核对方面，Michael Burdett、Sandra Jacobs、Meade McCloughan、Barnabas Palfrey 和 Chris Sykes 提供了无价的帮助，指出被我遗漏的出处，为此我在这里要表示对他们的感谢。最后，我想说与耶鲁大学出版社的 Robert Baldock 和 Rachael Lonsdale 合作，真是莫大乐事，身为作者，我不可能遇到比他们两位更富有启发、技艺精湛和个性十足的编辑组合了。

译后记

2013年3月10日，完成《爱的历史》全部译稿，离开家去电影院。此时正值新一年奥斯卡季，佳片沓来，于是选了最佳外语片《爱》(*Amour*)。

一对居住在巴黎的老夫妻，妻子突然中风且日渐严重，终至失去言语、行动能力，全倚赖他人。丈夫悉心照料，顾及妻子因为身体不可控而失去的自尊，甚至拒绝亲生女儿急切却自以为是的探望。最终，丈夫不忍妻子再痛苦下去，向已经没有记忆的妻子讲述了两人相识相爱的过程。待妻子逐渐平静，几欲睡去时，用枕头压向了她……丈夫买来明艳的雏菊，仔细装饰了妻子的"睡床"，随后以自己安排好的离开方式，在两人生活一辈子的家，平静躺下，合上了眼。窗外，是浓郁的蓝天，和那盈满了活着的气息的巴黎街景与人声。

这部电影的编剧和导演是奥地利人迈克尔·哈内克（Michael Haneke），他的作品一贯以对伦理哲学的探讨见长，这次亦不例外，直接指向生命与死亡的关系。而将这二者联系在一起的，是爱。或者说，他用对死亡的思考，完成了对爱的诠释。

思考爱，一直是西方思想史的一项重要内容。从这个角度说，伦敦国王学院的哲学教授西蒙·梅的这本《爱的历史》既非开创，更不算总结。它是历史上众多头脑丰富的思想者们一直进行的智力尝试，无解，却合力冲刷出西方文明的河床。由着柏拉图、亚里士多德、奥古斯丁、阿奎纳、斯宾诺莎、叔本华、尼采、普鲁斯特、弗洛伊德这些西方历史上最伟大的奠基者，带着他们爱的观念奔涌而来。神爱、欲爱、友爱、纯爱；博爱、独爱，同性爱、异性爱；爱的无条件性、爱的有条件性；爱上爱的对象、爱上爱的本身……这些贯穿西方传统的爱的观念，无一例外地可溯源至西方最重要的经典——《圣经》，于是有关爱的讨论简化为最本质的诘问：

人类能否不再需要上帝，而自己成全爱？

对爱的所有召唤曾经唯一地指向上帝，并以此为爱赢得了最高德行。但对上帝的爱始终无法安慰所有人，就如对上帝的信仰无法拯救所有的灵魂一样。在拼尽全力地爱上帝之后，中世纪的人类突然陷入无可名状的虚脱，并用整个文艺复兴时期思索：人类有没有成为爱的对象的可能？

爱的客体由上帝转向人类，人值得爱，也值得被爱。只是爱的方式应该如何呢？诗人、音乐家、艺术家和哲学家们穿越神圣和世俗的界限，在浪漫主义和情欲之爱的双重洗礼中重温爱的真实与虚幻，爱是有条件的吗？是无私的吗？爱让人找到自己存在的意义吗？书中有一个关键词 root，并衍生出 rooted，rootedness。我将其译为“归根”，为的是呈现出比“归属”更强烈的固着感。人类从出生那一刻起就怀有强烈的脆弱感，这是一个哲学意义上的普遍命题，而吊诡的是，我们在自身之内无法找到归属感，必须依赖某种外在的力量。人类历史难道不正是一场“归根”的历史吗？只是，这“根”在何处？

蒙田说两个人相爱，“因为你是你，我是我”；斯宾诺莎认为要爱一个人，不仅要爱其精神，也要爱其肉体；叔本华的生命意志将爱推向繁衍的目的；尼采说“爱命运”，因为个体不过是命运的一部分。倘若上面的任何一位说出了爱的全部真相，无论爱自己、爱他者，还是爱上爱本身，我们便再也无须承受失去家园的痛楚、面对寻找救赎的诱惑。只是，时至今日，人类还在荒原上独行，依靠普鲁斯特那重现的时光，追忆那靠不住的爱情（或是爱着的感觉）。

作者集结了这些智者，自己却没有兴趣扮演智者，给出二元答案。相反，他乐于核查历史现场的诸多细节，把那些伟大的名字放入历史的时光机中，细细研磨他们对爱的鲜明态度背后是怎样的时代际会。他本是一位严肃的哲学学者，但这主题太过贴身，所以他总是带着一点点现代人怀疑一切的态度，仿佛从学术的静水深潭中冒出来，吹个泡泡，提醒读者：无论你是否认同这些先哲，爱始终是一种自我的能力，而真正懂得爱的人，一定是自由的忠实信徒。

作为译者，我体会着作者的这小小把戏，并乐在其中，故而才忍受得了大量的注释、引文和术语。翻译中，有些章节让人龇牙咧嘴，几乎要放弃，修订时却发现竟有神来之笔；有些章节正撞上自己的兴趣点，得意时几乎以为自此将在西方思想史中畅行；有些章节再尽力也好似夹生；有些章节点破的真相太过真实，下笔时总是本能地想去遮掩。所以，我缺乏宣称忠实地再现原作的信心，但我笃定自己是合格的读者，因为我已彻底被那些思考爱的文字牢牢攫住，它们发出光芒，抑或如针芒一般刺入内心。

在电影《爱》中，丈夫为妻子选择了有尊严地死去，这是他爱她的方式。妻子初始挣扎，继而平静、安详，信任丈夫为自己所做的选择。其实，爱是一面镜子，让我们懂得如何看待自己、看待他人、看待生命、看待这个存在过的世界。

译　者

2013 年 7 月 12 日

Love：A History
By Simon May

图书在版编目（CIP）数据

爱的历史/梅著；孙海玉译．—北京：中国人民大学出版社，2013.7
ISBN 978-7-300-17810-3

Ⅰ.①爱…　Ⅱ.①梅…　②孙…　Ⅲ.①爱的理论　Ⅳ.①B82

中国版本图书馆 CIP 数据核字（2013）第 164939 号

爱的历史
西蒙·梅　著
孙海玉　译
Ai de Lishi

出版发行	中国人民大学出版社		
社　　址	北京中关村大街 31 号	**邮政编码**	100080
电　　话	010－62511242（总编室）		010－62511398（质管部）
	010－82501766（邮购部）		010－62514148（门市部）
	010－62515195（发行公司）		010－62515275（盗版举报）
网　　址	http://www.crup.com.cn		
	http://www.ttrnet.com(人大教研网)		
经　　销	新华书店		
印　　刷	北京中印联印务有限公司		
规　　格	160 mm×235 mm　16 开本	**版　　次**	2013 年 9 月第 1 版
印　　张	20.5	**印　　次**	2013 年 9 月第 1 次印刷
字　　数	271 000	**定　　价**	45.00 元